Comte du

Hector Malot

Alpha Editions

This edition published in 2024

ISBN : 9789361471292

Design and Setting By
Alpha Editions
www.alphaedis.com
Email - info@alphaedis.com

Contents

I

Rome.

Qu'il soit ignorant ou savant, chrétien ou athée, artiste ou bourgeois, ce n'est pas de sang-froid que l'étranger approche de la Ville Éternelle.

L'ignorant s'attendrit à l'idée du pape captif qui gémit sur la paille d'un cachot; le savant fouille la campagne romaine; l'artiste rêve des *stanze* de Raphaël; le bourgeois qui a usé quelques fonds de culotte sur les bancs du collége pense au fameux S.P.Q.R.

Qu'on monte en wagon à Pise, à Ancône ou à Florence pour venir à Rome, et l'on aura des chances pour voir ces divers sentiments se traduire sur la physionomie des compagnons de voyage que le hasard vous a donnés.

L'aube blanchit les lointains, et déjà de chaque côté de la voie les arbres, les buissons et les broussailles émergent de l'ombre avec des formes distinctes.

Quelques voyageurs s'éveillent, et ceux qui occupent les coins du wagon écrasent le bout de leur nez contre les glaces, après avoir essuyé la buée qui les recouvre au moyen du petit rideau de laine bleue.

Les plus curieux baissent la glace et regardent au loin; l'air froid du matin se précipite dans le wagon et réveille les dormeurs. Il en est peu qui se plaignent. Les uns se penchent par la glace ouverte; les autres se mettent debout, et à la lueur vacillante qui tombe de la lampe du plafond, ils tâchent de lire quelques lignes de leur *Hands Books* de Murray, de leur *Baedeker* ou de leur *Joanne*, selon la nationalité à laquelle ils appartiennent.

Une montagne se détachant d'un massif sombre se montre au loin, blanche de neige.

—C'est le mont Soracte, dit une voix.

Et un personnage au visage rasé et à l'air grave, magistrat ou professeur, murmure le vers d'Horace:

> Vides ut alta stet nive candidum Soracte.

A Horace un autre oppose Virgile:

> Summe deum, sancti custos Soractis Avollo.

Cependant à droite de la voie une rivière roule ses eaux rapides et jaunes entre des berges escarpées.

—C'est le Tibre.

Et l'on se penche pour regarder, en se frottant les yeux, et en se demandant si l'on ne se trompe pas.

Des vapeurs blanches se traînent, au-dessus de la vallée, au milieu desquelles flottent çà et là quelques monticules couronnés d'une pauvre cabane ou d'un bouquet de hêtres. Cela n'est pas beau, mais c'est peut-être au pied de ces hêtres que «Tityre *lentus in umbra* a appris aux échos à répéter le nom de la belle Amaryllis.»

Et les souvenirs classiques donnent du style aux paysages qui défilent le long de la route, même alors qu'ils sont insignifiants.

—Monte-Rotondo, crient les employés du chemin de fer.

C'est à quelques pas de là que se trouve Mentana, où les chassepots français «firent merveille» pour la première et la dernière fois.

Plus d'arbres, plus d'arbustes, des collines nues et des champs onduleux que recouvre à peine une herbe maigre et jaunie; pas de villages, pas de fermes, pas de maisons, çà et là seulement une ruine ou l'arche croulante d'un aqueduc effondré.

Cependant les yeux courent curieusement sur ces mornes solitudes.

C'est la campagne romaine!

Et ces boeufs gris, aux longues cornes fines et écartées qui se promènent en troupeaux à travers ces pâtis, sont les descendants de ceux qu'Attila et ses Huns laissèrent en Italie lorsqu'ils reculèrent effrayés devant le pape Léon Ier, ainsi que cela résulte du tableau de Raphaël qu'on verra bientôt dans la chambre d'Héliodore.

Il est rare que dans les trains qui d'Ancône, de Florence et de Pise se dirigent vers Rome, c'est-à-dire dans ceux qui portent des étrangers, cette curiosité ne se manifeste pas une heure ou deux avant l'arrivée, et souvent même plus tôt encore.

Dans un de ces trains venant d'Ancône pour arriver à Rome vers huit heures du matin, une dame d'une cinquantaine d'années, vêtue et gantée de noir, à l'air discret et recueilli, s'était collée à la glace de son wagon dès la station d'Orti.

De temps en temps elle cessait de regarder le paysage motivant qui se déroulait devant elle dans les brumes confuses de l'aube, pour tourner les yeux vers un jeune homme qui, à demi étendu sur la banquette vis-à-vis d'elle, dormait à poings fermés.

Plusieurs fois elle s'était penchée sur lui, mais il ne s'était point réveillé.

Il était évident qu'elle trouvait ce sommeil intempestif.

Enfin, n'y tenant plus, elle posa doucement sa main sur le poing fermé du dormeur.

—Aurélien, Aurélien.

Il se souleva.

—Ah! comme je dormais bien, dit-il d'un ton de regret, et je rêvais encore; un rêve charmant!

—Alors vous êtes fâché?

—Je suis fâché que vous m'ayez enlevé Bérengère, chère maman, voilà tout.

La mère mit vivement un doigt sur ses lèvres, en montrant d'un coup d'oeil rapide les compagnons de voyage qui occupaient le coin opposé au leur.

—Il n'y a pas de danger, dit-il en souriant à demi.

Et de fait, il ne paraissait point que ces compagnons de voyage pussent être attentifs à ce qui se passait autour d'eux.

C'étaient deux ecclésiastiques italiens qui étaient montés à Spolète. Comme il faisait nuit à ce moment, ils s'étaient installés, chacun dans son coin, et ils étaient restés en face l'un de l'autre, n'échangeant que quelques paroles de temps à autre. Mais quand le jour s'était levé, ils avaient tiré leurs bréviaires de leurs poches et ils s'étaient mis à lire dedans à voix basse, articulant seulement les mots des lèvres et faisant le signe de la croix aux endroits obligés, discrètement et à la dérobée. Mais peu à peu ils s'étaient laissés aller à la force de l'habitude, et, se tassant dans leur compartiment, comme dans une stalle, allongeant leurs jambes devant eux, renversant la tête en arrière, ils avaient élevé la voix, alternant l'un l'autre, et se répondant comme s'ils étaient dans leur chapelle et célébraient publiquement l'office. Les signes de croix se faisaient à pleins bras, et les *Dominus*, les *Deus*, les *Amen* ronflaient à pleine voix avec cette prononciation italienne qui donne tant de sonorité aux mots.

Il n'y avait pas apparence que ces deux prêtres primitifs s'amusassent à écouter la conversation de leurs voisins.

—C'est égal, dit la mère en tournant les yeux de leur côté, mais sans tourner sa face.

Et tout de suite elle aborda un autre sujet de peur que son fils parlât «de Bérengère.»

—Ne voulez-vous pas connaître les pays que nous traversons? dit-elle.

—Ma foi, chère maman, répondit-il gaiement, je ne suis pas malheureusement comme vous, qui ne connaissez ni la faim ni la soif, ni le sommeil, ni la fatigue.

—Il y a temps pour tout; quand il n'y a rien à voir, je dors; quand il fait jour, j'ouvre les yeux et je regarde; nous devons tout utiliser, même nos plaisirs.

—Alors utilisons-les, chère maman, dit-il en riant. Et, abaissant la glace, il se mit à regarder le pays qu'ils traversaient.

—Cette rivière aux eaux jaunes, c'est le Tibre, dit-il.

—Le Tibre?

—Oui, la rivière qui traverse Rome.

—Je vous en prie, dit-elle en baissant la voix, quand vous me parlez de quelque chose ou de quelqu'un, d'une rivière, d'un monument, d'un personnage, faites-le de façon à ce que je vous comprenne sans que j'aie besoin de vous interroger. Vous savez que par malheur je n'ai pas eu d'instruction. Et cependant je vis dans un monde où je dois paraître ne rien ignorer de ce que l'on sait généralement. A quelles difficultés je me heurte, vous ne le croiriez jamais. Cela va être encore plus sensible dans cette ville, où tout, le passé comme le présent, m'est inconnu. Cependant il est important, il est d'une importance capitale pour vous que je ne dise pas de sottises et que je n'en fasse pas. Guidez-moi, vous qui savez. Ainsi tout à l'heure, pourquoi ne m'avez-vous pas dit: «Cette rivière que nous longeons est celle qui traverse Rome, c'est le Tibre.» Je n'aurais pas eu besoin de vous interroger, et je vous assure que j'aurais retenu ce que vous m'auriez dit. Tâchez à l'avenir de procéder de cette manière, surtout quand nous sommes en public. Sans doute c'est le monde renversé: ordinairement ce sont les parents qui instruisent les enfants, et ce que je vous demande, c'est que le fils instruise la mère. Le voulez-vous?

—Mais assurément, chère maman.

Cependant le train avait continué de rouler, et, après avoir traversé la campagne romaine, il était arrivé en vue d'un rempart de briques noircies par le temps; puis, après avoir passé à travers ce rempart, il avait ralenti sa vitesse et bientôt il s'était arrêté.

On était à Rome.

Après s'être tant bien que mal défendus contre les cochers, les domestiques de place, les guides, les porteurs, la mère et le fils avaient fini par s'installer dans l'omnibus de l'*hôtel de la Minerve*, et, en un quart d'heure, à travers des rues étroites et rapides, ils étaient arrivés à cet hôtel.

Ils trouvèrent au second étage le salon et les deux chambres qui leur étaient nécessaires.

—Madame mange-t-elle à table d'hôte? demanda le secrétaire.

—Certainement.

—A quelle table?

—Comment à quelle table!

—A celle servie en maigre ou à celle servie en gras; c'est aujourd'hui vendredi?

—A celle servie en maigre.

—Madame?...

—Madame Prétavoine et M. Aurélien Prétavoine.

II

—Et maintenant, dit doucement madame Prétavoine, lorsqu'elle se trouva seule avec son fils dans le salon, sur lequel ouvraient leurs deux chambres, maintenant mon avis est que nous nous partagions le travail; pendant que j'irai faire visite à madame la vicomtesse de la Roche-Odon et lui parlerai de Bérengère, vous irez à l'ambassade voir votre ancien camarade, M. de Vaunoise, et vous lui parlerez, surtout vous le ferez parler de madame de la Roche-Odon, il pourra nous être utile; par lui vous apprendrez les bruits du monde sur madame de la Roche-Odon et sur son fils, le prince Michel Sobolewski, avec qui M. de Vaunoise a dû se rencontrer. Peut-être même M. de Vaunoise pourra-t-il vous mettre en relation avec ce jeune homme. Une camaraderie qui s'établirait tout naturellement entre vous et le frère de votre future femme vaudrait mieux qu'une liaison qui viendrait à la suite d'une présentation officielle. Si vous voulez que votre mariage réussisse...

—Si je le veux?

—Je pense que vous le voulez, mais je dis que pour cela il ne faut pas que nous éprouvions ici un échec comme nous en avons éprouvé un à Condé. Il est donc important de manœuvrer avec prudence et de n'avancer que pas à pas. Aujourd'hui, préparons le terrain du côté de madame de la Roche-Odon et de son fils. Plus tard, nous agirons ailleurs.

—En tous cas, dit Aurélien, nous ne pouvons faire ces visites qu'après déjeuner.

—Assurément.

De tous les hôtels de Rome, la *Minerve* est assurément le plus curieux.

D'autres situés sur la place du Peuple et sur la place d'Espagne, dans le Corso ou dans la via del Babbuino sont plus élégants, ont plus de distinction, ou plus de respectabilité, comme disent les Anglais, mais ce ne sont que des hôtels cosmopolites, comme on en trouve dans toutes les grandes villes d'Europe; la *Minerve* au contraire a un caractère propre; elle héberge les ecclésiastiques et les Français qui, de près ou de loin, touchent au monde dévot. A vrai dire, il n'est pas indispensable, pour y être reçu, de présenter un billet de confession au portier, et deux tables sont servies les jours d'abstinence, l'une en gras, l'autre en maigre, ce qui indique la présence d'un certain nombre d'incrédules et de mécréants; mais enfin, la clientèle prise en masse, est plutôt cléricale. Pour s'en convaincre, il n'y a qu'à traverser un de ses longs corridors. Les domestiques qui brossent là les vêtements de leurs maîtres, le font discrètement avec des caresses de main, en gens habitués à plier les surplis, les aubes, les étoles et les chasubles. Ces vêtements eux-mêmes, si l'on y prend attention, ont une tournure particulière; ils sont noirs;

le drap est plus épais que celui qu'on voit sur les épaules du vulgaire; les redingotes sont plus longues, les pantalons sont plus larges; devant les portes on trouve plus de souliers que de bottines, et encore beaucoup de ces souliers sont-ils à boucles. Les gens qu'on rencontre dans les escaliers et dans les vestibules ont entre eux, pour la plupart, comme un air de famille: visages rasés; yeux baissés; pas glissés; même les jeunes filles semblent sur le point de faire une génuflexion devant le Saint-Sacrement.

Et à la table du déjeuner ce sont de discrets *Benedicite* et de rapides signes de croix.

A côté d'un voyageur de commerce qui se retient pour ne pas chanter le *Fils du pape*, est assis un évêque servi par son domestique, qui se tient derrière sa chaise. Un bon curé de village est à la droite de sa châtelaine qui lui a payé le voyage de Rome, et il lui parle humblement, avec un coeur plein de gratitude pour cette générosité; dans la poche de sa soutane il a une lettre que le portier vient de lui remettre; elle vient de l'*Anticamera pontifica* et le *maestro di camera di S. S.* le prévient que le lendemain *Sa Sainteté* daignera le recevoir à son audience. Quelle félicité! Aussi la béatitude dans laquelle il nage lui a-t-elle coupé l'appétit. Ce n'est pas seulement pour lui qu'il est heureux, c'est encore pour sa paroisse, à laquelle il va reporter la bénédiction du Saint-Père. Quel malheur qu'une *avvertenza* placée au bas de cette lettre dise que *E proibito di prensentare al santo padre domande in inscritto per Indulgenze, Facolta, Privilegi*; mais enfin chaque chose doit se faire en son temps et en son lieu.

Çà et là, autour de la table, sont assis d'autres ecclésiastiques, des curés, des doyens à l'air important, de jeunes abbés avec leurs élèves, auxquels ils expliquent les vers latins cités dans leurs guides.

Puis tout au bout, comme un président, un gros personnage, qui semble trôner sur ses sacs d'écus, et qui, tout en mangeant fortement, hausse les épaules en regardant le voyageur de commerce chaque fois qu'il voit quelqu'un faire le signe de la croix, en homme qui n'a peur de rien, et qui se demande comment on peut être assez arriéré pour se livrer encore à ces vaines pratiques.

En se trouvant au milieu de ce monde, madame Prétavoine se sentit à son aise; évidemment elle était dans son milieu. Elle fit une courte génuflexion en passant à côté de l'évêque; mais, comme elle savait faire aussi bien que voir plusieurs choses à la fois, elle aperçut à ce moment même le sourire moqueur et le haussement d'épaules du gros personnage qui mangeait au bout de la table.

Elle était femme de résolution, et dans sa vie elle avait tenu tête à des gens assis sur de plus gros sacs d'écus que celui qui se moquait d'elle en ce moment; elle s'arrêta et attacha sur lui deux yeux qui, bien qu'il ne parût pas facile à intimider, lui firent baisser le nez dans son assiette.

Et comme à ce moment le maître d'hôtel qui s'était approché, lui indiquait les places du bout de la table.

—Non, dit-elle, à haute voix de manière à être entendue de tout le monde, pas de ce côté, mais ici.

Et de la main elle indiqua deux chaises libres à une courte distance de l'évêque.

Les sourires du gros personnage et le coup d'oeil de madame Prétavoine avaient été remarqués par plusieurs personnes, et notamment par l'évêque.

La façon dont elle éleva la voix acheva de bien préciser la situation.

Il y eut comme un discret murmure d'approbation.

Et l'évêque, se tournant vers madame Prétavoine, lui fit une longue inclinaison de tête.

Cependant madame Prétavoine et son fils étaient restés debout derrière leurs chaises.

Avant de s'asseoir, ils se tournèrent tous deux vers le gros personnage, mais sans le regarder; puis, ostensiblement et cependant sans affectation, ils firent le signe de la croix et récitèrent leur *Benedicite* avec recueillement. Lorsqu'ils l'eurent achevé, ils se signèrent de nouveau et s'assirent.

Tous les yeux étaient fixés sur eux, et l'on avait cessé de manger.

—C'étaient là de vrais chrétiens, cette mère et son fils, que le respect humain n'empêchait pas de confesser leur foi.

—Quelle était cette dame?

L'évêque fit un signe à son domestique et celui-ci s'étant penché, il lui dit un mot à l'oreille.

Aussitôt le domestique sortit et au bout de deux minutes à peine il revint, rapportant un petit carré sur lequel un nom était écrit: «Madame Prétavoine.»

Cependant l'évêque avait achevé son déjeuner, il se leva, et avant de se retirer il adressa un salut à madame Prétavoine et à Aurélien.

Et après lui toutes les personnes qui quittèrent la table saluèrent aussi la mère et le fils.

De la fin de leur déjeuner à l'heure à laquelle ils pouvaient faire leurs visites, madame Prétavoine et Aurélien avaient du temps à eux.

En regardant par sa fenêtre madame Prétavoine vit qu'elle avait une église devant elle, elle se dit que son temps ne pouvait pas être mieux employé qu'à faire une station dans cette église.

C'était la première fois qu'elle pénétrait dans une église romaine; mais si elle voyait tout ce qui se passait autour d'elle elle ne prêtait guère d'attention aux monuments. Pour elle cela n'avait pas d'utilité immédiate et pratique, et une église quelle qu'elle fût n'était qu'une église.

Cependant elle avait remarqué ces lourdes portières en cuir, qu'un mendiant vous soulève pour vous permettre d'entrer et de sortir; en sortant elle donna à celui qui lui souleva cette portière une pièce d'argent assez grosse, le mendiant, ébloui de cette générosité, se confondit en bruyantes bénédictions.

—Pendant que vous vous faites conduire chez madame de la Roche-Odon, dit Aurélien, je vais aller chez Vaunoise.

—Conduisez-moi plutôt chez madame de la Roche-Odon, dit-elle, et vous irez ensuite chez M. de Vaunoise; cela nous fera une heure de voiture au lieu de deux courses.

Si Aurélien n'avait pas connu sa mère comme il la connaissait, il aurait été assurément surpris de la voir donner une grosse pièce à un mendiant et en économiser une petite sur une course de voiture; mais, s'il ne devinait pas la cause de cette prodigalité apparente, il savait qu'elle était voulue et calculée: à coup sûr c'était un placement.

III

Le quartier de Rome habité par les étrangers, par les *forestiers*, comme on dit, est celui de la place d'Espagne, avec ses rues environnantes, via Sistina, via Gregoriana. En effet, il n'y a guère que là qu'on trouve un peu de confort dans le logement et dans son ameublement; ailleurs, les appartements sont généralement distribués et meublés à la romaine, c'est-à-dire d'une façon un peu trop primitive pour qui veut faire un long séjour à Rome. Et puis, raison meilleure encore, ce quartier est à la mode.

C'était rue Gregoriana que demeurait madame la vicomtesse de la Roche-Odon, dans une maison neuve et de belle apparence.

Ce fut à la porte de cette maison qu'Aurélien déposa sa mère.

Au coup de sonnette discret de madame Prétavoine, un petit domestique italien de treize à quatorze ans vint ouvrir la porte.

—Madame la vicomtesse de la Roche-Odon?

Il parut hésitant, mais il y avait cela de particulier dans son hésitation qu'il se montrait beaucoup plus disposé à rejeter la porte sur le nez de la personne qui se tenait devant lui, qu'à la lui ouvrir.

Mais madame Prétavoine ne lui permit pas d'accomplir son dessein, car se glissant vivement et adroitement par la porte entre-bâillée, elle était dans le vestibule avant qu'il se fût décidé.

Il la regarda un moment interloqué, puis lui tournant le dos, il alla à une porte et il appela avec son accent italien:

—Mademoiselle Emma.

Presque aussitôt arriva une personne de tournure imposante, âgée de quarante ans environ, parée, attifée avec prétention, et qui devait être une femme de chambre maîtresse ou une dame de compagnie.

Madame Prétavoine lui exposa son désir, qui était de voir madame la vicomtesse de la Roche-Odon.

Pendant qu'elle parlait, mademoiselle Emma la toisait des pieds à la tête et la dévisageait.

Cet examen ne fut sans doute pas favorable, car mademoiselle Emma répondit que sa maîtresse ne pouvait pas recevoir.

Madame Prétavoine reprit ses explications, d'une voix douce, et elle entra dans des détails qui devaient faire comprendre à cette femme de chambre l'importance qu'elle lui reconnaissait.

—Elle venait de Condé-le-Châtel, le pays de M. le comte de la Roche-Odon, beau-père de madame la vicomtesse.

—Il y a longtemps que je suis avec madame; je connais M. de la Roche-Odon, dit la femme de chambre d'un ton qui montrait que le moyen pour se mettre bien avec elle, n'était pas de lui parler «du beau-père de la vicomtesse.»

—Alors, poursuivit madame Prétavoine sans s'émouvoir, vous devez connaître M. Filsac, avoué à Condé, et qui s'est occupé des affaires de madame la vicomtesse; c'est de sa part que je me présente avec une lettre de lui.

Disant cela, elle tira en effet une lettre de sa poche.

—C'est différent, je vais alors prévenir madame; mais en tous cas, elle est occupée en ce moment.

—J'attendrai.

Mademoiselle Emma la fit entrer dans un tout petit salon qui communiquait avec le vestibule; puis elle se retira pour aller prévenir sa maîtresse, et en s'en allant elle tira la porte de ce vestibule, mais néanmoins sans la fermer complétement.

Madame Prétavoine s'était tout d'abord assise, et elle avait tiré de sa poche un petit livre relié en chagrin noir qui devait être un livre d'heures ou de prières, qu'elle avait ouvert; mais la femme de chambre partie, au lieu de se mettre à lire dans son livre, elle le posa tout ouvert sur une table qui était devant elle, et se levant vivement, en marchant avec précaution sur le tapis, elle commença à examiner curieusement les choses qui l'entouraient, meubles, tentures et gravures de la calcographie accrochées aux murs.

Mais ce qui provoqua surtout son attention, ce furent des cartes de visite jetées pêle-mêle dans une coupe de bronze.

Elle les prit et commença à les lire, mais les noms qu'elles portaient étant pour la plupart étrangers et par suite assez difficiles à retenir; elle tira un carnet de sa poche et se mit à les copier rapidement.

Pour ce qu'elle se proposait, il pouvait lui être utile de savoir avec qui madame de la Roche-Odon était en relations, et puisqu'une sotte habitude permet qu'on fasse ostentation des cartes qu'on reçoit, elle eût été bien simple de ne pas profiter de cette bonne occasion.

Un coup de sonnette vint l'interrompre dans son travail; rapidement elle abandonna les cartes et reprit son livre, de peur d'être surprise par un nouvel arrivant.

En reculant d'un pas, il se trouva que par la porte entre-bâillée elle pouvait voir dans le vestibule.

Son livre à sa main, elle glissa ses yeux jusque-là.

Le petit domestique qui l'avait reçue venait d'ouvrir la porte, mais en reconnaissant celui qui se présentait, il lui avait fait signe qu'on ne pouvait entrer, en l'arrêtant d'une main et en mettant l'autre sur ses lèvres.

Ce nouvel arrivant était un jeune homme vêtu avec élégance, portant au cou une cravate voyante et aux mains des pierreries qui jetaient des feux; son visage était rasé comme celui d'un prêtre ou d'un comédien, ses cheveux noirs étaient frisés.

Comme le dialogue qui s'était engagé entre lui et le petit groom, avait lieu à voix basse et en italien, madame Prétavoine n'entendait pas les paroles qu'ils échangeaient rapidement, et deux mots seulement arrivaient jusqu'à elle: «mylord et Ardea.»

Mais lorsque deux Italiens s'expliquent, il n'est pas indispensable bien souvent d'entendre ce qu'ils disent, pour les comprendre il n'y a qu'à les regarder, tant leur mimique est expressive.

Et madame Prétavoine ne perdait pas un de leurs mouvements.

—Ma maîtresse est avec «mylord,» disait le groom, vous ne pouvez pas entrer.

Là-dessus la physionomie du jeune élégant avait exprimé un vif mécontentement.

—Ardea, avait-il dit en accompagnant ce nom de pays d'autres mots que madame Prétavoine n'avait pas entendus.

—Revenu à l'improviste, avait répliqué le groom.

—Et va-t-il bientôt s'en aller?

Deux bras grands ouverts, la tête baissée en avant furent une réponse qui n'avait pas besoin de traduction.

Pendant ce temps mademoiselle Emma était arrivée et apercevant celui qui se tenait dans la porte entrebâillée, elle avait laissé échapper une sourde exclamation de mécontentement.

Puis s'avançant vivement:

—Mylord est revenu d'Ardea, dit-elle.

—Reste-t-il?

—Je crois qu'il va repartir; je vous ferai prévenir.

Et moitié par persuasion, moitié par force, elle l'avait repoussé et lui avait mis la porte sur le nez.

Immédiatement madame Prétavoine avait repris son livre, et s'asseyant elle s'était plongée dans une lecture si attentive, qu'elle allait jusqu'à prononcer des lèvres les mots qu'elle lisait.

Bien lui avait pris de se hâter, car Emma, après avoir congédié le visiteur, s'était retournée, et elle avait aperçu la porte du salon entre-bâillée.

Alors la pensée s'était présentée à son esprit que la dame qu'elle avait fait entrer dans ce salon, avait pu entendre ou tout au moins voir ce qui venait de se passer, et vivement elle était venue s'assurer de la réalité de ses soupçons.

Mais la dame introduite dans le salon était si profondément absorbée dans sa pieuse lecture, qu'elle ne leva même pas la tête quand Emma entra; ce fut seulement quand celle-ci se trouva devant elle qu'elle l'aperçut.

—Eh bien? demanda-t-elle, reprenant les choses au point où elles avaient été interrompues.

—Madame la vicomtesse prie madame de vouloir bien l'attendre.

—Vous voyez, c'est ce que je fais, dit madame Prétavoine, gracieusement.

Et aussitôt elle s'enfonça de nouveau dans son livre.

—Voilà une bigote, se dit Emma, qui ne voit pas plus loin que son nez.

Et comme elle était Parisienne, elle ajouta en riant toute seule:

—... Un nez de province encore; ils sont jolis les indigènes du pays du comte de la Roche-Odon.

Et le mépris qu'elle professait pour ce vieil avare qui ne voulait pas mourir, se trouva singulièrement augmenté par le mépris que cette femme noire lui inspirait. Elle avait de la religion, mademoiselle Emma, «comme tous les gens comme il faut,» mais elle n'aimait pas les dévots.

Pour madame Prétavoine, restée seule, elle avait de nouveau abandonné son livre pour réfléchir.

Ce qu'elle venait de voir et d'entendre était assez clair pour qu'un grand effort d'esprit ne lui fût pas nécessaire.

«Mylord» était l'amant de madame de la Roche-Odon, l'amant en titre, celui pour lequel on avait des égards et dont sans doute on dépendait à un titre quelconque et ce titre n'était pas bien difficile à deviner pour qui connaissait la position embarrassée de la vicomtesse: on n'habite pas un appartement complet, au premier étage de la via Gregoriana, avec plusieurs domestiques, sans de grosses dépenses. Qui fournissait à ces dépenses?—Mylord.

Quant au jeune élégant qu'on renvoyait, c'était un amant subalterne, avec qui l'on ne se gênait point, et qui malgré son mécontentement acceptait assez volontiers son rôle.

Comme elle en arrivait à ce point de son raisonnement, elle entendit un bruit de voix dans le vestibule.

Rapidement elle reprit son livre.

Et presqu'aussitôt la porte s'ouvrit devant la vicomtesse de la Roche-Odon.

IV

Madame Prétavoine avait souvent entendu parler de la beauté de la vicomtesse de la Roche-Odon; mais pour elle, c'était chose passée que cette beauté; car, bien qu'on ne sût pas au juste l'âge de la vicomtesse, il résultait des incidents de sa vie révélée par ses nombreux procès, qu'elle devait avoir au moins quarante ans, sinon plus.

Et cependant la femme qui venait d'ouvrir la porte ne paraissait pas avoir trente ans; pas une ride sur le visage; une démarche souple, légère, pleine de grâce; une chevelure blonde et fine comme celle d'une jeune fille de quatorze ans; une bouche rose; un sourire radieux; et avec tout cela la beauté correcte d'une statue, de la tête aux pieds.

Madame Prétavoine, qui cependant n'était guère sensible à la beauté, fut émerveillée.

Elle s'était levée; elle resta un moment sans parler.

Ce fut madame de la Roche-Odon qui commença l'entretien:

—On me dit, madame, que vous avez à me remettre une lettre de M. Filsac; il a été plein de zèle, plein de dévouement pour moi M. Filsac, et je serais heureuse de lui témoigner ma reconnaissance pour ses bons soins.

Cela fut dit avec une bonne grâce parfaite qui eût donné du courage à la solliciteuse la plus réservée.

Mais ce n'était point en solliciteuse que madame Prétavoine se présentait.

Elle tendit à la vicomtesse la lettre de l'avoué.

Bien qu'elle fût longue, madame de la Roche-Odon la lut d'un coup d'oeil.

—Ah! madame, dit-elle lorsqu'elle l'eut achevée, combien j'ai d'excuses à vous faire; c'est vous qui venez chez moi quand c'eût été à moi d'aller chez vous, si vous aviez bien voulu m'envoyer cette lettre au lieu de prendre la peine de me l'apporter.

—C'était à moi, madame, d'avoir l'honneur de vous faire la première visite.

—M. Filsac me dit que vous voyez souvent ma chère fille et que vous pouvez me parler d'elle longuement. Comment est-elle, la pauvre petite?

C'était là que madame Prétavoine attendait madame de la Roche-Odon; la première partie de son plan avait réussi, elle était entrée dans la place. A elle maintenant, à son adresse, de s'y établir, à son tact de s'y maintenir.

Puisqu'on l'interrogeait, elle pouvait répondre, et pour cela prendre son temps.

—Il faut, dit-elle, que je vous explique, madame, comment M. Filsac a été amené à me charger de cette lettre et à vous faire parvenir par moi des nouvelles de mademoiselle Bérengère. Touchés, comme tous les catholiques, des malheurs du Saint-Père, nous avons organisé dans le diocèse de Condé une loterie de Saint-Pierre, dont le produit devait être offert à Sa Sainteté. Grâce au ciel, nous avons ainsi réuni une assez grosse somme, je dis grosse, relativement à nos ressources,—et comme j'étais la trésorière de l'oeuvre, j'ai été désignée pour la porter à Rome.

Bien que madame Prétavoine n'eût jamais étudié l'art de la rhétorique, elle venait, en peu de mots, de bâtir un exorde qui réunissait toutes les qualités requises.

Le but de l'exorde étant de se concilier la bienveillance de la personne à laquelle on s'adresse, madame Prétavoine avait voulu tout d'abord se faire connaître. Qui elle était? Une des premières de Condé assurément, puisqu'elle avait été la trésorière d'une oeuvre importante, et que de plus elle avait été choisie entre tous pour venir à Rome, au nom du diocèse entier; catholique fervente, cela va sans dire, et dévouée aux intérêts du Saint-Père, compatissante à ses malheurs. Que demander encore? Tout de suite on voyait à qui on avait affaire et quelle foi on devait accorder à ses paroles.

Elle poursuivit:

—Quand M. Filsac, votre avoué, apprit que le choix de notre comité s'était porté sur moi, il vint me faire une visite et me demanda de vous voir dans ce voyage. M. Filsac est un homme de bien, pour qui nous avons tous une grande estime, je n'avais rien à lui refuser. Mais, d'autre part, j'avais des raisons particulières pour accepter avec empressement la mission qu'il voulait bien me confier. En effet, j'ai le plaisir de connaître mademoiselle Bérengère, avec laquelle je dîne tous les jeudis à la table de son grand-père.

Dire à madame de la Roche-Odon qu'on était reçu dans l'intimité du comte qu'elle détestait, était assez hardi, mais si cette révélation pouvait affaiblir la bienveillance de la vicomtesse, elle devait par contre provoquer son estime; mieux que personne elle savait que tout le monde n'était pas admis à l'honneur de s'asseoir à la table de son beau-père.

—Ayant reçu la visite de M. Filsac, continua madame Prétavoine, j'ai hésité sur la question de savoir si je dirais à mademoiselle votre fille que je vous verrais dans mon voyage à Rome. Mais il m'a semblé que c'était jusqu'à un certain point intervenir dans des querelles de famille qui doivent toujours rester fermées aux étrangers, et avant de partir je n'ai rien dit à mademoiselle Bérengère.

—Ma fille m'écrit.

—Assurément, aussi n'aurais-je rien pu vous rapporter de particulier, tandis que je puis vous parler d'elle et cela sans que ma démarche puisse blesser M. le comte de la Roche-Odon, quand, de retour à Condé, je la lui raconterai.

—M. de la Roche-Odon se blesse facilement.

—Il ne peut pas trouver mauvais qu'une mère ait pensé à apporter des consolations à une mère qui, depuis plusieurs années, est séparée de son enfant. C'est dans ce sens que j'ai accepté la lettre de M. Filsac; c'est uniquement pour vous parler de mademoiselle Bérengère.

Et longuement, abondamment, elle parla de Bérengère.

De sa beauté, de sa grâce, de son esprit, de sa bonté, de sa charité, de sa piété.

Ce fut un portrait complet, avec des petites anecdotes caractéristiques habilement choisies et souvent même habilement inventées; en ce sens au moins qu'avec un rien insignifiant elle faisait quelque chose d'important.

Madame de la Roche-Odon écoutait attentivement, mais elle questionnait fort peu, encore le faisait-elle sans se livrer et sans qu'on pût conclure de ses paroles quels étaient ses sentiments pour sa fille.

Dans son impatience, madame Prétavoine risqua une attaque qui pouvait amener madame de la Roche-Odon à se prononcer.

—M. Filsac voulait encore me charger de paroles que, par déférence pour M. le comte de la Roche-Odon, je n'ai pas cru devoir accepter.

—Ah! dit madame de la Roche-Odon sans montrer la moindre curiosité à l'égard de ces paroles.

—Il voulait, continua madame Prétavoine, que je fisse valoir auprès de vous les raisons qui, selon lui, devraient vous amener à provoquer l'émancipation de mademoiselle Bérengère, qui deviendrait libre ainsi d'habiter près de qui elle voudrait.

—M. Filsac va un peu loin dans son zèle.

—C'est justement la réponse que je lui ai faite pour moi; car enfin, en ce qui me touche, je ne pouvais me charger de cette cause à plaider qu'en prenant parti dans la querelle qui vous divise, vous et M. votre beau-père, et c'eût été une inconvenance de ma part.

Madame de la Roche-Odon ne répondit pas un mot, et madame Prétavoine ne tira de cette tentative qu'un doute de plus. Était-ce seulement parce qu'il lui déplaisait de recommencer des procès, que madame de la Roche-Odon ne voulait pas émanciper sa fille? Était-ce au contraire parce qu'elle attendait la mort prochaine du comte de la Roche-Odon, si bien qu'elle aurait pendant un certain temps l'administration de la fortune, que sa fille non émancipée, recueillerait dans cet héritage?

Comme madame Prétavoine, décidée à en rester là pour cette première visite, s'était levée et allait prendre congé de Madame de la Roche-Odon, un jeune homme entra dans le salon.

Il pouvait avoir vingt ans environ; il était de haute taille, avec une grosse tête blonde sur de larges épaules; le visage était imberbe, sans même un léger duvet; le nez écrasé, l'oeil petit, rond, mais brillant, la bouche largement fendue, avec des dents blanches et pointues; en tout un être baroque et qui à première vue était loin d'inspirer la sympathie.

—Mon fils le prince Michel Sobolewski, dit madame de la Roche-Odon.

Puis se tournant vers madame Prétavoine:

—Madame Prétavoine de Condé-le-Châtel, qui veut bien nous apporter des nouvelles de Bérengère.

Tout d'abord le prince Michel avait regardé cette vieille femme vêtue de noir, d'un coup d'oeil indifférent qu'on accorde à une domestique ou à une fournisseuse.

Cette présentation amena un sourire sur ses lèvres pâles.

—Et comment est-elle, la petite soeur?

Ce fut madame de la Roche-Odon qui répondit à cette question en résumant en quelques mots tout ce que madame Prétavoine venait de lui dire.

—Ah bah! si jolie que cela. Quel âge a-t-elle donc maintenant?

—Seize ans, répondit madame Prétavoine.

—Seize ans et jolie. Alors j'espère qu'elle traîne toute une troupe de soupirants derrière elle; mais qu'elle ne fasse pas la bêtise de choisir un mari. Je lui écrirai. Il ne faut pas qu'elle se marie avant d'avoir vu le monde. Et nous le lui montrerons, n'est-ce pas, mère? Son mari doit avoir un grand nom ou une grande situation et être un peu bêta, afin qu'elle le mène par le bout du nez: je lui trouverai ça.

V

Après avoir déposé sa mère à la porte de madame de la Roche-Odon, Aurélien, achevant d'user son heure de voiture, s'était fait conduire au palais Colonna, à l'ambassade de France.

Mais c'est l'ambassadeur qui occupe le palais Colonna; quant aux bureaux, on les a installés dans des communs, anciennes écuries, remises ou cuisines, qui ouvrent leur porte borgne sur une ruelle appelée la via della Pilotta.

Aurélien trouva son ancien camarade M. de Vaunoise dans une salle basse, enfoncé dans un grand fauteuil, et lisant un numéro du *Sport*, derrière lequel il disparaissait si bien, qu'on ne voyait de sa personne que deux pieds posés sur le dossier d'une chaise qui lui servait d'appui.

Il fallut qu'Aurélien fit le tour de cette chaise pour découvrir son ami derrière le *Sport*.

—Tiens, Prête-Avoine! s'écria le jeune attaché en lâchant son journal et en posant brusquement ses pieds par terre, Prête-Avoine à Rome!

C'était ainsi que M. de Vaunoise avait l'habitude de prononcer ce nom roturier de Prétavoine, et il le faisait avec une désinvolture tout aristocratique.

Si Aurélien avait été encore à l'Université et s'il n'avait point eu besoin de lui, il lui aurait répondu comme il lui répondait autrefois:

—Oui, mon cher Balour-Eau.

Mais ce n'était pas le moment de blesser celui dont il venait réclamer les services, et assurément ce nom de Balour-Eau ainsi prononcé n'eût point resserré les liens de leur camaraderie.

En effet, M. le vicomte de Vaunoise se nommait, de son nom patronymique Baloureau, et sa noblesse était de trop fraîche date pour qu'il n'en fût pas fier comme un paon. Jusqu'en 1830 ses pères, qui étaient ardoisiers dans l'Anjou, n'avaient eu d'autre nom que celui de Baloureau, et c'était à cette époque que Charles X, ou plus justement M. de Polignac, voulant récompenser le zèle monarchique et religieux des Baloureau, en avait fait des comtes de Vaunoise. Tout le monde connaissait l'origine et la date de ces lettres de noblesse, et personne n'avait oublié le nom de Baloureau, personne excepté ceux qui le portaient, bien entendu.

C'était même pour que son petit-fils fût digne de son titre que le vieux père Baloureau avait voulu en faire un diplomate. Et par un bienheureux hasard qui ne se rencontre pas souvent, il s'était trouvé que le jeune héritier des ardoisiers avait quelques-unes des qualités de la profession qu'on lui imposait; de la finesse, de la politesse, du bon sens, beaucoup d'entregent, une affabilité qui le faisait tout à tous, de l'esprit, une extrême curiosité de tout savoir, l'amour de l'intrigue pour le plaisir de l'intrigue, de la réserve sous une apparence de légèreté; et, certainement cette réserve lui eût interdit le Prête-Avoine si ce n'avait été une plaisanterie d'école dont l'habitude était prise depuis longtemps.

—Oui, mon cher Vaunoise, répondit Aurélien, avalant sans grimace le Prête-Avoine; à Rome depuis ce matin, et ma première visite est pour toi.

—Bonne idée; je vais te faire faire ta première promenade; comme cela tu associeras mon souvenir à celui de Rome et tu ne m'oublieras plus. Nous prendrons une voiture à la place de Venise; viens.

Ils n'eurent pas besoin d'aller jusqu'à la place de Venise; sur la place des Saints-Apôtres, ils trouvèrent une voiture découverte dans laquelle ils montèrent.

—Tu es à moi, n'est-ce pas? demanda Vaunoise.

—Certes.

—Alors je te conduis.

Et s'adressant au cocher, il lui dit de les mener à Saint-Pierre, en passant par le Panthéon.

Puis se tournant vers Aurélien:

—Il y a quatre choses principales, capitales, à voir à Rome, lui dit-il: le Panthéon, Saint-Pierre avec le Vatican, Saint-Paul et le Colisée avec le Forum et le Palais des Césars; je vais te les montrer, après tu te débrouilleras tout seul.

Puis, comme il ne tenait pas essentiellement à faire étalage de son érudition, qui d'ailleurs était de fraîche date, il changea de sujet:

—Tu es seul à Rome? demanda-t-il.

—Non, je suis avec ma mère.

L'occasion de parler de madame de la Roche-Odon se présentait, Aurélien la saisit avec empressement.

—Mais ma mère ayant une visite à faire à la vicomtesse de la Roche-Odon, cela m'a permis de venir te voir.

—Tu la connais, madame de la Roche-Odon?

—Nous sommes liés avec son beau-père le vieux comte de la Roche-Odon; mais je n'ai jamais vu la vicomtesse.

—Tu la verras ici, et elle vaut la peine qu'on se dérange pour elle, tu aurais dû accompagner ta mère; qui sait?

—Comment?

—Avec madame de la Roche-Odon tout peut arriver, et c'est l'improbable qui a le plus de chances.

—Elle a au moins quarante ans.

—On a l'âge qu'on paraît avoir, et quand tu auras vu madame de la Roche-Odon, tu ne diras pas qu'elle a quarante ans; vingt-cinq, vingt-huit au plus. Une merveille! Si tu habites Rome pendant un certain temps, tu entendras discuter plus d'une fois la question de savoir comment madame de la Roche-Odon est restée belle, et l'on te racontera les choses les plus invraisemblables.

—Lesquelles?

—Tu sais que nous sommes dans le Corso, si tu regardais un peu autour de toi au lieu de bavarder. Voilà le palais Doria.

—T'écouter ne m'empêche pas de regarder: tu me disais qu'on racontait les choses les plus invraisemblables sur madame de la Roche-Odon...

—C'est-à-dire sur les moyens qu'elle emploie pour conserver sa beauté: les uns prétendent que du commencement de l'année à la fin, elle prend un bain froid tous les matins; les autres, que ce n'est pas le froid physique qui la conserve, mais la froideur morale, autrement dit qu'elle ne s'émeut de rien et ne prend des passions que tout juste ce qu'il en faut pour se bien porter en donnant de l'activité à la circulation du sang; enfin mille explications. Ce qu'il y a de certain, c'est qu'aujourd'hui elle est assez belle pour...

Il s'interrompit.

—Nous voilà au Panthéon, il faut descendre.

Mais Aurélien refusa; puisqu'il logeait à la *Minerve*, il viendrait le lendemain visiter le Panthéon.

—Et puis, ajouta-t-il dévotement, j'aime mieux que ma première visite soit pour Saint-Pierre.

—Ça, c'est une raison respectable; cependant il serait curieux pour toi de voir comment Bramante a pris la coupole du Panthéon pour la poser sur son église.

Mais Aurélien n'avait pas en ce moment des curiosités de ce genre.

—Pourquoi, ou pour qui madame de la Roche-Odon est-elle assez belle? dit-il, pendant que la voiture roulait à travers des rues infectées par l'odeur de la friture et des guenilles qui séchaient au soleil.

—Assez belle à quarante ans pour avoir un amant de vingt-huit ans, qui est fou d'amour, lord Harley. Connais-tu lord Harley?

—Non.

—Eh bien! quand tu l'auras vu, tu comprendras quelle puissance exerce madame de la Roche-Odon; car lord Harley n'est pas le premier venu; il a tout pour lui: élégance, distinction, fortune, savoir, et cependant il est l'esclave d'une femme plus âgée que lui de douze ou quinze ans. Elle le domine si bien que, pour avoir sa liberté à Rome, elle lui a soufflé le goût des fouilles; il passe son temps à Ardea, tu sais la fameuse Ardée de Turnus, la capitale des Rutules, où il est en train, dit-on, de faire des découvertes extraordinaires. Des fouilles dans la voie Apienne ou sur le Palatin, cela est à la portée de tous, mais à Ardea, en plein Latium, au milieu de la Malaria, voilà qui est original. Madame de la Roche-Odon lui a soufflé la passion des fouilles. Il publie sur ses découvertes un ouvrage fort curieux, qui paraît par livraisons, de temps en temps, avec des planches superbes que je te montrerai, et on raconte que naïvement il rapporte tout l'honneur de son travail à sa maîtresse: «C'est à elle, dit-il, qu'Ardea devra sa résurrection.» N'est-ce pas admirable? Tu te demandes peut-être pourquoi, au lieu de garder son amant près d'elle, et de lui faire faire des fouilles dans la voie Apienne ou sur le Palatin, elle l'a envoyé à Ardea.

—Justement.

—C'est qu'Ardea possède un avantage important pour madame de la Roche-Odon, qui est son éloignement, trente-cinq ou quarante kilomètres de Rome, si bien que quand lord Harley est parti pour surveiller ses fouilles, madame de la Roche-Odon est tranquille, elle sait qu'il ne rentrera pas à l'improviste.

—Elle a donc à craindre que lord Harley rentre à l'improviste?

—Je crois bien qu'elle a à craindre, demande à Cerda s'il lui serait agréable d'être surpris par lord Harley.

—Qu'est-ce que c'est que Cerda?

—Cerda est le ténor qui chante en ce moment au théâtre Apollo; un Sicilien que les femmes trouvent charmant et que madame de la Roche-Odon a enlevé à ses rivales. Tu vois par là si elle a quarante ans. Pour moi, je crois volontiers qu'elle ne les aura jamais et qu'elle continuera longtemps encore ses études. Car ce sont, paraît-il, des études que fait madame de la Roche-Odon: elle cherche un homme qui la comprenne ou qu'elle comprenne, je ne sais trop, mais enfin avec lequel il y ait accord parfait, et comme elle ne l'a pas encore trouvé, paraît-il, elle continue ses recherches sans se désespérer aucunement, convaincue qu'elle a encore de longues années devant elle. Présentement c'est Cerda qui est le sujet; et il est probable quelle le gardera tant qu'il ne sera pas réduit à l'état de *caput-mortuum*, comme disaient les alchimistes.

Cependant, après avoir roulé à travers des rues sales et tortueuses et passé le Tibre sur un pont orné de statues qui feraient bel effet dans une apothéose de féerie, ils étaient arrivés dans une rue aboutissant à une grande place.

De forme ovale, cette place qui va en montant est enserrée par deux colonnades composées de quatre rangs de colonnes: au centre se dresse un obélisque; de chaque côté deux fontaines lancent une haute gerbe d'eau qui se termine en un panache d'écume; enfin à son extrémité commence un vaste escalier qui par trois rampes, conduit à un immense monument au-dessus duquel s'élève un dôme colossal;—ce monument, c'est la basilique de Saint-Pierre.

Si Aurélien avait pu passer avec indifférence devant le Panthéon qui est un monument païen, il ne pouvait pas ne pas paraître ému en s'approchant de Saint-Pierre, qui est le monument chrétien par excellence—sinon par le sentiment et le style, au moins par la tradition.

C'était le moment de s'attendrir et d'éprouver des sentiments de vénération et de componction: Saint-Pierre! le Vatican! c'est avec les yeux de l'âme qu'un catholique les regarde.

Il n'y manqua pas; pas plus qu'il ne manqua d'aller baiser dévotement le pied de la statue de saint Pierre usé par les lèvres ardentes des pèlerins qui depuis des siècles sont venus le polir les unes après les autres.

—Tu reviendras, disait M. de Vaunoise.

Mais Aurélien n'avait pas besoin de cette parole pour hâter sa visite: s'il ne parlait plus de madame de la Roche-Odon, il ne l'oubliait pas, et il était curieux de reprendre l'entretien au point où il avait été interrompu.

Bientôt ils remontèrent dans leur voiture, et par le Janicule, l'île du Tibre et l'Aventin ils se dirigèrent vers Saint-Paul.

Comme beaucoup d'étrangers établis à Rome, Vaunoise avait une peur effroyable de la fièvre, et à chaque instant il s'interrompait pour dire:

—Tu sais, là règne la fièvre.

Mais Aurélien ne voulait pas entendre parler de fièvre: madame de la Roche-Odon toujours, et la seule madame de la Roche-Odon.

Seulement, comme il importait de ne pas éveiller la défiance de Vaunoise, c'était avec des précautions et des détours qu'il revenait sans cesse à ce sujet.

—Tu sais que je rêve de ce que tu m'as raconté de madame de la Roche-Odon; est-ce possible?

—Probablement, puisque c'est vrai.

—Vrai?

—Dame, tout le monde le dit; et si tu vas à l'*Apollo* un de ces soirs, quand Cerda chantera, tu verras comment il se comporte en scène: il paraît qu'il lui est défendu de regarder qui que ce soit dans la salle; de là un jeu tout à fait étrange, je t'assure, et qui t'amusera.

—Mais lord Harley?

—Un mari, seul à ignorer ce que tout le monde sait; et puis il l'adore, car elle a toujours su se faire adorer, à preuve la naissance de Michel Berceau.

—Qu'est-ce que c'est que Michel Berceau?

—Le fils aîné de madame de la Roche-Odon.

—Le prince Michel Sobolewski?

—Lui-même.

—Pourquoi l'appelles-tu Michel Berceau?

—Je ne l'appellerais certes pas ainsi en lui parlant, mais c'est de ce nom que nous le désignons souvent entre nous.

—Est-ce qu'il y a eu un M. Berceau dans l'histoire de madame de la Roche-Odon?

—Ce n'est pas un M. Berceau qui a rempli un rôle dans l'histoire de madame de la Roche-Odon, ce sont trois berceaux, trois lits d'enfant. Madame de la Roche-Odon avait vingt ans de moins qu'aujourd'hui, et elle était dans toute la splendeur de sa beauté; elle habitait Paris, et son mari, le prince Sobolewski voyageait quelque part, n'importe où; enfin, il était depuis longtemps séparé de sa femme avec laquelle il avait vécu en fort mauvaise intelligence. Crois-tu que madame de la Roche-Odon se désespérait de cet abandon?

—Ce n'est pas probable.

—En tous cas elle avait trouvé des consolateurs, et comme elle allait devenir mère, son enfant lui ferait oublier son mari. Ce grand jour arriva et elle mit au monde un fils.

—Michel.

—Michel Berceau. Tu vas voir d'où vient ce nom de Berceau. Il n'y avait pas trois heures que la princesse Sobolewska était accouchée—c'est-à-dire madame de la Roche-Odon—qu'on apporte un berceau, mais un amour de berceau parisien, ce qui se fait de plus élégant, de plus coquet, de plus luxueux; attachée à la dentelle se montre une carte: c'est celle d'un des consolateurs de la princesse, un homme du monde parisien, jeune, charmant, etc. La princesse est ravie de cette attention; le berceau lui paraît la chose la plus délicieuse du monde, et elle donne l'ordre de coucher son fils dans ce merveilleux berceau, qu'elle fait placer auprès de son lit.

—Je comprends.

—Ne va pas si vite, nous n'y sommes pas encore. L'enfant est à peine couché qu'on apporte un second berceau. Celui-là est beaucoup moins élégant, et de plus il est d'assez mauvais goût. Mais on y a joint un écrin renfermant une parure en diamants et une carte. La princesse regarde peu le berceau, mais elle regarde tendrement les diamants, qui valent une centaine de mille francs. Elle regarde aussi la carte, qui porte le nom d'un de ses autres consolateurs: un financier allemand pas beau, pas jeune, pas spirituel, mais riche. Évidemment, il faut faire honneur à l'écrin. On retire l'enfant du charmant berceau dans lequel on venait de le coucher et on le place dans celui qui était accompagné de l'écrin. Puis cela fait, on met ce second berceau auprès du lit de la mère, et l'on emporte le premier pour le cacher dans quelque cabinet, attendu que les dentelles n'ont jamais pu lutter contre les diamants. Tu vois que tu allais trop vite tout à l'heure.

—Alors c'est donc l'enfant aux deux berceaux.

—Encore trop de hâte, attends un peu avant de les numéroter ainsi, l'histoire n'est pas finie. Voilà l'enfant couché dans le berceau n° 2, et il va s'endormir, lorsque la porte de la chambre de l'accouchée s'ouvre de nouveau devant un troisième berceau. Celui-là est horrible, et tel qu'une bourgeoise du Marais n'en voudrait pas. En le voyant la princesse laisse échapper un geste d'horreur. Coucher son enfant dans une pareille boîte, jamais, jamais. Cependant sa femme de chambre, sa confidente lui présente une enveloppe cachetée d'un large cachet de cire rouge, et qui vient d'être remise en même temps que le berceau, avec recommandation expresse de la porter immédiatement à la princesse. Celle-ci ouvre l'enveloppe. Pas de carte. Pas de lettre. Un simple chèque d'un million, signé du prince Sératoff.—Vite, vite, s'écria la princesse, couchez mon fils dans ce berceau et emportez l'autre.—Puis pendant qu'on opère ce nouveau changement, elle relit le billet doux qu'elle vient de recevoir et elle murmure:—C'est lui le père, il s'est reconnu.—Et voilà, mon cher, pourquoi nous appelons le prince Michel Sobolewski, ou Sératoff si tu aimes mieux, Michel Berceau qui est son vrai nom sans erreur possible, car nous n'avons pas les mêmes raisons que sa mère pour savoir s'il est Russe, Allemand ou Français. Pour achever l'histoire il faut te dire que le million offert à la mère n'est pas venu entre les mains du fils, et comme le prince Sératoff n'a point conservé l'enthousiasme paternel de la première heure, Michel serait aujourd'hui dans une assez lamentable position si lord Harley n'était pas là: il est joueur, le jeune Michel et il ne gagne pas toujours. Mais nous voici à Saint-Paul. Assez de madame de la Roche-Odon. Si tu prononces encore son nom, je ne te réponds pas.

VI

La mère et le fils se retrouvèrent le soir pour dîner.

Et après dîner ils montèrent dans leur appartement.

Pour son fils, non pour elle, insensible aux exigences du bien-être, madame Prétavoine fit allumer du feu.

Et au coin de la cheminée, l'un vis-à-vis de l'autre, à mi-voix, bien que les portes eussent été soigneusement fermées, ils se racontèrent leur journée.

Madame Prétavoine ce qu'elle avait vu et entendu chez madame de la Roche-Odon.

Aurélien, les histoires de son ami Vaunoise.

Sans doute ils ne tenaient pas encore la victoire; c'eût été trop beau pour le premier jour.

Mais enfin, la situation telle qu'elle se présentait, semblait devoir être favorable à leurs desseins.

En venant à Rome, madame Prétavoine n'avait point espéré la trouver meilleure; elle l'avait imaginée autre, mais en tout cas pas plus propice.

Ce fut ce qu'elle expliqua.

—L'un des buts de notre voyage, c'est de gagner l'appui de madame de la Roche-Odon dans l'affaire de ton mariage avec Bérengère: il faut que nous obtenions d'elle un concours qui neutralise les mauvaises dispositions du grand-père. Tout d'abord, j'avais pensé que, si l'on pouvait amener madame de la Roche-Odon à demander l'émancipation de sa fille, cela nous serait un grand avantage. En effet, Bérengère serait enlevée à son grand-père et viendrait habiter avec sa mère, de sorte que nous pourrions agir sur elle beaucoup plus facilement. Mais madame de la Roche-Odon ne voulant pas de l'émancipation, nous n'avons donc rien à attendre de ce côté et c'est d'un autre qu'il faut nous tourner; heureusement la situation telle qu'elle vient de se révéler est bonne. Il est vrai que présentement madame de la Roche-Odon, par sa liaison avec lord Harley, n'a pas besoin de sa fille. Mais que faut-il pour que cette liaison soit rompue? Alors il est évident que le jour où lord Harley verra clair, madame de la Roche-Odon n'aura plus de ressources que dans sa fille.

—Assurément.

—C'est là une force pour qui saura l'utiliser; d'autre part, nous pouvons trouver encore un appui auprès du frère de Bérengère, ce jeune Michel Sobolewski, qui m'a parlé de sa soeur d'une façon si étrange. Celui-là aussi compte sur la fortune du comte de la Roche-Odon, en même temps que sur celle que sa soeur acquerra par le mariage. En ce moment, cette fortune ne lui est pas indispensable, puisqu'il trouve, pour alimenter ses dépenses de jeu, des ressources dans la générosité de sa mère; mais comme cette mère ne possède rien par elle-même et ne donne de la main gauche que ce qu'elle reçoit de la main droite...

—Ou plutôt donne de la main droite ce qu'elle reçoit de la main gauche.

—Parfaitement, dit madame Prétavoine en riant de cette plaisanterie, il s'ensuit que le jour où madame de la Roche-Odon n'aura plus rien à donner par cette raison toute-puissante qu'elle ne recevra plus, le prince Michel, s'il veut continuer l'existence qu'il mène, ne trouvera plus de ressources qu'auprès de sa soeur; c'est alors qu'il tâchera de la marier suivant les idées qu'il m'exposait tantôt. Le mari que la mère et le fils voudront donner à Bérengère sera donc un homme en qui ils auront mis leur espérance.

La marche à suivre était donc clairement indiquée: 1° brouiller madame de la Roche-Odon et lord Harley; 2° gagner les bonnes grâces de madame de la Roche-Odon et du prince Michel.

Ah! la journée avait été réellement heureuse, et leur temps à tous deux avait été bien employé.

Cependant, au milieu de cette joie, madame Prétavoine éprouvait une contrariété assez vive.

De toutes les lettres de recommandation et de présentation dont elle s'était munie, la plus importante était celle que lui avait donnée l'abbé Guillemittes pour Mgr de la Hotoie, évêque de Nyda *in partibus infidelium*, préfet de la daterie apostolique, etc., etc.

Autrefois camarade de l'abbé Guillemittes, Mgr de la Hotoie était resté son ami fidèle et dévoué: c'était Mgr de la Hotoie qui avait fait obtenir un titre de *monsignore* à l'abbé Guillemittes, et c'était sur lui que celui-ci comptait pour devenir évêque de Condé.

Dans les entretiens qu'il avait eus avec madame Prétavoine, l'abbé Guillemittes avait recommandé à sa pénitente de ne point faire un pas à Rome sans consulter Mgr de la Hotoie, et de se laisser en tout et pour tout guider par celui-ci.

De plus, dans sa lettre il avait expliqué à son ami dans quel but madame Prétavoine entreprenait ce voyage de Rome; il lui avait dit toute l'importance du mariage qu'elle poursuivait; il lui avait montré comment elle pouvait le réaliser; et enfin en lui demandant ses conseils ainsi que son influence, il avait adroitement insinué que celui qui ferait obtenir à madame Prétavoine ce qu'elle désirait ne perdrait ni son temps ni sa peine.

En sortant de chez madame de la Roche-Odon, madame Prétavoine avait pris une voiture et s'était fait conduire chez Mgr de la Hotoie: mais celui-ci n'était pas à Rome, et tout ce qu'elle put apprendre d'un domestique qui baragouinait à peu près le français, ce fut ce renseignement désolant que «monsignore ne reviendrait pas avant douze ou quinze jours.»

Cela la mettait dans l'impossibilité de rien entreprendre, car elle était bien décidée à se conformer aux instructions de l'abbé Guillemittes et à ne pas faire un pas sans l'approbation du guide qu'il lui avait donné.

Pour son activité, pour son impatience, pour ses principes d'économie, cette inaction était exaspérante: à quoi, comment passer le temps et ne pas perdre tout à fait l'argent qu'on dépensait?

—Nous visiterons Rome, dit Aurélien.

Mais visiter les monuments est un plaisir, et ce n'était point pour son plaisir que madame Prétavoine était venue à Rome, c'était pour une affaire, au succès de laquelle on devait tout ramener.

Après avoir cherché et discuté le possible et le meilleur, il fut arrêté que pendant que madame Prétavoine ferait chaque matin pieuses stations dans l'une des 389 églises de Rome, Aurélien irait travailler à la bibliothèque du Vatican, de neuf heures à midi, temps pendant lequel elle est ouverte.

Puis, par l'entremise de Vaunoise, Aurélien ferait demander une audience au Saint-Père, afin de recevoir sa bénédiction et de prendre date de son arrivée.

Quant à madame Prétavoine, elle ne se présenterait au Vatican qu'après le retour de Mgr de la Hotoie, avec qui elle voulait s'entendre pour bien arrêter ce qu'elle devait dire et pouvait demander.

La bibliothèque du Vatican est disposée d'une façon caractéristique, qui prouve le cas qu'on fait à Rome des livres ou des manuscrits: sa salle principale, divisée en deux nefs par des piliers, est entourée d'armoires à portes pleines qui couvrent les murs; ces armoires sont fermées à clef. Que renferment-elles? Sans doute les conservateurs le savent, mais le public l'ignore.

Ce n'est pas par, seulement par là, que cette bibliothèque ne ressemble en rien à notre Bibliothèque nationale ou à celle du *British Museum*, c'est encore par les lecteurs qui la fréquentent; car, à part quelques scribes qui copient des manuscrits orientaux, grecs ou latins, pour des savants étrangers qui ont eu assez d'influence pour obtenir qu'ils leur soient communiqués, ce qui n'est pas une petite affaire, les travailleurs sérieux qu'on y voit sont fort peu nombreux.

Ce fut presque un événement quand on vit chaque matin arriver un jeune Français, de toilette et de tournure élégantes, qui pendant trois heures s'enfonçait dans la *Somme de la foi contre les Gentils* ou la *Somme théologique* de saint Thomas d'Aquin, et qui, sans lever le nez de dessus ses in-folio, piochait consciencieusement l'*Ange de l'école* en prenant des notes.

On tournait autour de lui en regardant par-dessus son épaule, on examinait son écriture, on cherchait à deviner sur quel point portaient ses études ou ses recherches.

Il copiait ses citations sans les traduire, mais il prenait ses notes en français.

Quel était ce Français?

Ce fut la question que chacun se posa.

Heureusement la curiosité fut vite satisfaite au moins quant au nom: M. Aurélien Prétavoine, ancien élève de l'Université de Louvain, descendu avec sa mère à l'*Hôtel de la Minerve*; seulement, quant aux causes déterminantes de ce travail, les discussions restèrent ouvertes sans que personne trouvât rien d'entièrement concluant; un jeune homme de cet âge et de cette tournure, assidu, appliqué au travail, cela n'était pas naturel, et l'on se demandait sans parvenir à le percer, le mystère qui se cachait là-dessous.

Pendant qu'Aurélien allait tous les matins régulièrement s'enfermer pendant trois heures à la bibliothèque du Vatican, madame Prétavoine faisait de pieuses stations dans les églises de Rome, ne choisissant pas les plus belles au point de vue artistique comme les curieux profanes, mais s'agenouillant et priant dans toutes indifféremment, qu'elles fussent belles ou laides, riches ou pauvres, superbes ou humbles, et toujours dans chacune de celles où elle pénétrait, les malheureux qui soulevaient la portière de cuir suspendue à la porte, recevaient d'elle une riche aumône.

Pour la mère comme pour le fils la curiosité s'éveillait et les questions se soulevaient et tourbillonnaient derrière elle.

—Quelle était cette personne pieuse si charitable?

Les bouches qui murmuraient ces paroles étaient humbles, mais de leur réunion sortirait un jour un chœur formidable qui serait entendu des puissants.

Ainsi la mère et le fils, chacun de son côté, bâtissaient dans l'opinion.

Construction lente, assurément, mais solide, et qui s'élèverait pierre par pierre invisible, ignorée tout d'abord, pour apparaître un beau jour, à la surprise générale, dans sa force et sa grandeur.

Les trois heures de travail à la bibliothèque ne prenaient pas tout le temps d'Aurélien; de midi au soir, il était libre, et, bien qu'il eût proposé à sa mère de visiter Rome, en attendant le retour de Mgr de la Hotoie, ce n'était point aux monuments, églises ou musées, qu'il donnait ses heures de liberté.

Ce n'était point la curiosité historique ou artistique qui l'avait amené en Italie. C'était une affaire, et il tenait de sa mère par ce côté pratique, que, pour lui comme pour elle, les affaires devaient passer et passaient avant tout.

Les monuments, les tableaux, les statues, les ruines seraient toujours là; plus tard, quand il aurait l'esprit libre, il s'acquitterait de ses devoirs de politesse envers eux; ce n'était pas lui qui dirait jamais «A demain les choses sérieuses.»

Pour le moment, la chose sérieuse c'était d'entrer en relations avec le frère de Bérengère et de tout faire pour se lier avec lui.

Pour cela, Aurélien avait compté sur M. de Vaunoise, mais comme il n'était point dans ses habitudes de prendre les routes droites pour se diriger vers son but, il s'était bien gardé de dire franchement à son ami ce qu'il attendait de lui, et il s'était contenté de lui demander de faire pour le monde de Rome, ce que dans leur première promenade, il avait fait pour les monuments; ce serait vraiment jouer de malheur si, dans ce chemin détourné, il ne se trouvait pas face à face avec le jeune prince Michel.

Malgré sa finesse, M. de Vaunoise ne s'était nullement douté du rôle qu'on lui donnait à jouer, et il s'était mis d'autant plus volontiers à la disposition de son ancien camarade, que ce qu'on lui demandait l'amusait lui-même.

—Tous les jours tu me trouveras dans le Corso ou au Pincio, et en moins d'une semaine je veux te faire connaître notre monde comme si tu l'avais étudié pendant plusieurs mois; tu sais que le Corso est pour nous ce qu'est le boulevard des Italiens pour Paris, et le Pincio ce que sont les Champs-Élysées; tu verras donc défiler devant toi tout ce qui compte à Rome, et puisque cela t'amuse, je te raconterai l'histoire de chacun, surtout de chacune; il y en a de drôles.

—Aussi curieuses que celles de madame de la Roche-Odon?

—Mais oui; les étrangers et les étrangères qui viennent à Rome n'y sont point tous amenés par la pensée de faire leur salut.

—Malheureusement, hélas!

Cela fut dit avec componction, en chrétien qui pleure sur la perversité de son temps.

Chaque jour Aurélien s'en allait donc par le Corso jusqu'à la porte du Peuple et de là jusqu'au Pincio pour rencontrer son ami.

Si le Corso ne mérite nullement l'éloge qu'en a fait Stendhal, qui a dit que c'était la plus belle rue de l'univers, par contre le jardin du Pincio est digne de sa réputation; d'autres promenades à Londres, à Paris, à Vienne, sont ou plus étendues ou plus champêtres ou mieux dessinées, mais on chercherait vainement ailleurs quelque chose de comparable à la vue qui du haut de cette colline se déroule sur la ville de Rome, le cours du Tibre, Saint-Pierre et, au loin, la campagne romaine; avec cette vue devant les yeux on n'est pas sensible à l'étroitesse de ce petit jardin, pas plus qu'on ne remarque les affreux bustes des grands hommes illustres ou inconnus qui servent de bouteroues à ses allées.

Quand Aurélien n'avait pas rencontré Vaunoise dans le Corso, il était à peu près sûr de le trouver aux environs d'un palmier qui, à cette époque, formait le centre du Pincio, et autour duquel tout Rome venait tourner et se montrer pendant que jouait la musique militaire.

Alors, fidèle à son rôle de cicerone, Vaunoise lui désignait et lui nommait tous ceux et toutes celles qui défilaient lentement, à la queue, devant eux: le roi, accompagné de son grand écuyer, le comte Castellengo; le prince Humbert, en petit phaéton à rechampis rouges, avec le comte Brambilla près de lui; la princesse de Piémont en calèche, sur le siége de laquelle se tiennent raides et dignes ses valets de pied en livrée rouge, et ayant à ses côtés la duchesse Sforza Cesarini et le marquis Calabrini; dans un coupé, la princesse Ginelti, née de Valmy; la marquise Lavaggi; les quatre soeurs Bonaparte, la comtesse Roccogiovine, dont Sainte-Beuve a parlé sous le nom de princesse Julie; la princesse Gabrielli, la comtesse Campello, la comtesse Primoli; et encore, à cheval, M. Ludovico Brazza; le préfet de Rome, le comte Gadda; le duc de Ripalda, qui fut ambassadeur à Paris, et tous les étrangers, les étrangères: Anglais, Russes, Américains, qui, durant l'hiver, foisonnent à Rome: la comtesse Strogonoff, la princesse Bariatinski, le directeur de l'Académie de France, le peintre Hébert, et vingt autres, et cent autres.

Ce n'étaient pas seulement les noms de ceux qui tournaient devant eux que Vaunoise énumérait, c'était encore, selon sa promesse, leurs histoires qu'il racontait.

Il savait tout, et si la diplomatie est l'art de connaître la chronique scandaleuse et les histoires intimes du pays auprès duquel on est accrédité, il était déjà, malgré sa jeunesse, un habile diplomate.

Puis, de ce qui était simplement personnel, passant à des idées un peu plus générales, il expliquait à son ami comment, depuis la suppression du gouvernement papal, se divise la société romaine.

—Pour le temps que tu as à passer à Rome, disait-il, il te suffit de savoir si ceux avec lesquels tu te trouves en relations, sont fidèles au Vatican, ou bien s'ils sont ralliés au Quirinal. Voici la journée d'un jeune Romain dont la famille a accepté le gouvernement de Victor-Emmanuel: le matin il fait un tour dans le Corso où il rencontre les élégantes qui vont faire leurs emplettes de fleurs chez Cardella, ou de bonbons chez Spillmann; il déjeune au cercle de la Caccia, fait quelques visites et monte en voiture pour aller à la villa Borghèse et de là au Pincio; rentré chez lui il s'habille, et s'il n'a pas un dîner obligé, il dîne chez Morteo ou au café du Parlement; puis de là il va au théâtre Apollo et finit sa soirée à la Caccia en perdant quelques *lires*. La grande affaire de sa vie ce sont les visites, et deux fois par semaine la chasse au renard. Il n'est bon à rien, pas même à avoir des enfants, et il ignore complétement qu'il y a des musées et des antiquités à Rome. Il est grand danseur et parle un peu français. Bien que sa famille ait été comblée par les papes, il n'a pas hésité, le 20 septembre 1870, à attacher son uniforme de garde-noble à la queue de son cheval, et le gouvernement l'en a récompensé en le faisant chevalier de Couronne d'Italie; son grand-père ou son bisaïeul, neveu du pape, était meunier, lui est prince ou duc.

—Et l'autre?

—L'autre entend la messe ou Gesu, et parmi ses nombreuses visites en fait plusieurs à des cardinaux; il est garde-noble ou camérier au Vatican, et cela selon sa taille; il va au cercle des Échecs, lit peu et trouve la *Voce della verita* tiède et notre *Univers* incolore; il est convaincu que prochainement l'Italie sera rétablie dans l'état où elle était en 1859; enfin il se marie jeune, a beaucoup d'enfants, dont la plupart entreront dans les ordres.

—J'aime mieux celui-là.

—Moi aussi; et c'est de ce côté que je t'engage à te tourner.

—Et le prince Michel Sobolewski, à quel cercle va-t-il?

C'était pour placer une question de ce genre qu'Aurélien écoutait son ami, et c'était avec l'espérance de rencontrer enfin un jour ce prince Michel qu'il continuait à venir régulièrement au Pincio.

VII

Sur ces entrefaites, Aurélien reçut une réponse à la demande d'audience qui avait été présentée à l'*antimera pontifica* par l'entremise de son ami Vaunoise.

Un soir comme il rentrait, le portier de la *Minerve* l'arrêta pour lui remettre un large pli cacheté.

—Une lettre du Vatican, dit-il; la personne qui l'a apportée reviendra demain, pour la petite gratification.

—Pourquoi ne l'avez-vous pas donnée?

—Je ne savais pas combien monsieur voulait donner.

—Et combien donne-t-on ordinairement?

—Trois francs, cinq francs.

—Vous en donnerez vingt.

L'audience était fixée pour onze heures: à dix heures quarante-cinq minutes Aurélien se présenta à la porte du Vatican, qu'il n'eût pas trouvée de lui-même si son cocher ne la lui avait pas indiquée; car, chose étrange, ce palais le plus vaste du monde, n'a pas pour ainsi dire d'entrée.

Dans le vestibule les suisses montaient la garde dans leur uniforme de valets de cartes, à bandes de drap rouge, bleu et jaune, culottes courtes et bas de même couleur que l'uniforme, buffleteries jaunes, Remington sur l'épaule, porté à la prussienne.

Sur les paliers d'un escalier doux et poli, des hallebardiers se tenaient immobiles comme des statues, dans leur bizarre uniforme dessiné par Michel-Ange, le casque à pointe de cuivre sur la tête, le corps serré dans une veste à crevés, la hallebarde à la main.

Et çà et là dans les corridors, dans les antichambres, tout un monde de valets en simarre de soie violette damassée, allant et venant, affairés, importants avec les laïques, complaisants, obséquieux, paternels avec les ecclésiastiques; des femmes en robe de soie noire, la tête couverte d'un voile noir passaient émues, haletantes, allant deçà delà, d'un pas rapide et incertain, une feuille de papier à la main.

On fit entrer Aurélien dans un salon dans lequel se trouvait un monsieur en habit noir et en cravate blanche, qui un carnet à la main prenait des notes ou des croquis, de grands cheveux, une tête laide plutôt que belle, mais caractéristique; la tête, le regard, le carnet, disaient que ce devait être un artiste. Aurélien, ayant passé derrière lui, vit qu'il ne s'était pas trompé dans ses conjectures: le monsieur aux grands cheveux prenait et des notes et des croquis, il avait rapidement esquissé la copie des tapisseries d'Audran qui ornaient les murs et même le tapis vert à fleurs rouges et blanches qui recouvrait le parquet.

Des fenêtres qui éclairaient ce salon, l'on découvrait toute la ville de Rome éparse dans la plaine le long du cours tortueux du Tibre ou étagée sur les pentes de ses sept collines, avec ses maisons, ses palais, ses églises, ses ruines, au-dessus desquels s'élevaient çà et là des dômes, des campaniles, des colonnes, des aiguilles dorées, des obélisques et des cyprès noirs aux tiges élancées ou des pins aux cimes rondes et étalées; vue merveilleuse, encadrée dans des montagnes bleues d'un profil pur et sévère.

Pendant le temps qu'Aurélien était resté le nez collé à la vitre, le salon s'était rempli peu à peu: trois ecclésiastiques s'étaient assis dans un coin; deux étaient vêtus de soutanes neuves, évidemment, étrennées pour cette solennité; ils se tenaient droits, la tête haute, respirant avec peine comme des gens qui sont sous le poids d'une fiévreuse émotion; de temps en temps ils prononçaient quelques mots de français, mais avec un accent étranger qui tenait le milieu entre le bas-normand et l'anglais; le troisième était aussi pimpant que ses deux compagnons étaient embarrassés; il se levait à chaque instant, se promenait par le salon et tournait sur ses talons avec une désinvolture pleine de légèreté.

Dans un coin opposé se tenaient deux Français silencieux et recueillis, ne prêtant aucune attention à ce qui se passait autour d'eux.

Près d'eux, un grand et long personnage décoré, d'ordres étrangers avait déposé sur un fauteuil tout un tas de boîtes et de paquets enveloppés dans du papier blanc! on eût dit un parrain qui venait attendre une marraine avec une collection de bonbons.

Et, dans l'angle de la fenêtre, le monsieur aux longs cheveux, qu'Aurélien avait supposé être un artiste, continuait de prendre des notes ou des croquis sur son carnet: il promenait autour de lui un regard circulaire, et sa main, armée d'un crayon, courait rapide et légère sur le papier, soit pour écrire soit pour dessiner.

A un certain moment, l'ecclésiastique qui paraissait être dans sa propre maison, voulut voir sans doute ce qu'on écrivait sur ce carnet, et il manoeuvra de façon à se rapprocher de la fenêtre; mais cette manoeuvre, si habile qu'elle fût, ne réussit pas, le carnet se ferma et disparut dans une poche juste à point pour tromper l'espérance du curieux; cela se fit simplement, sans affectation, mais de manière cependant à bien marquer l'intention qui avait provoqué ce mouvement.

Deux nouveaux venus attirèrent l'attention d'Aurélien; c'étaient deux jeunes Anglais de dix-huit à dix-neuf ans, qui, faisant leur voyage d'Italie, avaient voulu visiter le pape, comme le lendemain ils visiteraient Garibaldi ou les thermes d'Antonino Caracalla; c'était une curiosité à voir, inscrite dans leur itinéraire, protestants d'ailleurs, à en juger par la pitié méprisante avec laquelle ils regardaient les deux ecclésiastiques et les deux Français, qui laissaient paraître leur émotion dans l'attente de ce qui, pour ces catholiques, était une pieuse solennité.

Ce qui les amusait surtout, c'étaient les paquets déposés sur le fauteuil; ils se les montraient d'un coup d'oeil, et ils parlaient à voix basse, en riant silencieusement.

Évidemment ils avaient deviné ce qui se trouvait renfermé dans ces paquets, et cela leur paraissait profondément ridicule.

Onze heures avaient sonné depuis quelques minutes déjà quand la porte s'ouvrit devant un nouvel arrivant qui, bien qu'en retard, entra sans se presser et d'un pas nonchalant, en homme qui ne prend pas souci qu'on l'ait ou qu'on ne l'ait pas attendu.

Grande fut la surprise d'Aurélien, grande fut sa joie.

Le bienheureux hasard sur lequel il avait compté se réalisait enfin: celui qui venait n'était autre que le fils de madame de la Roche-Odon, le frère de Bérengère,—le prince Michel Sobolewski.

Ils étaient donc en face l'un de l'autre.

Mais quel malheur que Vaunoise ne fût pas dans ce salon pour les mettre en rapport!

Il fallait qu'Aurélien se présentât seul, et la chose était assez délicate.

En aurait-il le temps, d'ailleurs? Les portes n'allaient-elles pas s'ouvrir pour l'audience; et après avoir impatiemment attendu cette audience, il désira qu'elle fût retardée.

Comment aborder Michel? que lui dire?

L'attitude qu'avait prise le jeune prince ne rendait pas la tâche facile.

Il s'était assis sur un fauteuil, et les jambes allongées, la tête renversée, il promenait tout autour du salon un regard dédaigneux et ennuyé.

Comment aller à lui? Sous quel prétexte?

Cependant Aurélien, venant à la fenêtre près de laquelle Michel s'était installé, se rapprocha peu à peu du siége que celui-ci occupait.

Il importait de ne pas s'exposer à une rebuffade et de procéder sagement.

Comme il cherchait cette façon de procéder, le prêtre qui tournait si légèrement sur ses talons vint à son tour dans l'embrasure de la fenêtre et se mit à regarder au loin par-dessus la ville, dans la direction où les yeux d'Aurélien semblaient dirigés.

Puis se tournant vers celui-ci:

—Est-ce que ces montagnes là-bas, tout au loin, ne sont pas les montagnes des Abruzzes? dit-il.

—Je le pense, dit Aurélien.

Il se fit un silence; puis bientôt le prêtre reprit:

—Cette longue galerie qui paraît se diriger vers le château Saint-Ange, c'est le corridor d'Alexandre VI, n'est-ce pas?

—Je le crois, dit Aurélien.

—C'était là une utile précaution.

Mais Aurélien ne répondit pas et colla son nez contre la vitre.

Après avoir regardé un moment la ville et la campagne, comme s'il les voyait pour la première fois, le prêtre tourna de nouveau sur ses talons et rejoignit ses deux compagnons.

Alors Aurélien abandonna sa contemplation pour se rapprocher un peu plus de Michel, il avait trouvé son entrée en matière, et il pouvait l'aborder. Mais Michel qui s'était levé, le prévint.

—Pardon, monsieur, dit-il à voix basse, est-ce que cet abbé ne vous demandait pas si cette galerie n'était pas le corridor d'Alexandre VI?

—Oui, monsieur.

—Ah! elle est bien bonne!

—Pourquoi donc?

—Parce que ce monsieur, qui paraît ne pas connaître Rome, est un chanoine de Saint-Pierre.

Et Michel se mit à rire à mi-voix.

—Mais vous n'avez pas répondu, et il en a été pour ses frais d'amabilité.

Puis, riant toujours, il allait regagner son siége, lorsque Aurélien l'arrêta.

—Voulez-vous me permettre, prince, d'aller au devant d'une formalité qui s'accomplirait dans quelques jours?

—Vous me connaissez, monsieur.

—Et je vous demande la permission de me faire connaître moi-même: ma mère a eu l'honneur de vous rencontrer dernièrement chez madame votre mère: Aurélien Prétavoine.

—Ah! oui, dit Michel après avoir cherché un moment; madame Prétavoine, de Condé-le-Châtel; je me rappelle parfaitement. Alors, monsieur, vous êtes un ami de ma petite soeur?

—J'ai cet honneur.

—Enchanté de faire votre connaissance, monsieur.

Et il tendit la main à Aurélien.

VIII

Enfin la connaissance était faite.

Mais cette banale poignée de main n'était pas pour Aurélien un engagement suffisant, et il importait qu'en cette première rencontre des relations plus solides s'établissent entre lui et le frère de Bérengère.

—Est-ce que le Saint-Père reçoit à l'heure précise fixée par la lettre d'audience? demanda-t-il.

—Ma foi, je n'en sais rien, c'est la première fois que je viens ici.

—Ah! vraiment.

—Cela vous paraît drôle que je n'aie pas encore vu le pape; cela est, cependant. D'ailleurs, il me semble que c'est souvent ainsi que les choses se passent; les habitants d'une ville n'ont jamais vu les curiosités de leur pays que tous les étrangers connaissent. Enfin ça devenait ridicule de n'être pas encore venu au Vatican. J'ai fini par faire demander une lettre d'audience, et me voilà.

—Alors vous ne connaissez pas les habitudes pontificales?

—Pas plus que vous; seulement il me semble que l'exactitude est la politesse des souverains; c'est comme cela qu'on dit, n'est-ce pas? Et pour le moment je voudrais bien qu'il en fût ainsi, car je n'ai pas déjeuné.

Aurélien arrêta ce mot au passage.

—Il est de fait que moi aussi je commence à avoir faim.

Cela n'était peut-être pas très-exact, car il avait déjeuné avant de monter en voiture; mais c'était un jalon qu'il pouvait être utile de planter dès maintenant.

—Enfin, continua Michel, espérons que le pape va bientôt nous recevoir.

Aurélien ne répondit pas, mais tout bas il fit des voeux pour que ce moment n'arrivât pas de si tôt.

Tout en parlant, Michel avait atteint sa lettre d'audience pour voir de nouveau l'heure qu'elle fixait.

—Elle porte bien onze heures, dit-il.

Puis, du corps de la lettre, ses yeux allèrent à une note imprimée en marge.

Alors, montrant cette note à Aurélien, il lut en traduisant:

«Les dames seront reçues en robe noire, avec un voile sur la tête, et les hommes en uniforme ou en frac noir et en cravate blanche.»

Et se mettant à rire:

—Est-ce que ces exigences ne sont pas étranges chez le vicaire de celui qui a voulu naître dans une étable? dit-il.

Avec tout autre, Aurélien aurait vertement relevé cette observation inconvenante, mais avec Michel, il garda un silence prudent; à quoi bon engager une discussion qu'il n'aurait pas la liberté de mener à bonne fin?

—Pendant qu'on prenait ces précautions d'étiquette, continua Michel, on aurait bien dû parler des gants: voilà deux Français, là-bas, qui vont s'attirer des observations de quelque majordome, parce qu'ils sont irréprochablement gantés; pourquoi n'avoir pas dit qu'on ne paraît plus ganté devant le Saint-Père depuis que Colonna mit sa main gantée sur la joue d'un pape, lequel gant, au lieu d'être en chevreau, était en fer.

Cette fois Aurélien ne fut pas maître de retenir sa langue.

—Vous savez que c'est une fable, dit-il; jamais Sciarra Colonna n'a donné de soufflet à Boniface VIII.

—Vous croyez? je le veux bien; en réalité, cela m'est égal.

Ils parlaient dans l'embrasure de la fenêtre, tournés vers la ville, et devant eux, dans la prairie qui s'étend au bas des jardins du Vatican et va jusqu'au château Saint-Ange, des fantassins et des cavaliers de l'armée italienne faisaient l'exercice; de temps en temps, quand la bise soufflait, les roulements du tambour et les éclats du clairon faisaient résonner les vitres.

—Vous voyez, dit Michel en étendant la main dans la direction de cette prairie, qu'on peut en tout temps manquer de respect ou d'égard envers un pape. Ces soldats, ce bruit du tambour et du clairon vous le prouvent. J'aimerais mieux avoir reçu un soufflet comme Boniface VIII, que d'entendre tous les jours, comme Pie IX, ces clairons et ces tambours.

—C'est une infamie.

—Je ne sais pas, mais à coup sûr c'est une maladresse; il y a à Rome d'autres places que cette prairie pour faire l'exercice du clairon et du tambour; on ne parade pas sous les yeux de ceux qu'on a vaincus. Le chanoine ne vous a pas parlé de ces soldats?

—Nullement.

—Pourtant l'occasion était bonne pour vous faire causer.

—Ne vous trompez-vous pas? êtes-vous bien sûr que cet ecclésiastique soit un chanoine de Saint-Pierre?

—Oh! parfaitement sûr; je ne sais pas son nom, mais je l'ai vu il y a deux ou trois jours dans sa stalle de la chapelle Clémentine, et je l'ai remarqué tout particulièrement, à cause de sa désinvolture et de sa façon de tourner sur les talons, quand il venait saluer l'autel. Je n'ai pas des habitudes de dévotion, mais je vais quelquefois, quand je n'ai rien de mieux à faire, assister aux offices dans Saint-Pierre: on est certain de rencontrer là des étrangères plus ou moins jolies, qui sont curieuses à étudier, quand elles cherchent à apercevoir les castrats qui, dit-on, chantent encore dans la tribune.

—Vous avez été distrait par ces étrangères?

—Je vous assure que j'ai parfaitement reconnu votre chanoine, qui maintenant fait métier de *mouton*, comme on dit dans les prisons. On a voulu vous tâter, et l'on ne vous a abandonné que quand on a vu que vous ne vous livreriez pas.

Le temps s'écoula; la demie, les trois quarts, midi sonnèrent.

Michel déclara qu'il allait attendre encore dix minutes, puis qu'il s'en irait.

Il ne voulait pas *crever* de faim; ah! non, par exemple.

Mais à midi cinq minutes la porte opposée à celle par laquelle ils étaient entrés s'ouvrit devant un camérier qui annonça que «Sa Sainteté» allait paraître.

Il se produisit un mouvement général et un brouhaha.

Une voix dit:

—A genoux.

—Comment, à genoux? murmura Michel.

—Mais, sans doute, dit Aurélien.

—Au fait, qu'importe? je me traînerais bien à quatre pattes pour voir le grand lama.

Et il s'agenouilla à son tour auprès d'Aurélien.

Ils étaient tous disposés sur une seule file: les trois ecclésiastiques près de la porte par laquelle le pape devait entrer, après eux venaient le monsieur au carnet, Aurélien, Michel, les deux Français, et à la fin le personnage aux paquets enveloppés de papier blanc.

On entendit un murmure de voix, puis comme le bruit d'un bâton frappant des coups irréguliers sur le parquet, et le pape parut entouré de cardinaux en soutane noire ourlée de rouge, d'évêques en violet, d'un majordome, de camériers et de deux gardes-nobles.

Au milieu de ces costumes plus ou moins sombres, le pape, tout en blanc, formait un centre lumineux; il s'avançait en s'appuyant sur une grosse canne, traînant un peu la jambe, et sa figure, bien que pâle, respirait la santé et le contentement; la physionomie générale était noblement bénigne avec quelque chose de spirituel et de malicieux dans le sourire.

Les deux prêtres en soutanes neuves s'étaient prosternés devant lui et ils tâchaient de baiser ses souliers de cuir rouge brodé d'or, mais il les releva avec un geste qui disait que ces adorations n'étaient pas pour lui plaire.

Alors ils lui tendirent une tabatière, dans laquelle on entendit sonner des pièces d'or; il la prit d'un air assez indifférent et la passa à une des personnes de sa suite; puis doucement, avec bienveillance, il leur adressa en français quelques questions sur leur pays, qui était le Canada.

Le *monsignore*, qui le précédait, demandait les lettres d'audience aux personnes agenouillées, et nommait ces personnes au pape, en disant par qui elles étaient présentées.

—Que voulez-vous de moi? demanda le pape, en arrivant devant le personnage au carnet.

Celui-ci parut interloqué et hésita un moment.

—Présenter mes hommages à Votre-Sainteté.

Le pape le regarda pendant une ou deux secondes.

—Il faut me demander quelque chose.

Il n'y eut pas de réponse.

Alors le pape le regarda plus attentivement; puis, lui mettant la main sur le front:

—Eh bien! je vous donne ma bénédiction.

Et il passa à Aurélien, qu'il questionna assez longuement sur l'université de Louvain.

—Restez-vous longtemps à Rome?

—Je l'espère, Saint-Père.

—Alors je vous reverrai.

A Michel, au contraire, il ne demanda rien, et lui donna seulement son anneau à baiser en passant rapidement devant lui.

Mais avec les deux jeunes Anglais, il ne garda pas cette réserve, et il leur adressa plusieurs questions en français.

Puis, avant de s'éloigner d'eux, il les regarda en souriant:

—Puisque vous êtes venus à moi, dit-il, il faut rester avec moi.

Ils montrèrent un véritable ébahissement.

Alors il leur donna son anneau à baiser; puis, se tournant vers un des cardinaux de sa suite, en gardant son sourire:

—Expliquez à ces jeunes gens, dit-il, le sens des paroles que je viens de leur adresser; ils ont besoin d'être catéchisés.

Et il ajouta en parlant à tous:

—Il faut qu'ils restent avec moi.

Il était ainsi arrivé au monsieur qui avait déposé sur le fauteuil sa provision de boîtes et de paquets.

Profitant de ce que personne ne faisait attention à lui, celui-ci avait développé ses papiers et avait étalé autour de lui, sur le tapis, tout un déballage de chapelets, de médailles, de statuettes, de madones; il y avait des vierges en cuivre doré, une statuette en bronze d'après le saint Pierre de Saint-Pierre, des saints, des saintes.

Le nom que le *monsignore* prononça ne fut pas celui d'un marchand d'objets de piété, comme on aurait pu le supposer, ce fut celui d'un dignitaire de la cour de Munich.

On se releva et on accompagna le pape jusqu'aux portiques de la cour Saint-Damasse. Sur son passage les hallebardiers s'agenouillaient la tête inclinée.

Aurélien n'avait eu garde de se séparer de Michel.

Et ils descendirent ensemble l'escalier qui mène à la sortie.

—Il a l'esprit d'à-propos, le saint-père, dit Michel; avez-vous vu comme il a imposé sa bénédiction à ce monsieur qui ne voulait pas la lui demander, et les jeunes Anglais, les a-t-il bien collés! Je me retenais pour ne pas rire.

Et libre maintenant, il se mit à rire aux éclats.

Mais tout à coup s'arrêtant:

—C'est égal, il a fallu payer ce plaisir trop cher; je meurs de faim; jamais je ne pourrai gagner le Corso sans défaillance.

—Est-ce qu'il n'y a pas un café, un restaurant sur la place Rusticucci?

—Une gargote.

—Quand on meurt de faim... Pour moi, je m'arrêterai là volontiers, et, si vous voulez me faire l'honneur d'accepter le pauvre déjeuner que je vais me faire servir, je serai heureux de le partager avec vous.

—Au fait, pourquoi pas; il est bon de tout connaître.

Et comme deux amis, ils entrèrent dans un restaurant qui, à vrai dire, n'avait rien d'engageant.

Mais Aurélien avait bien souci de ce qu'on pouvait leur servir: maintenant qu'il tenait le frère de Bérengère, il s'agissait de ne pas le laisser échapper.

IX

Malgré son air rogue, le jeune prince Michel était d'humeur assez facile avec ceux qui savaient le prendre.

Hâbleur, fanfaron, capricieux, jaloux de tout, mécontent des choses et des personnes, orgueilleux comme un coq qui s'admire et ne supporte pas de supériorité, ignorant et parlant haut de tout comme de tous, d'après ce qu'en disait le journal parisien, qui depuis son enfance avait fait et faisait encore sa seule lecture; il ne manquait pas cependant de noblesse dans les manières et même dans certaines façons de penser; après qu'il avait débité d'un ton superbe une niaiserie ou une monstruosité dans un langage vulgaire, on était tout surpris de l'entendre émettre une idée généreuse ou soutenir une cause juste, sans se préoccuper de savoir si elle était triomphante ou vaincue;—si bien que ceux qui connaissaient l'histoire de ses berceaux se demandaient quelquefois s'il n'était pas le fils de plusieurs pères.

Guidé par ce que sa mère lui avait appris, d'autre part éclairé par ce qu'il avait vu et entendu pendant le temps qu'il avait passé au Vatican, Aurélien avait assez bien jugé ce caractère complexe, et, s'il ne l'avait pas pénétré jusqu'au fond, il l'avait néanmoins assez bien justement deviné pour voir qu'en l'abordant par la flatterie, on était à peu près certain d'en faire ce qu'on voudrait. Quoique précoce en tout, ce n'était qu'un jeune homme de vingt ans sans expérience et qui ne s'était jamais heurté contre les difficultés de la vie.

En moins d'une heure, Aurélien avait fait sa conquête, et, avant la fin du déjeuner, ils causaient les coudes sur la table, en face l'un de l'autre, comme deux anciens camarades.

C'est-à-dire que Michel causait, tandis qu'Aurélien écoutait, montrant l'intérêt le plus vif, manifestant une véritable admiration au récit que lui faisait son nouvel ami de ses amours avec une jeune modiste du Corso, «qui avait du *chien*» et qui l'adorait au point que cela devenait ennuyeux.

Ce récit arrangé à la mode italienne, c'est-à-dire à l'ancienne mode, parlait un peu trop de poignards et de cabinets sombres pour quelqu'un qui eût exigé de la vraisemblance et de la réalité; mais Aurélien n'exigeait qu'une chose, qui était que Michel fût heureux d'avoir trouvé un auditeur complaisant, et c'était à lui, non à Michel, de s'arranger pour obtenir ce résultat.

—Je vous la ferai connaître, dit Michel, nous passerons ensemble tantôt dans le Corso, et je vous la montrerai; vous me direz ce que vous en pensez.

—Non tantôt, dit Aurélien qui voulait se ménager une nouvelle entrevue, car j'ai pour cette après-midi un rendez-vous important, mais demain, si vous voulez bien; ce que vous venez de me raconter d'elle me donne un vif désir de la voir.

—Oh! vous savez, pas de plaisanterie, n'est-ce pas, je la trouverais mauvaise; assurément je ne suis pas jaloux, mais enfin je tiens à elle, au moins pour quelques jours encore; elle m'amuse, et à Rome c'est précieux.

Pour la première fois, Aurélien prit une figure scandalisée:

—Permettez-moi de vous dire que vous ne savez pas dans quels principes j'ai été élevé; je ne cours pas après les femmes.

Michel secoua la tête par un geste qui disait que pour lui les principes ne signifiaient absolument rien.

—Enfin, à demain, dit-il; de quatre à cinq heures vous me trouverez dans le Corso, et elle nous regardera quand nous passerons.

Aurélien avait trouvé cette histoire d'amour d'autant plus longue, que depuis qu'il était avec Michel, il y avait un point qu'il voulait éclairer, et qu'il ne pouvait pas aborder tant qu'il serait question de la modiste.

C'était celui qui touchait les intentions de Michel quant au mariage de sa soeur.

En disant à madame Prétavoine qu'il ne fallait pas que Bérengère se mariât sans avoir vu le monde, et qu'il se chargeait de lui trouver un mari qui eût une grande situation ou qui eût un grand nom et qui fût un peu bêta, avait-il parlé sérieusement, ou bien ces paroles n'avaient-elles été qu'une boutade?

Il était d'une importance capitale d'être fixé à ce sujet.

Enfin par d'habiles détours il ramena la conversation vers Condé, et tout naturellement lorsqu'ils en furent là, elle arriva à Bérengère.

Après avoir longtemps parlé, Michel à son tour écouta, et surtout questionna.

Sa soeur était-elle réellement une beauté, comme l'avait dit madame Prétavoine? la petite fille qu'il se rappelait était dégingandée, et elle n'avait alors de remarquable que des yeux et des cheveux.

Aurélien ne pouvait pas parler de Bérengère avec la chaleur de sa mère, c'eût été se trahir; mais le portrait qu'il fit d'elle, long et détaillé, plutôt exact qu'enthousiaste, donnait bien l'idée de ce qu'elle était réellement.

Michel se montra très-satisfait de ce portrait, car il paraissait tenir beaucoup à la beauté de sa soeur. Quelle eût de l'esprit, du coeur, de la bonté, de la tendresse, il n'en prenait nul souci. Elle était belle? pour lui tout était là.

Il n'était pas bien difficile de deviner ce qui inspirait ce désir. Si Bérengère était belle, on lui trouverait le mari à grand nom ou à grande situation financière qu'il voulait; car c'est avec la beauté comme appât, plus qu'avec le coeur, la bonté ou la tendresse qu'on pêche les maris.

La seconde question sur laquelle il insista presque aussi longuement se rapporta à la santé de M. de la Roche-Odon.

Comment le vieux comte portait-il ses soixante-seize ans? Était-il souvent malade? Que disaient de lui les médecins? Était-il vrai qu'il se fût astreint à un régime sévère, afin de prolonger son existence au-delà des limites permises? Cela était bien ridicule.

Pour ces questions non plus, il n'était pas bien difficile de deviner le mobile qui les dictait: assurément ce n'était point un intérêt sympathique; et ce n'était pas que le comte de la Roche-Odon vécût longtemps encore que Michel souhaitait; tout au contraire, c'était qu'il mourût bientôt en laissant sa fortune à Bérengère.

Mais là-dessus il n'entrait pas dans les combinaisons d'Aurélien de lui répondre comme il l'avait fait pour Bérengère. Tout au contraire, il s'appliqua à démolir les espérances que Michel pouvait avoir: le comte portait gaillardement sa vieillesse, jamais il n'avait une indisposition, le régime qu'il s'était imposé lui réussissait à merveille, et tout le monde, même les médecins, s'accordaient à dire qu'il vivrait au-delà de cent ans.

A chacune de ces réponses Michel avait fait la grimace et à la dernière il s'était levé de table avec colère.

—Il y a les accidents, avait-il dit.

—Encore faut-il qu'on s'y expose.

—Au revoir, à demain.

Et, sans en dire ou en écouter davantage, Michel était sorti, avait fait signe à un cocher et montant en voiture avait planté là son nouvel ami.

Aurélien s'était bien douté que ses paroles ne seraient pas agréables à Michel, mais les choses entre eux étaient assez avancées maintenant pour qu'il risquât ces réponses, quel que pût être leur effet.

Michel pourrait en être contrarié, mais il ne pourrait pas s'en fâcher; et il importait qu'en même temps que ses espérances relatives au mariage de sa soeur se trouvaient confirmées et agrandies, ses calculs sur la mort prochaine du comte de la Roche-Odon fussent radicalement détruits.

Jusqu'alors sa soeur lui avait paru bonne pour deux spéculations.

Dans la première, le comte de la Roche-Odon mourait prochainement, et Bérengère héritière de son grand-père, venait vivre près de sa mère et de son frère, qui l'un et l'autre administraient la fortune de cette petite fille jusqu'au jour de la majorité de celle-ci, et même peut-être plus loin encore.

Dans la seconde, Bérengère n'héritait pas, par cette raison que le comte de la Roche-Odon ne mourait pas, mais elle se mariait à un mari riche, «un bêta», et Michel, qui avait fait le mariage, profitait de la fortune en même temps que de la bêtise de son beau-frère.

Tel était le plan à double issue de ce jeune homme précoce et pratique, qui avait jeté un clair regard sur la vie, et qui attendait le succès de l'une ou l'autre de ces combinaisons, pour prendre dans le monde le rang qui lui appartenait.

Maintenant, éclairé comme il venait de l'être, il renoncerait sans doute à la combinaison n° 1, c'est-à-dire à celle qui reposait sur la mort de M. de la Roche-Odon, et il reporterait toutes ses espérances sur la combinaison n° 2, c'est-à-dire sur le mariage de sa soeur fait et arrangé par lui, dans les conditions qu'il désirait.

C'était là un grand point d'obtenu.

Décidément cette journée avait encore été bonne.

Ce fut le mot de madame Prétavoine quand Aurélien, revenu à *la Minerve*, la lui raconta.

—La bénédiction de notre saint-père vous a porté bonheur, dit-elle.

X

Si Aurélien employait utilement ses journées, madame Prétavoine ne perdait pas les siennes.

Elle n'était pas fière, madame Prétavoine, et tous les instruments dont elle pouvait tirer un son quelconque, si faible qu'il fût, lui étaient bons.

Partant de ce principe, qu'on a souvent besoin d'un plus petit que soi, qui avait été le sien pendant sa vie commerciale et dont elle s'était toujours bien trouvée, elle avait, en attendant l'arrivée de Mgr de la Hotoie, entrepris deux conquêtes,—celle du signor Baldassare, le valet de chambre, *custode*, homme à tout faire de Mgr de la Hotoie, et celle de mademoiselle Emma, la femme de chambre, la confidente, la complaisante de madame la vicomtesse de la Roche-Odon.

Mgr de la Hotoie occupait le premier étage d'un palais, oeuvre d'un élève de San-Gallo, situé entre le palais Farnèse et le Ghetto, aux environs de San-Vicenzo et du Tibre, dans un quartier misérable et infect.

Il en était de ce palais comme de la plupart de ceux qu'on voit à Rome, il n'avait jamais été terminé; en effet, un grand nombre de ces palais ont été construits par des cardinaux qui, arrivés tard à la fortune, ont voulu se faire élever une habitation princière: mais, surpris par la mort, ils n'ont pu l'achever, et leurs héritiers, qui bien souvent étaient de simples paysans sans orgueil, n'ont eu garde d'engloutir dans de luxueuses constructions l'argent qu'ils venaient de recueillir. Que leur importait le palais commencé par leur oncle ou leur cousin, qu'ils n'auraient pas pu habiter tous?

Mgr de la Hotoie avait loué une des ailes de ce palais au moment où il avait commencé à former sa collection, et, dans dix grandes pièces qui se suivaient, il avait établi ses tableaux, ses statues, ses meubles, ses armes, ses poteries, ses sarcophages, ses bas-reliefs, ses médailles, dont la réunion formait un très-curieux musée.

Le gardien de ce musée était un pauvre diable nommé Baldassare, que Mgr de la Hotoie avait trouvé en 1870 au bagne de Civita-Vecchia, où il expiait un crime qui, en Italie, n'est nullement déshonorant, un coup de couteau qui avait causé la mort d'une femme. Il est vrai que cette femme était la sienne. Mais c'était la jalousie qui lui avait mis le couteau à la main, et c'était là une circonstance atténuante. Enfin, Mgr de la Hotoie s'était intéressé à lui et avait obtenu sa grâce peu de temps avant l'invasion piémontaise.

Ce n'était pas par un désintéressement tout à fait pur que Mgr de la Hotoie avait accordé sa protection à Baldassare. «Avant son malheur,» comme on dit, celui-ci était ouvrier, très-habile ouvrier chez un marchand de curiosités et d'antiquités de la via Condotti; et Mgr de la Hotoie avait voulu se l'attacher pour entretenir son musée. En sortant du bagne, Baldassare était venu s'établir chez son protecteur, et depuis cette époque il n'était guère sorti des salons qui étaient confiés à sa garde.

Il vivait là, sauvage, farouche, avec une petite fille de six ans que lui avait laissée sa femme, et qu'il adorait passionnément, par cette unique raison qu'elle était le portrait vivant de celle qu'il avait tuée.

La première fois que madame Prétavoine s'était présentée chez M. de la Hotoie pour lui remettre la lettre de l'abbé Guillemittes, elle avait eu affaire à Baldassare, qui l'avait assez mal, ou tout au moins brusquement reçue. Et si elle n'avait point été effrayée par cette tête énergique, au front bas et au menton carré, reposant sur un cou gros et court, et sur de larges épaules, c'était parce qu'il n'était point dans son caractère d'avoir peur de qui que ce fût, mais elle s'était dit qu'il n'y aurait rien à tirer d'une pareille brute, et en redescendant un escalier d'une largeur et d'une hauteur extraordinaires, elle avait pensé que c'était là un singulier domestique pour un évêque français.

Il n'y a pas que les observateurs de profession, agents de police ou romanciers qui aient l'oeil à tout, et l'attention toujours éveillée. Madame Prétavoine, bien qu'elle ne fît pas métier d'observer, avait l'oeil circulaire, qui vivement et sûrement remarque les choses, alors même qu'elles sont insignifiantes. Pendant que la porte avait été entr'ouverte par Baldassare, madame Prétavoine avait aperçu sur un siége des souliers neufs d'enfant, qui avaient dû être posés là par le cordonnier quand il les avait apportés. Il y avait donc un enfant dans la maison, et par cet enfant on pouvait peut-être gagner le père.

Arrivée dans la cour, close par des murailles hautes comme celles d'une forteresse ou d'une prison, elle avait regardé autour d'elle et, dans un coin, elle avait vu une petite fille, qui, avec la pointe d'un couteau, s'amusait à arracher les herbes poussées entre les fentes des dalles.

Alors, comme si elle prenait un intérêt extrême à étudier l'architecture du palais, ses blocs en travertin provenant du Colisée, ses fenêtres à barreaux de fer enchevêtrés, elle s'était approchée de la petite, qui, curieusement, avait levé la tête pour regarder la dame qui s'approchait d'elle.

Mais, hélas! l'enfant ne ressemblait nullement au domestique de Mgr de la Hotoie; elle avait une petite tête fine au menton allongé, couronnée par une forêt de cheveux noirs frisants.

Comment lui adresser la parole: madame Prétavoine ne savait pas un mot d'italien, et cette petite sauvage n'entendait pas le français, sans doute.

Cependant elle s'était risquée et elle avait prononcé le nom de Mgr de la Hotoie.

A sa grande surprise l'enfant avait répondu en français qu'il fallait monter au premier étage.

Alors un dialogue s'était engagé, et madame Prétavoine avait questionné l'enfant.

—Aimait-elle les bonbons?

—Oui, beaucoup.

—Les poupées?

—Elle n'en avait jamais eu.

—Mais les aimait-elle?

—Oh! oui.

Et les yeux de l'enfant avaient jeté des flammes.

—Eh bien, je vous en apporterai.

—Comme celles qu'on voit dans le Corso?

—Comme celles qu'on voit dans le Corso.

Et deux jours après, sous prétexte de demander si Mgr de la Hotoie n'avait pas écrit, madame Prétavoine était revenue, apportant un sac de bonbons et une poupée achetée dans le Corso.

Cette fois, la porte, au lieu de s'entrouvrir devant elle, s'était ouverte toute grande, et Baldassare non-seulement l'avait fait entrer, mais encore il lui avait avancé un siége.

L'enfant avait parlé entre les deux visites.

Grande fut la joie de la petite fille quand elle vit les bonbons et la poupée, mais plus grande encore fut la joie du père. L'enfant riait, dansait; il riait aussi avec sa figure farouche, et volontiers il eût dansé avec elle.

—J'aime beaucoup les enfants, je les adore, je ne peux en voir un sans désirer lui faire plaisir, dit madame Prétavoine, et votre petite fille m'a paru si charmante que je n'ai pu résister à l'envie de lui apporter une poupée. Vous n'avez pas d'autres enfants?

Baldassare avait envoyé sa fille jouer dans la cour et il avait raconté «son malheur» à cette bonne dame qui se montrait si gracieuse pour les enfants.

La première fois qu'il avait répondu à madame Prétavoine, c'était à peine s'il s'était servi de quelques mots français, mais maintenant il s'expliquait sinon facilement au moins suffisamment pour être compris; d'ailleurs madame Prétavoine se gardait bien de laisser paraître qu'elle ne le comprenait pas alors même qu'elle cherchait ce qu'il avait voulu dire; sa physionomie se modelait sur celle de Baldassare, souriant quand il souriait, s'attristant quand il s'assombrissait.

Elle ne lui adressa pas une seule question qui eût rapport à Mgr de la Hotoie, et ne montra d'intérêt ou de curiosité que pour ce qui le touchait personnellement, lui Baldassare et «sa chère petite fille si intelligente, si jolie.»

Les Italiens sont fins, mais comment Baldassare se serait-il défié d'une si bonne dame qui ne prononçait même pas le nom de son maître: elle avait été séduite par l'enfant, c'était après tout bien naturel.

Il parlait donc de l'enfant, de ce qu'il ferait d'elle, de ses espérances, de son avenir, de ses parents, d'un de ses cousins Lorenzo Picconi, qui était aide de chambre au Vatican.

A ce mot, madame Prétavoine ouvrit les oreilles. Un valet de chambre du Saint-Père! quelle heureuse fortune! Décidément ce Baldassare était précieux.

Et tous les deux ou trois jours elle était revenue pour voir «la petite Cecilia», et toujours ses poches comme ses mains étaient pleines.

Avec mademoiselle Emma, la femme de chambre de madame de la Roche-Odon, elle avait procédé à peu près de la même façon; seulement, comme mademoiselle Emma n'avait pas d'enfant, elle s'était adressée à elle directement, et à la place de la tendresse et de l'affection, elle avait employé la flatterie.

Sachant par Aurélien l'heure à laquelle madame de la Roche-Odon allait faire sa promenade quotidienne à la villa Borghèse et au Pincio, elle s'était présentée un jour rue Gregoriana au moment où elle était bien certaine de ne pas rencontrer la vicomtesse chez elle; puis elle s'était retirée.

Deux jours après elle était revenue à la même heure, et bien entendu elle n'avait pas trouvé madame de la Roche-Odon.

Alors elle avait manifesté l'intention de l'attendre.

Puis elle avait demandé à mademoiselle Emma la permission de lui adresser une question relativement à la charmante robe que celle-ci portait deux jours auparavant.

—Est-ce que cette robe avait été faite à Rome?

Mademoiselle Emma éprouvait peu de sympathie pour madame Prétavoine, mais elle était sensible aux compliments, surtout à ceux qui s'adressaient à ses grâces, qui commençaient, hélas! à se faner, car elle n'avait pas dérobé à sa maîtresse le secret de celle-ci pour ne pas vieillir.

Elle avait donc répondu que cette robe avait été faite à Rome.

Madame Prétavoine avait paru très-satisfaite de cette réponse, car elle avait besoin de se commander deux robes et elle ne savait à qui s'adresser; elle serait heureuse que mademoiselle Emma voulût bien lui donner l'adresse de sa couturière.

Mademoiselle Emma avait volontiers donné cette adresse.

Ce n'était pas tout: madame Prétavoine avait encore un service à réclamer d'elle, c'était de vouloir bien la recommander tout particulièrement, car s'il était facile d'habiller une personne qui portait la toilette aussi bien que mademoiselle Emma, ce n'était plus même chose d'habiller une vieille femme.

Mademoiselle Emma avait promis cette recommandation; elle irait le lendemain chez la couturière.

—A quelle heure, chère demoiselle? Si cela ne vous gênait pas, je m'y trouverais en même temps que vous, et alors vous pourriez me présenter.

A tant de politesse, mademoiselle Emma avait dû répondre elle-même poliment, et elle avait proposé à madame Prétavoine d'aller la prendre à son hôtel. Madame Prétavoine s'était défendue, mais elle avait fini par céder.

Le lendemain, quand mademoiselle Emma était arrivée à la *Minerve*, elle avait trouvé madame Prétavoine, qui ne goûtait jamais, sur le point de s'asseoir devant une table sur laquelle était servie une collation de gâteaux avec une bouteille de Marsala.

—Êtes-vous bien pressée, chère demoiselle?

—Je suis tout à votre disposition, madame.

—Alors, chère demoiselle, faites-moi l'amitié de partager mon goûter; un gâteau seulement et un doigt de Marsala; oh! je vous en prie; asseyez-vous donc. A la crème, le gâteau? Non, sec. Très-bien.

XI

Un matin, comme madame Prétavoine se préparait à sortir pour se rendre à l'église, on frappa à sa porte quelques petits coups discrets qui ne ressemblaient en rien à ceux par lesquels les gens de l'hôtel s'annonçaient ordinairement.

Elle alla ouvrir et se trouva en face du domestique de Mgr de la Hotoie.

—Comment c'est vous, monsieur Baldassare!

Dans la bouche de madame Prétavoine, le «Monsieur» prit une importance considérable, qui montrait bien en quelle estime elle tenait la personne à laquelle elle s'adressait.

—Je viens pour vous dire...

—Avant tout entrez, je vous prie, et dites-moi comment se trouve ce matin votre charmante petite fille.

—Mais bien, je vous remercie: je viens pour vous dire...

—Vous me direz ce qui vous amène tout à l'heure: présentement je ne veux qu'une chose, des nouvelles de votre chère, de ma chère Cécilia.

—Mais bien, très-bien comme à l'ordinaire.

—Quel bonheur! figurez-vous que j'ai rêvé d'elle toute la nuit; cela n'est pas étonnant, je pense si souvent à elle, je l'aime tant la mignonne enfant, car elle est mignonne comme il n'est pas possible de l'être, j'ai donc rêvé d'elle; un rêve affreux; elle était malade.

—Ah! sainte Vierge, s'écria Baldassare, superstitieux comme un vrai Romain et voyant dans ces paroles un funeste présage.

—Alors je sortais ce matin pour aller chez vous prendre de ses nouvelles; mais vous voilà, vous me dites qu'elle est bien, cela me rassure.

Si madame Prétavoine était rassurée, Baldassare était inquiet; on ne rêve pas ainsi qu'une enfant est malade sans que ce rêve ait une signification; il avait hâte de rentrer près de Cécilia, il se dépêcha donc de dire à madame Prétavoine ce qui l'amenait à la *Minerve*; Monseigneur venait d'arriver; il resterait chez lui toute la journée.

Puis il se sauva pour courir auprès de Cécilia, qui malgré le rêve de madame Prétavoine, était en bonne santé comme à l'ordinaire et ne pensait qu'à jouer, inquiète seulement de l'arrivée de monseigneur, parce qu'il allait la reprendre lorsqu'elle oublierait qu'en français l'*u* ne se prononce pas *ou*.

Madame Prétavoine avait longuement agité la question de savoir si elle se ferait accompagner par Aurélien pour se présenter chez Mgr de la Hotoie, ou bien si elle irait seule, et tout bien examiné elle s'était arrêtée à ce dernier parti, la présence d'Aurélien pouvant rendre l'entretien plus difficile.

Quand Baldassare ouvrit la porte à l'amie de sa fille, il commença par rassurer celle-ci sur la santé de Cécilia.

—Décidément le rêve était faux, l'enfant était en bonne santé.

Puis cela dit, à la grande joie de madame Prétavoine qui montra sa satisfaction d'une façon démonstrative, il la conduisit dans la pièce où Mgr de la Hotoie donnait ses audiences.

Ne voulant pas exciter la jalousie, ce qui à Rome est très grave, ni s'exposer à la réputation de savant, ce qui ne l'est pas moins, Mgr de la Hotoie avait trouvé une manière ingénieuse de faire entrevoir à ses visiteurs sa belle collection, malgré lui et malgré eux. Pour cela il avait établi son cabinet de travail dans la pièce située à l'extrémité du palais, de sorte que pour arriver jusqu'à lui, il fallait traverser une enfilade de neuf grandes salles dans lesquelles cette collection était exposée: salle des monnaies et des médailles, salle des antiquités étrusques, salle des ustensiles de ménage en terre et en bronze analogues aux petits bronzes du musée de Naples, salle des antiquités chrétiennes provenant des catacombes, salle des inscriptions, salle des tableaux, salle des livres, etc., etc. S'il n'avait obéi qu'à ses goûts il eût habité cette salle des livres. Mais voulant éloigner ce qui pouvait rappeler le savant, il s'était entouré de tout ce qui dans sa collection était simplement curiosité ou objet d'art, et par ses meubles, par ses tableaux, par ses bronzes, par ses marbres, par ses poteries, par ses faïences, par ses tentures, son cabinet était plutôt le salon d'un amateur qu'un véritable cabinet de travail; la table sur laquelle il écrivait était un simple petit guéridon sur lequel il n'y avait place que pour un tout petit encrier, une plume et un cahier de papier à lettre; assurément cela n'indiquait ni le savant, ni le travailleur. Car il connaissait bien Rome, et savait qu'il n'est permis qu'à celui qui ne veut rien et qui a renoncé à l'ambition, d'étudier et de travailler sérieusement: le père Secchi ne sera jamais que le père Secchi, un savant astronome, rien de plus; les pères Marchi et Tongiorgi n'ont été que de savants archéologues; et Mgr de la Hotoie ne voulait pas n'être qu'un savant.

Lorsque madame Prétavoine, précédée par Baldassare, entra dans ce salon, elle trouva Mgr de la Hotoie assis devant ce guéridon et occupé à écrire.

Elle lui tendit la lettre de l'abbé Guillemittes, et pendant qu'il la lisait elle l'examina à la dérobée.

C'était un homme de moyenne taille, un peu grosse, mais qui dans sa jeunesse avait dû être élégante; la tête belle et noble, mais avec quelque chose de bizarre dans les yeux qui troublait et inquiétait; ces yeux étaient la mobilité même et ne se fixaient sur rien; on ne voyait d'eux qu'un éclair aussitôt éteint qu'allumé; pendant la lecture de sa lettre, qui était longue, il est vrai, madame Prétavoine perçut plus de vingt fois la sensation de cet éclair qui glissait jusqu'à elle et se voilait aussitôt; cela la mit si mal à l'aise qu'elle n'osa plus l'étudier, et vit seulement qu'il était plus soigné, plus coquet que ne le sont ordinairement les ecclésiastiques; par la manche de sa soutane on voyait les manchettes en dentelle; ses cheveux étaient frisés et parfumés.

—Madame, je suis tout à votre disposition et entièrement à vous aussi bien qu'à Guillemittes; que puis-je pour vous?

Parlant ainsi, il tint ses yeux levés sur madame Prétavoine, ou plus justement dans sa direction, car son regard, au lieu de s'arrêter sur elle, allait jusqu'à une glace de Venise à laquelle elle tournait le dos.

C'était en effet l'habitude de Mgr de la Hotoie de parler en se regardant dans cette glace, et pour cette contemplation seulement, qui sans doute lui était agréable, ses yeux gardaient une certaine fixité; son siége et celui qu'occupait la personne qui le visitait étaient placés à l'avance, de manière à ce que le visiteur tournât le dos à la glace, tandis que lui-même lui faisait face, de sorte que, tout en paraissant s'adresser à son interlocuteur et le regarder, c'était à lui-même qu'il souriait avec des mines gracieuses qui étaient pour lui seul.

Madame Prétavoine fut un moment interloquée par cette question directe et précise qui lui était posée de façon à l'obliger de s'expliquer franchement, ce qu'elle n'aimait guère.

—Je croyais, dit-elle, que l'abbé Guillemittes...

—Guillemittes, dans sa lettre qui est un peu entortillée, me dit que vous venez à Rome pour y trouver le moyen de marier, dans votre pays, M. votre fils à une jeune personne appartenant à la haute noblesse; il faut que pour cela vous obteniez de notre Saint-Père un titre de noblesse pour M. votre fils; il me demande donc de vous guider dans vos démarches pour l'obtention de ce titre, et il me prie de mettre mon influence, l'influence qu'il me suppose et que son amitié m'attribue, à votre disposition. De plus, il me dit encore qu'il a besoin de mes services pour lui-même dans des conditions qui me seront expliquées par vous, madame. Je vous prie donc de me dire comment je puis vous être utile et comment je puis servir Guillemittes. Pour vous, madame, aussi bien que pour lui, je suis prêt.

C'était une confession entière que l'évêque de Nyda voulait, et il était évident qu'il fallait la faire.

Madame Prétavoine la fit donc; seulement elle l'arrangea un peu dans certaines parties.

—Son fils aimait passionnément mademoiselle Bérengère de la Roche-Odon, petite-fille du comte de la Roche-Odon.

—Celui qui, malgré son âge, n'hésita pas à s'engager dans l'armée pontificale et à combattre à Castelfidardo et à Ancône?

—Lui-même.

—Par conséquent, cette jeune personne est la fille de madame la vicomtesse de la Roche-Odon, autrefois princesse Sobolewska, qui présentement habite Rome?

—Précisément.

Et madame Prétavoine continua sa confession ou plutôt son récit.

—Cette passion était telle que si son fils n'obtenait pas la main de mademoiselle de la Roche-Odon, il pouvait mourir de désespoir. Il fallait donc que ce mariage réussît. Le principal obstacle, le seul qu'on rencontrât, était la naissance de mademoiselle de la Roche-Odon; car, pour la fortune, il y avait à peu près égalité; la jeune fille ne possédant rien présentement, et la fortune du vieux comte de la Roche-Odon, autrefois considérable, ayant été gravement endommagée par des dettes énormes que le vicomte avait contractées et que son père avait tenu à payer intégralement. C'était pour aplanir cet obstacle que l'abbé Guillemittes avait pensé, car l'idée venait de lui et de lui seul, à obtenir du Saint-Père un titre de noblesse.

Pendant que madame Prétavoine parlait, l'évêque continuait à se regarder dans la glace; à cette conclusion, il se fit un signe de tête que madame Prétavoine prit pour elle, et qu'elle interpréta comme un blâme, ou tout au moins comme un doute.

—Qu'elle voulût ce mariage qui devait assurer le bonheur de son fils, cela était tout naturel, car elle adorait ce fils qui était tout pour elle, sa consolation,—elle avait la douleur d'être veuve,—et son espérance. Mais ce n'était point par des considérations de ce genre que l'abbé Guillemittes désirait ce mariage, et l'appuyait de toutes ses forces. C'était parce qu'il devait puissamment venir en aide à la religion menacée en France, à l'Église indignement persécutée. En effet, c'était pour être le défenseur de la religion et de l'Église, que ce fils avait été élevé. C'était là le but de sa vie, et la tâche qu'il s'était imposée. Élève de l'université de Louvain, il s'était préparé, par de fortes études, à cette mission, et il la remplirait courageusement sans se laisser distraire par aucun intérêt terrestre. Quelle influence, quelle autorité n'aurait pas un homme ainsi préparé, ainsi résolu, alors qu'il serait devenu le gendre du comte de la Roche-Odon? Ainsi considéré, ce mariage n'était plus une affaire personnelle du succès de laquelle dépendait le bonheur de celui-ci et de celle-là, c'était le triomphe de la religion et de l'Église. Ce que M. l'abbé

Guillemittes demandait au Saint-Père, ce n'était point un vain titre, c'était une arme pour résister à l'envahissement des mauvais principes, et assurer le triomphe des bons. Elle, mère, avait offert son fils à Dieu; maintenant elle demandait au Saint-Père de prendre ce fils et d'en faire le soldat de l'Église.

XII

Lorsque madame Prétavoine fut arrivée au bout de son long discours, Mgr de la Hotoie garda le silence pendant quelques minutes, puis, au lieu de lui répondre, il lui adressa une nouvelle question:

—Et pourquoi Guillemittes a-t-il besoin de mes services dans des conditions qui doivent m'être expliquées par vous? demanda-t-il.

—M. l'abbé Guillemittes attache tant de prix à ce mariage, que, pour être mieux en situation de le faire réussir, il consent à accepter l'évêché de Condé-le-Châtel, après l'avoir pendant si longtemps refusé.

—Ah! vraiment.

—Vous savez quelles étaient les raisons de son refus, il ne voulait pas abandonner les oeuvres qu'il avait fondées, son église, le patronat de Saint-Joseph, son imprimerie catholique, sa serrurerie artistique, son couvent de Sainte-Rutilie installé maintenant dans le château de Rudemont; mais aujourd'hui que ces oeuvres ont été bénies par le Seigneur, et qu'elles sont en pleine prospérité, il juge qu'il est de son devoir de donner tous ses soins à une oeuvre nouvelle, dont il attend le plus grand bien, c'est-à-dire au mariage de mon fils avec mademoiselle de la Roche-Odon, et pour cela il désire l'évêché de Condé, ce qui lui permettrait d'exercer une influence décisive sur la volonté chancelante de M. le comte de la Roche-Odon. Vous savez que son compétiteur est notre premier vicaire général, M. l'abbé Fichon. Mais cette rivalité ne l'effraye pas; il a de sérieuses promesses, et il pense que si vous pouviez faire dire un mot à S.E. le nonce de notre Saint-Père à Paris, cette recommandation assurerait sa nomination.

Dans l'attention que Mgr de la Hotoie avait accordée à madame Prétavoine, il n'y avait eu tout d'abord que de la politesse; il avait devant lui une solliciteuse qui lui était recommandée par son ami Guillemittes, il devait l'écouter: et de fait il l'avait écoutée; mais peu à peu l'intérêt avait succédé à la politesse, et il avait cessé de s'admirer dans la glace, pour regarder cette vieille femme en noir qu'il avait jugée insignifiante.

Décidément il avait été trop vite dans ce jugement; non insignifiante elle était, mais curieuse au contraire, originale; assurément ce n'était point une femme banale comme on en rencontre chaque jour; elle avait une personnalité, une valeur. Comment ne l'avait-il pas compris, en voyant ces yeux ardents, ce front volontaire, ces lèvres minces, et ce geste de main, sec, régulier, qui enfonçait les mots comme l'eût fait un marteau? C'était là une maîtresse femme. Et s'il lui manquait l'éducation, elle avait l'intelligence, la finesse, la souplesse, la volonté.

Comme elle avait habilement mêlé les intérêts de la religion et de l'Église aux siens! car l'évêque de Nyda était lui-même trop fin pour accepter le désintéressement dont elle avait fait montre.

Guillemittes était-il sa dupe?

Ou bien voulait-il réellement ce mariage pour les raisons que madame Prétavoine venait d'énumérer, ou pour d'autres inconnues?

C'était là une question à réserver, qui devait être éclaircie par une correspondance directe, et non par l'entremise de cette femme, habile à confondre ses intérêts avec ceux du ciel.

Avant de s'engager, il fallait donc attendre.

—Sans doute, dit-il, le Saint-Père peut conférer des titres de noblesse, et il arrive assez fréquemment qu'il en confère à des personnes qui ont rendu des services au saint-siége. Autrefois, avant les temps désastreux dans lesquels nous vivons, il créait deux sortes de nobles: aux uns il donnait un fief et un titre; aux autres un simple titre. Depuis que par la perversité des méchants il a été dépouillé du patrimoine de saint Pierre, il ne peut plus donner de fiefs puisqu'il ne possède plus de biens terrestres. Mais il est une prérogative dont personne ne peut le dépouiller, et il continue d'accorder des titres à ceux qui se sont rendus dignes de cette grâce. Il ne vous fait pas comte de tel pays, de tel village, de tel château, puisqu'il ne possède plus ni pays, ni village, ni château, il vous fait comte sans fief, et par conséquent sans particule. Ainsi que vos désirs soient exaucés, monsieur votre fils ne sera pas comte ou baron de Condé, il sera comte ou baron Prétavoine.

En entendant ces derniers mots, madame Prétavoine ne put s'empêcher de joindre les mains par un mouvement extatique, les yeux levés au ciel, et de murmurer les lèvres mi-closes:

—Comte Prétavoine, comte Prétavoine.

C'était la première fois qu'elle entendait cette appellation formulée à haute voix: comte Prétavoine! le ciel venait de s'ouvrir pour elle; comte Prétavoine, son fils!

Et bien qu'elle nageât dans une joie céleste, elle eut un retour en arrière, et se vit dans sa petite boutique sombre d'Hannebault servant un cahier de deux sous à un gamin de l'école.

Comte Prétavoine!

—C'est ainsi, continua Mgr de la Hotoie, que N.-S.-P. le pape a fait un certain nombre de nobles. Ainsi vous en trouverez en France dans l'armée et notamment dans la diplomatie. Beaucoup d'attachés, de secrétaires ne sont venus à Rome que pour obtenir du Saint-Père un titre de noblesse. Ils étaient roturiers, de basse extraction, fils de marchands, ils n'avaient quelquefois même pas d'autre nom que celui qu'ils avaient reçu à leur baptême, et Sa Sainteté a daigné en faire des comtes: le comte Paul, le comte Joseph. C'est ce que vous appelez en France, des barons, des comtes du pape. Il y a deux sortes de titres, les uns qui sont personnels et s'éteignent avec la personne à laquelle ils ont été conférés: pour ceux-là le droit de chancellerie est de 3,000 fr.

Madame Prétavoine fit un geste qui disait clairement que l'argent en cette circonstance n'était rien pour elle, et qu'elle était prête à payer tout ce qu'on lui demanderait.

—Les autres, continua Mgr de la Hotoie, sont héréditaires et transmissibles en ligne masculine, d'aîné en aîné, nés de légitime mariage et persévérant dans la religion catholique et dans l'obéissance au saint-siége. Le prix à payer pour ceux-là est de 7,000 fr.

—Bien entendu, ce que je désire, dit madame Prétavoine, c'est un titre transmissible, car M. le comte de la Roche-Odon voudra que ses petits-enfants soient nobles.

—Vous voyez que ce que vous désirez est possible.....

—Ah! monseigneur! s'écria madame Prétavoine prête à se prosterner.

Mais l'évêque la retint d'un mot.

—... En principe, j'entends, car en ce qui touche monsieur votre fils, vous comprenez que je ne puis rien dire. La chose est à voir, à étudier, et vous pouvez être certaine que j'y mettrai toute l'activité dont je suis capable. Je sonderai le terrain. Et tout ce que je puis vous promettre aujourd'hui, c'est ce que mon ami Guillemittes demande, c'est-à-dire un dévouement absolu, qui me fera suivre votre affaire comme si elle était mienne. Mais vous-même, de votre côté, n'avez-vous jusqu'à présent rien fait?

—Rien, monseigneur, j'ai attendu votre arrivée.

—Et il y a longtemps déjà que vous êtes à Rome?

—Trois semaines.

—Trois semaines!

—Nous avons employé notre temps, moi dans les basiliques et dans les églises à adorer les saintes reliques, mon fils à la bibliothèque du Vatican.

Mgr de la Hotoie laissa échapper un geste, mais il ne fit pas d'observation.

—Il a aussi rendu visite à Sa Sainteté qui a daigné le recevoir.

—Et a-t-il parlé à Notre Saint-Père de ce que vous désirez?

—Assurément non; moi-même je n'ai pas voulu demander d'audience avant de vous avoir consulté, bien que je sois chargée de remettre à Sa Sainteté une somme de cent cinquante mille francs, produit d'une loterie organisée dans notre contrée par les soins de M. l'abbé Guillemittes et par les miens.

—Guillemittes m'avait parlé de cette loterie.

—J'ai les fonds, ou plutôt ils sont chez notre banquier; mais avant de les remettre entre les mains du Saint-Père, j'ai voulu consulter Votre Grandeur pour savoir ce que j'avais à dire ou à demander dans cette audience.

Il resta assez longtemps sans répondre, réfléchissant.

—Il faut, dit-il, que cette somme, due à vos pieux soins comme à ceux de Guillemittes, vous soit utile à l'un comme à l'autre. Sans doute Sa Sainteté vous adressera ses remercîments quand vous lui remettrez cette somme. Mais je crois qu'il serait bon que cette remise s'accomplît dans certaines circonstances qui frapperaient particulièrement son attention. Ainsi, pourquoi cette somme ne serait-elle pas renfermée dans un modèle de la châsse de sainte Ruitilie, ou mieux encore dans un modèle artistique de l'église que Guillemittes a fait élever à Hannebault! Ce serait, il est vrai, une dépense considérable...

—Qui importe peu!

—Eh bien! alors, je crois que ce moyen peut produire les plus heureux résultats. Je verrai. Ce modèle peut être exécuté soit ici, soit chez Armand Cailliat, à Lyon. Je m'occuperai de cela et nous choisirons celui des orfèvres qui nous promettra le plus de diligence. Dans quelque jours j'aurai l'honneur de vous revoir. Vous êtes logée?

—A la *Minerve*.

—Eh bien! Je vous ferai prévenir, et j'espère que vous voudrez m'amener monsieur votre fils, que je désire connaître.

XIII

Madame Prétavoine quitta Mgr de la Hotoie enchantée de lui.

Comte Prétavoine!

Comme cela était doux à prononcer!

Elle embrassa Cécilia avec effusion et Baldassare fut remué jusqu'au fond du coeur en voyant la joie que manifestait cette bonne dame parce que sa fille n'était pas malade.

—Puisque le rêve ne s'est pas réalisé, dit madame Prétavoine, cela signifie bonheur et chance.

—Je vais lui prendre un billet à la loterie, dit Baldassare.

—Non, répliqua madame Prétavoine, c'est moi qui vais lui en offrir un.

Et elle emmena l'enfant, qui la conduisit dans une petite boutique où une veilleuse brûlait entre une image de la Madone et un portrait du roi Victor-Emmanuel. Non-seulement madame Prétavoine prit un billet pour Cécilia, mais elle en prit encore plusieurs pour Baldassare, qu'elle remit à l'enfant.

Et par les rues tortueuses, elle se dirigea vers la *Minerve*, ne voyant rien, n'entendant rien, répétant tout bas:

—Comte Prétavoine, comte Prétavoine.

Elle était aussi ravie de l'idée d'offrir ses cent cinquante mille francs dans le modèle de l'église d'Hannebault. Elle avait vu dans les bons journaux qu'elle lisait, que des donateurs avaient quelquefois déposé leurs offrandes aux pieds du Saint-Père d'une façon plus ou moins ingénieuse, les uns dans une canne creuse, les autres dans un pâté, celui-ci dans une madone dont le sein contenait des pièces d'or qui, par un mécanisme ingénieux, se répandaient sur la table de Sa Sainteté; celui-là dans un poisson miraculeux, mais aucune de ces inventions ne valait celle du modèle de l'église d'Hannebault. Évidemment ce modèle frapperait l'attention du Saint-Père, qui voudrait assurément récompenser le constructeur de cette admirable église, et l'abbé Guillemittes serait sûrement évêque.

Cependant, en réfléchissant à cette idée, une inquiétude se glissait dans son contentement: grisée, emportée par la joie du triomphe, elle avait été trop vite en disant que la dépense que nécessiterait ce modèle importait peu.

Au contraire, elle importait beaucoup.

Assurément, s'il fallait faire cette dépense, s'il le fallait absolument, elle l'accepterait, comme elle en avait déjà subi, comme elle était disposée à en subir encore tant d'autres; seulement, si on pouvait l'économiser ou simplement si on pouvait la réduire, gagner dessus quelques milliers, quelques centaines de francs, cela était à considérer et à étudier.

Tout en réfléchissant, elle marchait toujours; mais, comme elle ne regardait pas devant elle, elle s'était égarée dans ce quartier aux ruelles tortueuses, infectes, bordées d'échoppes croulantes, devant les portes desquelles grouillait une population de vieilles femmes et d'enfants déguenillés qui se vautraient dans les ruisseaux croupissants.

A qui parler pour demander son chemin, elle ne savait pas un mot d'italien.

Elle continua à marcher droit devant elle, et elle arriva ainsi sur la berge du Tibre, alors qu'elle croyait rencontrer le Corso.

Lorsqu'une rivière traverse une grande ville, elle est un point de repère commode pour les étrangers; on suit ses quais, et l'on arrive ainsi à quelque rue transversale qui vous remet dans le bon chemin. Mais le Tibre n'a pas de quais: sur ses berges, des terrains vagues encombrés d'immondices, au milieu desquelles chiens et gens viennent s'accroupir, ou bien des masures qui trompent leurs fondations verdies et leurs escaliers vacillants dans l'eau jaune du fleuve, au-dessus de laquelle des porches supportent des guenilles et des linges immondes qui sèchent au soleil.

Madame Prétavoine retourna sur ses pas, et, désespérant de se retrouver dans ce dédale de rues, elle monta dans la première voiture qu'elle rencontra, et dit au cocher de la mener au télégraphe.

Son plan était arrêté.

Il était des plus simples: il consistait à charger l'abbé Guillemittes d'exécuter lui-même ce modèle de son église.

Dans ces conditions, de quel prix ne serait pas cette offrande? Ce serait le fondateur même de l'église qui aurait pensé à l'offrir au Saint-Père: oeuvre d'artiste, originale et spontanée.

Avec les ouvriers de la serrurerie artistique, cela devait lui être assez facile.

En tous cas, on pouvait être assuré qu'il ne ferait pas comme les artistes et qu'il n'en prendrait pas à son aise; la marche de son travail serait réglée sur la détermination de Mgr Hyacinthe, et il était bien certain que le modèle serait achevé avant que l'évêque de Condé eût donné sa démission. De telle sorte que ce modèle arriverait à Rome assez à temps pour que le constructeur de l'église d'Hannebault pût être utilement recommandé au nonce apostolique, et par celui-ci au ministre des cultes de la République française, qui nomme plus ou moins librement les évêques.

Enfin, avec l'abbé Guillemittes, la dépense serait minime, car travaillant pour lui-même et sous pression d'une date prochaine, il serait économe de son argent aussi bien que de son temps.

Ce fut d'après ce plan qu'elle rédigea sa dépêche:

«GUILLEMITTES, doyen,

Hannebault (France),

Monseigneur pense que la somme doit être offerte dans un modèle de votre église; faites faire tout de suite ce modèle par la serrurerie artistique; je vous demande permission de prendre à ma charge la dépense pour la matière employée, cuivre doré; réponse immédiate, payée. Vous écris pour explication. Faites commencer travail dès aujourd'hui, si acceptez.

PRÉTAVOINE.»

Sans doute c'était là une dépêche bien longue, mais il importait qu'elle fût claire et précise.

D'ailleurs les quelques mots: «je vous demande permission de prendre à ma charge la dépense pour la matière employée, cuivre doré» rapportaient plus qu'ils ne coûtaient.

Dans ce modèle, c'était la main-d'oeuvre qui devait être la grosse dépense, et cette main-d'oeuvre ce serait l'abbé Guillemittes qui la payerait. N'était-ce pas juste? Après tout, ce serait lui qui serait évêque.

La réponse ne se fit pas trop attendre. Quatre heures après, madame Prétavoine la recevait à la *Minerve*, où elle était rentrée.

«Excellente idée. On sera demain au travail, qui sera poussé activement.

GUILLEMITTES.»

Aussitôt elle retourna chez Mgr de la Hotoie, à qui il fallait faire accepter cette «excellente idée», qui pouvait lui paraître exécrable par cela seul qu'il ne l'avait pas eue et quelle détruisait la sienne.

Baldassare baisa le bas de sa robe.

—Ah! signora, je gagnerai, c'est sûr; c'est aujourd'hui la date et le jour de mon malheur.

Mais ce n'était pas de la joie de Baldassare qu'elle avait souci pour le moment.

En la voyant entrer Mgr de la Hotoie laissa paraître une légère surprise, mais elle se hâta d'expliquer ce qui l'amenait:

—Lorsque vous avez bien voulu me suggérer cette idée du modèle de l'église d'Hannebault, je l'ai accueillie comme elle méritait de l'être, et l'enthousiasme a fait taire la réflexion. Mais dans la rue la réflexion a parlé; j'ai pensé que M. l'abbé Guillemittes, était lui-même un artiste et que par conséquent il pourrait être blessé de voir son oeuvre reproduite par un autre que par lui, alors surtout que dans les ateliers de sa serrurerie artistique, il pouvait peut-être exécuter ce modèle.

—Effectivement.

—Alors je lui ai envoyé une dépêche et voici sa réponse.

Disant cela, elle tendit le télégramme à l'évêque.

C'était le moment critique.

Heureusement pour son plan Mgr de la Hotoie ne montra aucune contrariété.

—Ce qu'il nous faut, dit-il, c'est le modèle, et après tout mieux vaut qu'il ait été exécuté par Guillemittes lui-même; ce sera une attention de plus. Nous pourrons le représenter comme l'héritier de saint Éloi.

XIV

Six jours après, madame Prétavoine reçut un billet de Mgr de la Hotoie, par lequel l'évêque de Nyda la prévenait qu'il serait heureux de la voir, elle et son fils; il regrettait de ne pouvoir lui rendre visite, mais il était un peu souffrant, et d'ailleurs la *Minerve* n'était pas un endroit favorable aux entretiens qui exigent la discrétion.

Ces six jours avaient été mis à profit par Mgr de la Hotoie pour écrire à son ami Guillemittes et recevoir une réponse.

Car avant de s'engager avec cette madame Prétavoine, il importait de savoir au juste qui elle était, et si vraiment le doyen d'Hannebault désirait aussi vivement le mariage d'Aurélien Prétavoine avec mademoiselle de la Roche-Odon, que cette vieille femme le prétendait: Guillemittes était-il sa dupe ou bien réellement était-il son associé? Il était bon d'échanger directement et sans aucune entremise, un mot à ce sujet.

La réponse lui prouva que l'abbé Guillemittes désirait ce mariage, sinon autant que madame Prétavoine, au moins assez pour que lui ne pût pas refuser de concourir à son succès, au moins dans une certaine mesure.

Il désirait voir ce jeune homme qui se mariait par vocation religieuse, pour devenir le défenseur de la religion et de l'Église. Si le fils valait la mère, c'était vraiment une famille intéressante.

Il y avait de l'artiste et du dilettante dans Mgr de la Hotoie; il prenait plaisir à voir agir un personnage rien que pour le plaisir de le suivre, sans s'inquiéter de savoir s'il agissait bien ou mal, question tout à fait secondaire au point de vue où il se plaçait; il ne lui demandait point: êtes-vous moral ou immoral? mais seulement: êtes-vous habile?—en un mot, c'était un curieux.

Et il était bien certain qu'avec madame Prétavoine et son fils, cette curiosité allait trouver à se satisfaire.

Ils n'auraient pas qu'à étendre les mains pour saisir le but qu'ils poursuivaient.

Ils rencontreraient des obstacles sur leur chemin, il faudrait lutter, s'ingénier, inventer des combinaisons, en poursuivre l'exécution, les remplacer par d'autres quand elles auraient échoué.

Du fond de son cabinet, tranquille dans son fauteuil il suivrait cette lutte et s'en distrairait.

E terra magnum alterius spectare laborem.

Cette vérité proclamée par Lucrèce «qu'il est doux de regarder du rivage ceux qui luttent contre la tempête» est de tous les temps: il les verrait errant çà et là, cherchant le chemin à suivre, luttant de génie et nuit et jour se consumant en efforts admirables. Dans sa vie monotone ce serait une occupation.

Sans cesse ils reviendraient à lui et, jour par jour, heure par heure, ils lui apporteraient le spectacle de leurs espoirs enthousiastes ou de leurs déceptions.

Combien regrettable était la nécessité où il se trouvait de ne pas les abandonner à leurs propres ressources, et de ne pas les laisser agir seuls d'après leur propre inspiration.

Mais, comme cette vieille femme avait eu l'adresse de lier sa cause à celle de Guillemittes, il se trouvait par cela seul obligé d'agir.

Il est vrai que ce lien n'était pas aussi solide qu'elle voulait le faire croire en exagérant sa force; en réalité il pouvait être dénoué, et parce que Guillemittes deviendrait évêque de Condé-le-Châtel, il ne s'en suivait pas nécessairement qu'Aurélien Prétavoine dût devenir comte.

Son intervention pouvait donc se diviser: active et dévouée pour l'ancien camarade, elle pouvait être modérée pour les protégés de celui-ci.

Sans doute il les guiderait de ses conseils, mais enfin il ne se jetterait point à l'eau pour eux; du bord du rivage, il leur tendrait de temps en temps la main pour ne pas les laisser se noyer et il verrait leurs efforts; s'ils touchaient le port, eh bien! cela aurait été une lutte curieuse qui lui aurait fait passer quelques bons moments.

S'ils sombraient, tant pis pour eux; les dénouements tristes valent les dénouements gais; au moins il pensait ainsi, ayant l'esprit ouvert et nullement exclusif.

Quand madame Prétavoine se présenta avec Aurélien, il fut parfait de bonne grâce et d'affabilité pour celui-ci.

Il est vrai qu'il éprouva une certaine surprise en voyant un jeune homme élégant dans sa mise, correct dans sa tenue, au lieu du lourdaud qu'il s'attendait à trouver.

Il le fit asseoir vis-à-vis son fauteuil, et comme il avait suffisamment regardé la mère, lors des premières visites de celle-ci, ce fut le fils qu'il regarda et qu'il examina.

Le pied était petit, mais un peu trop court, la main était soignée, le geste était étudié, le regard habilement voilé ne disait rien, quoiqu'il pût, à l'occasion et selon la volonté, exprimer la béatitude ou la moquerie.—Ce garçon-là aussi était quelqu'un, et il n'y avait aucune outrecuidance à demander la noblesse pour lui.

—Allons, tant mieux, se dit l'évêque; si intellectuellement le fils vaut la mère, la comédie sera bien jouée.

Puis, tout de suite, s'adressant à madame Prétavoine, il lui expliqua pourquoi il avait désiré la voir.

—La nécessité où nous sommes d'attendre plus ou moins longtemps le modèle de l'église d'Hannebault, va prolonger votre séjour à Rome au delà des limites que vous vous étiez peut-être fixées. Dans ces circonstances, j'ai pensé que la vie d'hôtel vous serait fatigante.

—Elle nous l'est déjà, dit Aurélien, et nous songions à prendre un appartement.

—Je ne vous engage pas à cela, il faudrait vous faire servir et vous auriez des ennuis de toutes sortes. Mais nous avons ici une maison respectable dans laquelle vous pourriez trouver le calme uni au bien-être qui vous sont nécessaires. Cette maison, qui n'est point un hôtel, qui n'est même pas une maison meublée, car elle ne s'ouvre pas devant tous ceux qui frappent à sa porte, est tenue par deux vieilles demoiselles françaises dont vous avez sans doute entendu parler: les demoiselles Bonnefoy.

La mère et le fils firent un même signe pour dire qu'ils n'avaient pas l'honneur de connaître les demoiselles Bonnefoy.

—On n'est ordinairement reçu dans cette respectable maison qu'après présentation, ou quand on porte un grand nom de la noblesse ou du clergé français: j'ai vu ce matin mademoiselle Bonnefoy, la jeune,—elle a cinquante-huit ou cinquante-neuf ans,—et elle veut bien mettre à votre disposition, madame, ainsi qu'à celle de monsieur votre fils, un appartement.

Madame Prétavoine se confondit en remerciements, gonflée de joie à la pensée de loger dans une maison qui ne recevait que des représentants de la noblesse et du clergé. Quant à Aurélien, il demeura impassible, cachant avec soin les sentiments qu'il éprouvait à la pensée d'aller s'enterrer dans une maison respectable tenue par deux vieilles filles dont la plus jeune avait cinquante-neuf ans.

—Située via della Pigna dans le quartier de la place d'Espagne, cette maison vous sera très-commode pour vos visites aux églises, car on revient toujours facilement à la place d'Espagne; c'est un centre. Au reste j'ai pensé aussi qu'une personne vous serait très-utile pour vous guider dans ces visites non-seulement aux églises, aux vieilles basiliques fermées qu'elle vous ferait ouvrir, mais encore aux pieuses reliques, celles des corps saints, des chaînes des martyrs, de la sainte Vierge, de la passion de Notre-Seigneur dont Rome est si riche. En même temps elle pourrait aussi vous introduire dans les églises des congrégations que, en vertu de l'abominable loi de 1866, on a fait fermer lorsqu'on a spolié le Saint-Père. Ah! madame, vous trouverez là, si vous le pouvez, à exercer bien utilement votre charité.

Madame Prétavoine était toutes oreilles, car elle comprenait que ces paroles, dites sur le ton de la simple conversation, étaient la loi que Mgr de la Hotoie lui dictait.

—J'ai parlé de cette personne à mademoiselle Bonnefoy la jeune, et elle espère vous donner une religieuse qui sera ce guide dans vos pieuses stations et qui vous éclairera pour vos charités.

Puis cessant de s'adresser à madame Prétavoine, pour se tourner vers Aurélien:

—Madame votre mère m'a dit que depuis votre arrivée à Rome, vous alliez travailler chaque matin à la bibliothèque du Vatican. Assurément cela est fort méritoire, alors surtout que vous travaillez pour le plaisir de l'étude, sans un but déterminé.

A son tour, Aurélien écouta sans perdre un mot, car c'était sa ligne de conduite qu'on allait lui tracer.

—Je suis sûr, continua l'évêque, que vous êtes un objet de curiosité et même d'étonnement, on se demande sans doute si vous vous préparez à abandonner la vie laïque. Il ne faut pas en vouloir à ceux qui se posent ces questions; c'est qu'ici ces habitudes studieuses sont plutôt celles des cadets que des jeunes gens de hautes familles qui entourent le trône de Notre Saint-Père. Pour vous aussi le temps va être long, et je voudrais que vous pussiez le passer sans trop d'ennui. Voici une lettre d'introduction pour une personne qui vous présentera et vous fera recevoir au cercle de Saint-Pierre. C'est le seul qu'un jeune homme tel que vous puisse fréquenter. Vous le trouverez composé de Romains et d'étrangers qui sont dévoués à Sa Sainteté; et vous pourrez faire société avec des jeunes gens élégants, distingués, qui s'amusent honnêtement. Avec eux vous aurez le bonheur et la gloire de figurer dans les réceptions du Saint-Père. Vous verrez que ces jeunes gens sont d'excellents camarades, pieux sans trop de rigidité, et qui comprennent les amusements de la jeunesse. Je n'ai pas de conseils à vous donner, cependant comme je m'adresse à un étranger, je puis peut-être vous dire qu'il n'y a aucun inconvénient à vous distinguer par de l'élégance dans la toilette et la tenue. Si vous n'avez pas apporté de Paris une garde-robe suffisante, vous pourrez vous faire habiller chez les fratelli Reanda, ganter chez Cagiati, coiffer chez Bessi, friser chez Lancia. Bien entendu, on jouit d'une liberté absolue de parole, et il n'y aura aucun inconvénient à ce que vous affirmiez hautement et en toutes circonstances vos croyances et votre foi. Ainsi j'entendais dernièrement un jeune homme soutenant la thèse si juste que les gouvernements doivent être soumis à l'Église, dire hautement que les rois devraient servir le pape à table, la couronne sur la tête, comme les rois de Naples et de Bohême servirent Boniface VIII, après avoir l'un et l'autre conduit sa haquenée par la bride, et ce jeune homme courageux fut couvert d'applaudissements. Avez-vous étudié l'histoire de Boniface VIII?

—Peu.

—Elle est très-utile à connaître de nos jours, et je pourrais vous prêter Muratori qui vous intéressera vivement; je vous prêterai aussi le code publié par Boniface sous le nom de *Sexte*, et vous y trouverez des maximes qu'il est bon d'avoir sans cesse présentes à l'esprit et sur les lèvres, en ces temps d'erreur que nous traversons, telle que celle qui ouvre ce code et par laquelle il proclame que le pontife romain: *Jura omnia in scrino pectoris sui sensetur habere.*

Et s'adressant à madame Prétavoine:

—C'est-à-dire que le pape possède tous les droits dans son sein.

—Cela est bien vrai, répondit celle-ci.

XV

C'est au coin de la via della Pigna, et d'une rue conduisant à la place Barberini que se trouve la maison dans laquelle les demoiselles Bonnefoy veulent bien recevoir moyennant une honnête rémunération, les représentants de la noblesse française et du haut clergé qui viennent passer quelque temps à Rome; si vous n'êtes pas de grande noblesse, archevêque, ou tout au moins évêque, vous n'êtes reçu dans cette maison qu'avec des lettres de recommandation, ou une présentation officielle affirmant votre piété, votre dévouement à l'Église, et votre fidélité au saint-siége.

Bien entendu il n'y a point d'enseigne pour signaler cette pension nobiliaire et épiscopale à l'attention des passants; au contraire, elle ne s'annonce au dehors que par la discrétion, le mystère et la propreté: si elle était plus vaste, on pourrait la prendre pour un couvent de religieuses cloîtrées.

Cependant, comme il fallait bien une enseigne pour signaler leur maison aux clients distraits ou maladroits qui ne savent pas se reconnaître dans une ville étrangère, les demoiselles Bonnefoy en ont trouvé une qui a fondé leur réputation et fait en même temps leur fortune.

Elle consiste en deux puissantes lampes carcel qui flanquent une madone exposée dans l'embrasure d'une fenêtre du premier étage, et qui, toute la nuit, du soir au matin, brûlent là comme deux phares et éclairent tout le quartier.

Peu de personnes circulent dans la via della Pigna, mais beaucoup au contraire traversent la place Barberini, et la nuit il est impossible de passer par cette place sans apercevoir les deux globes lumineux qui illuminent la façade de la maison des soeurs Bonnefoy et font pâlir les becs de gaz.

—Quelles sont donc ces lumières? demandent les étrangers.

—Les lampes des demoiselles Bonnefoy.

—Et qu'est-ce que c'est que les demoiselles Bonnefoy?

Alors les explications arrivent tout naturellement, et se gravent dans la mémoire.

On emporte de Rome le souvenir de deux lampes carcel, et rentré dans sa province, on en parle à ceux de ses amis qui doivent faire le voyage d'Italie.

—Surtout, logez-vous chez les demoiselles Bonnefoy; seulement faites-vous avant recommander; tout le monde n'y est pas admis.

Les gens qui peuvent dire qu'ils ont habité chez les deux soeurs, en reçoivent une sorte de lustre. Mais cet avantage, si précieux pour certaines personnes, n'est pas le seul qu'offrent les soeurs Bonnefoy; on trouve en plus chez elles des appartements propres, et une cuisine qui si elle est nécessairement composée de poulets et de beefsteaks romains, est au moins arrangée à la française; enfin, on n'y est point écorché.

Sur la recommandation de Mgr de la Hotoie les portes de cette respectable maison voulurent bien s'ouvrir devant madame Prétavoine et son fils.

Ce fut mademoiselle Bonnefoy la jeune qui les reçut et les installa elle-même dans deux chambres du premier étage, et tout de suite madame Prétavoine se mit bien avec la vieille fille, en montrant combien elle était sensible à l'honneur et à la grâce qu'on lui faisait.

—Il y avait si longtemps que je désirais être reçue chez vous; j'ai soupiré plus d'une fois en passant par devant la Madone sous la protection de laquelle votre respectable maison est placée.

Mademoiselle Bonnefoy la jeune ne manquait pas de finesse, cependant elle se laissa prendre aux paroles de madame Prétavoine, à son émotion, à son trouble de joie, tant la flatterie est une arme puissante entre des mains décidées à l'employer franchement, sans scrupule et sans honte. Or cette façon de procéder était celle de madame Prétavoine, qui n'avait ni scrupule ni honte, et qui, alors qu'elle voulait plaire aux gens, les louait effrontément, bassement, eux, leur femme, leurs enfants, leur chien, leur chat, leur serin ou leur perroquet.

Elle employa le même système avec la religieuse qui le lendemain, vint se mettre à sa disposition pour la guider et l'accompagner dans ses stations aux sanctuaires et aux basiliques.

—Lorsque Mgr de la Hotoie m'a parlé de vous, ma chère soeur, mon premier mouvement a été de décliner cette proposition, tant je me sens indigne de prendre le temps d'une sainte fille du Seigneur. Mais j'ai réfléchi que ces stations que je désire faire, n'ont point pour but une vaine satisfaction, ou une coupable curiosité, mais au contraire, mon instruction et mon salut. Or il n'y a pas oeuvre plus méritante, n'est-ce pas, ma très-chère soeur, que de travailler au salut de notre prochain. Ainsi comprise, votre mission devient une oeuvre pieuse, et c'est ainsi que vous daignerez j'espère l'accepter. C'est à une coupable, à une pécheresse, que votre main charitable va servir de guide. Mais avec votre secours, avec votre soutien, j'espère que je marcherai d'un pas ferme dans la voie de la pénitence et de l'expiation. Dans le pèlerinage que j'entreprends, de quelle utilité n'allez-vous pas être à mon ignorance. Occupée à me diriger, je n'aurais pas pu me préparer dignement, et serais arrivée au pied des autels l'âme troublée ou distraite. Au contraire, votre bonne parole me soutiendra, comme votre main me guidera.

La soeur Sainte-Julienne était une grosse Flamande aux yeux bleus et au caractère de mouton, qui n'était point habituée à de pareils procédés; elle fut séduite.

En se trouvant en face de cette vieille femme dont l'oeil l'avait toisée, jaugée et pesée des pieds à la tête, elle avait éprouvé un mouvement de crainte instinctive, mais ces paroles la rassurèrent.

—Quelle bonne dame! se dit-elle.

Et elle se sentit heureuse, glorieuse, de pouvoir travailler humblement au salut d'une personne aussi pieuse.

Ce fut une vie nouvelle qui commença pour madame Prétavoine, du jour où elle fut installée dans la maison des demoiselles Bonnefoy, et où elle eut la soeur Sainte-Julienne pour l'accompagner.

Elle avait soigneusement retenu les paroles de Mgr de la Hotoie, et sous leur forme adroitement entortillée et déguisée, elle avait très-bien vu la ligne de conduite qu'elles lui traçaient.

Cette ligne elle était décidée à la suivre fidèlement, mais en complétant les indications qui n'avaient été qu'à demi esquissées, sans doute à dessein.

Elle était trop habituée au langage ecclésiastique pour n'avoir pas compris ce que Mgr de la Hotoie s'était contenté de marquer d'un trait léger, sans le préciser, et elle ne lui en voulait nullement de sa retenue.

—C'est un habile homme, s'était-elle dit.

Et pour cette habileté, elle l'avait tenu en plus grande estime, que s'il s'était livré franchement, ayant horreur d'ailleurs de la franchise, qui pour elle était niaiserie ou duperie, ou tout au moins une politesse qu'on fait aux imbéciles; à quoi bon la sincérité avec des gens intelligents qui savent deviner et comprendre; l'employer avec eux est leur faire injure: Mgr de la Hotoie l'avait jugée digne d'un langage moins primitif, et elle en était fière. Chaque matin madame Prétavoine quittait la maison des demoiselles Bonnefoy, et par les rues de la ville, dans les quartiers populeux du Tibre, du Ghetto et du Transtévère, comme dans les quartiers déserts de la vieille Rome du Palatin, de l'Aventin ou de l'Esquelin, on voyait passer une femme vêtue de noir, accompagnée d'une religieuse: elles allaient d'un pas lent, et dans les mains des malheureux qui se trouvaient sur leur passage, elles glissaient une aumône; la religieuse regardait autour d'elle, sensible et attentive aux choses de ce monde, misères ou joies; la vieille dame, au contraire, marchait droite, raide, les yeux perdus dans le ciel, où habitait assurément sa pensée intérieure.

Devant ces deux femmes s'ouvraient les portes des basiliques, des églises, des sanctuaires, même celles qui étaient fermées ordinairement.

Et les gens obscurs qui fréquentent ces pauvres églises dans lesquelles l'étranger n'a jamais pénétré; car elles ne sont même pas nommées dans les guides et sur les cartes, parlaient avec surprise et aussi avec une grande édification d'une dame vêtue de noir qui venait s'agenouiller sur la première marche de l'autel et qui là, les bras en croix sur la poitrine, la tête haute, s'entretenait avec Dieu, tandis qu'une religieuse, dont elle était accompagnée, était agenouillée à quelques pas derrière elle. Puis après cette prière, la dame en noire quittait l'autel et, venant prendre place à côté de sa religieuse, en se mêlant au commun des fidèles, elle faisait une longue méditation. C'étaient des gens peu importants qui parlaient ainsi, mais d'une piété profonde, et dont les voix seraient un jour entendues.

Ce n'était pas seulement les portes des basiliques et des églises qu'elles franchissaient, c'était encore celles des couvents et des chapelles qui s'ouvraient devant elles.

On sait que depuis que les Italiens sont entrés à Rome, en 1870, ils ont appliqué la loi de 1866 qui dit que les ordres religieux ne sont plus reconnus et que leurs maisons et établissements sont supprimés. Cependant dans certaines églises, dans certaines chapelles, on a laissé un moine ou une religieuse pour les entretenir. D'autre part, de riches particuliers ont offert leurs villas aux ordres religieux et leur ont permis d'ouvrir chez eux, à l'abri du domicile privé, de véritables maisons conventuelles avec des chapelles.

C'étaient dans ces églises, dans ces chapelles anciennes ou nouvelles, que madame Prétavoine venait prier.

Puis, par l'entremise de sa religieuse, elle s'entretenait avec le père, la mère, ou la sœur qui les avaient reçues, des malheurs et de la persécution de l'Église.

Et pour réparer autant qu'il était en elle ces malheurs, en même temps pour protester contre cette persécution et confesser sa foi, elle déposait mystérieusement une offrande sans vouloir faire connaître son nom.

On la priait, on la suppliait.

Elle se défendait et refusait.

A quoi bon, qu'importait son nom obscur; tout ce qu'elle consentait à dire, c'était qu'elle était Française, demandant une prière pour son pays, livré lui aussi à l'erreur.

Mais avant de se retirer un dernier élan de foi la prosternait au pied de l'autel, et pendant qu'elle était plongée, noyée dans sa prière, la sœur Sainte-Julienne livrait tout bas ce nom refusé avec une si persistante humilité.

Et le soir ou le lendemain matin, monseigneur le cardinal-vicaire recevait de la supérieure une lettre qui lui apprenait qu'une dame française avait visité l'église, la chapelle, le sanctuaire, le couvent de... et qu'en se retirant elle avait laissé une généreuse offrande de... *scudi*. On avait voulu savoir le nom de cette généreuse donatrice, mais avec une humilité toute chrétienne elle avait refusé de le faire connaître, rien n'avait pu vaincre sa résistance; heureusement on avait pu incidemment apprendre le nom de cette pieuse personne.

C'était une dame Prétavoine, du diocèse de Condé-le-Châtel.

Et ce nom, auquel le cardinal-vicaire n'avait pas prêté grande attention la première fois qu'il l'avait lu, s'était peu à peu imposé à son esprit, si bien que lui aussi en était arrivé à parler de cette dame Prétavoine du diocèse de Condé-le-Châtel, de sa charité, de son humilité.

XVI

De son côté Aurélien suivait aussi la ligne de conduite qui lui avait été indiquée par Mgr de la Hotoie.

Mais bien entendu c'était par une voie toute différente que celle que sa mère avait adoptée.

Une démarcation très-nette avait en effet été tracée entre eux par l'évêque de Nyda.

La mère d'une dévotion ardente et militante;

Le fils pieux, mais sans bigoterie, surtout sans rien qui rappelât le cadet; tout au contraire une vie élégante, avec un dévouement ostensible au Saint-Siége et à la puissance temporelle des papes.

Si Mgr de la Hotoie n'avait pas nettement formulé cette loi, il l'avait suffisamment esquissée pour que le doute ne fût pas possible.

Tandis que madame Prétavoine s'agenouillait dans les églises et les chapelles, Aurélien devenait un des membres les plus élégants du cercle de Saint-Pierre, et il avait l'insigne honneur de figurer dans quelques-unes des cérémonies du Vatican.

Les zélateurs papalins ne manquent pas d'une certaine imagination dans l'invention et l'arrangement des pieuses manifestations qui, tout en servant à l'édification du monde catholique, sont en même temps une récréation ou tout au moins une consolation pour le pontife-roi réduit en captivité; pèlerinages nationaux, pèlerinages étrangers, réceptions de la Société de la jeunesse catholique, de l'Union catholique, des chevaliers du Syllabus, oeuvre de la tabatière, etc. On organise une association ou une oeuvre en Italie, en France, en Bavière, en Espagne, même en Angleterre, et l'on donne rendez-vous aux membres de cette association ou de cette oeuvre, à Rome, pour être reçu par le Saint-Père.

Malheureusement il arrive parfois, il arrive même souvent que le nombre des membres qui viennent au rendez-vous, n'est pas celui sur lequel on avait compté; il y a des empêchements, des défections, des paresses, des économies obligées, et la manifestation pompeusement annoncée par les bons journaux menace d'échouer piteusement.

C'est alors que les membres de la Société des intérêts catholiques ou du cercle de Saint-Pierre apparaissent comme des sauveurs. On serait trois cents, ils interviennent, et l'on est un millier; l'honneur est sauf, la manifestation a réussi une fois de plus.

On se réunit en deçà de la porte de Bronze, et portant sur la poitrine le signe des nouveaux croisés: la croix blanche bordée d'un liseré rouge, on gravit en silence, la tête découverte, les escaliers du Vatican, les prêtres les premiers, comme cela se doit; on traverse la cour Saint-Damase, et l'on se groupe dans la salle du consistoire, où l'on attend. Bientôt le Pape paraît entouré de huit ou dix cardinaux et de sa cour; il s'assied sur son trône, et on lui lit l'adresse «où toujours des affirmations doctrinales sont relevées par des expressions d'un ardent amour pour le Saint-Père.» Celui-ci se lève et répond par un très-long discours tout plein d'entraînement, dans lequel, avec une remarquable fécondité, il réédite ses idées sur les malheurs de l'Église, sur le doux lien de la religion qui faisait l'unité de l'Italie, sur «la secte,» sur l'esprit de la Révolution, sur les armes de la prière qui doivent assurer le prochain triomphe de la religion et la restauration du droit éternel dans le monde entier.

Des acclamations lui répondent, et dans sa joie il ne reconnaît pas qu'il a déjà entendu bien souvent ces voix, pas plus qu'il ne voit ou ne veut voir que ces visages placés au second rang ne sont pas ceux de pèlerins belges, français ou autrichiens, mais bien de comparses fidèles qui figurent dans toutes les fêtes du Vatican pour donner plus de pompe aux cérémonies et plus d'importance aux manifestations.

Admis dans ces pieuses manifestations, Aurélien y remplit très-convenablement son rôle et se fit remarquer par son zèle autant que par sa tenue élégante.

Il avait fidèlement exécuté les prescriptions de Mgr de la Hotoie, et il n'y avait pas au cercle de Saint-Pierre, de jeune homme mieux habillé, mieux ganté, mieux frisé.

Grâce à ceux qui l'avaient présenté, il s'était créé quelques relations; et, à se faire des amis, il avait déployé la même habileté que sa mère mettait à gagner les gens dont elle croyait pouvoir se servir.

Il était impossible d'être plus affable, plus gracieux, plus séduisant, mais sans aucune obséquiosité, sans aucune bassesse et en se gardant soigneusement de forcer les sympathies qui paraissaient vouloir rester sur la réserve.

Ce n'était pas seulement par la politesse et l'élégance, par l'affabilité des manières ou par la grâce de l'esprit qu'il s'établissait dans le milieu où Mgr de la Hotoie l'avait fait admettre; c'était encore par son savoir et son érudition.

Le temps qu'il avait passé à la bibliothèque du Vatican avait été mis par lui à profit, et ses études de la vie de Boniface VIII dans Muratori et dans Tosti avaient été si consciencieusement faites, que bien souvent il étonnait ses interlocuteurs par ses citations ou par ses appréciations.

Il n'y avait en lui nulle morgue, nulle pédanterie, mais une fermeté qui pour être pleine de douceur dans la forme n'en était pas moins inébranlable dans ce qui était le principe, et que rien n'arrêtait alors que la conscience l'obligeait à intervenir dans une discussion.

Il y a encore un certain nombre de prélats romains qui pratiquent la tolérance et la mansuétude, au moins dans les choses mondaines.

Qu'un de ces prélats excusât ainsi une faute, légèrement, bénévolement, et Aurélien se permettait de donner non son opinion, mais celle d'une autorité de l'Église.

—Je ferai remarquer à Votre Grandeur que saint Thomas d'Aquin dans la Somme... condamne expressément cette opinion et dit...

Et alors venait la citation de saint Thomas d'Aquin empruntée à la *Somme de la foi contre les Gentils*, ou à la *Somme théologique* et rapportée textuellement sans erreur, aussi bien que sans hésitation.

Que répondre à un contradicteur qui vous *colle* avec le docteur angélique?

Se fâcher était impossible, tant l'observation avait été présentée avec déférence et respect.

Alors le prélat qui bien souvent avait oublié son saint Thomas et quelquefois même ne l'avait pas lu, se tirait d'embarras par des félicitations.

Qu'on parlât des malheurs du saint-siége, de ses persécutions, ce qui était un sujet auquel on revenait sans cesse, Aurélien ne se prononçait pas sur le temps présent, mais il avait toujours une opinion empruntée au passé et particulièrement à Boniface VIII qui se rapportait d'une façon topique à ce qu'on disait, et tranchait souverainement la question.

—J'oserai faire remarquer à Votre Grandeur que Boniface VIII, dans la bulle *ausculta Dei*, dit que Dieu l'a constitué seul maître et juge des rois, *constituit Deus nos super reges et regna, imposito nobis jugo apostolicae servitutis.*

C'était vraiment admirable de voir ce jeune homme de vingt-cinq ans frisé, parfumé, le visage souriant, la bouche en coeur et le bras arrondi, faire doucement, avec des flatteries de geste et des caresses d'intonation, la leçon à de vieux prélats et à des personnages importants par leur âge ou par leur position.

Mais, ce qui l'était mille fois plus encore, c'était que personne ne s'en blessait ni ne s'en fâchait.

Tout au contraire.

—Ce jeune homme ira loin, disait-on.

Ce mot de tous était aussi celui de Mgr de la Hotoie, qui commençait a être fier de son élève.

Décidément la mère et le fils étaient dignes l'un de l'autre, et ils se valaient pour la perfection avec laquelle ils remplissaient leurs personnages; ils jouaient même si bien leur rôle qu'ils supprimaient l'émotion; on n'avait pas peur pour eux.

Cependant, au milieu de ses triomphes, Aurélien éprouvait une sérieuse contrariété.

C'était que Michel fit partie du club de la *Caccia*, tandis que lui-même appartenait au cercle de Saint-Pierre.

Combien la situation eût-elle été plus avantageuse pour lui s'ils avaient été réunis chaque jour, chaque soir!

Mais cette réunion malheureusement était impossible, car il y a entre ces deux cercles le même abîme qu'il y a entre le Vatican et le Quirinal, entre le pape et le roi d'Italie.

Qui fréquente l'un, par cela seul s'interdit l'autre.

Il était cependant d'un intérêt capital pour Aurélien de se lier de plus en plus intimement avec Michel, de même qu'il était capital pour madame Prétavoine d'obtenir la confiance et surtout les confidences de mademoiselle Emma, la femme de chambre de madame de la Roche-Odon.

Mais, de ce côté, les choses ne prenaient pas une tournure aussi favorable.

Sans doute Aurélien s'arrangeait pour voir Michel presque chaque jour, pour le rencontrer par hasard et faire un tour de promenade avec lui.

Mais ces rencontres ne valaient pas une camaraderie journalière telle que celle qui s'établit dans un cercle.

Si Aurélien, au lieu d'être du cercle de Saint-Pierre, avait été du club de la Caccia, il aurait été près de Michel, alors que celui-ci jouait, il aurait même pu jouer avec lui, en tout cas il l'aurait surveillé, il aurait su au juste ce qu'il perdait, et dans des heures de déveine et de détresse, rien n'eût été plus naturel que d'offrir son portefeuille au perdant; cela se faisait facilement, pour ainsi dire forcément.

De là des liens nouveaux et plus solides.

Au contraire, séparés comme ils l'étaient, ne fréquentant pas le même monde, il se trouvait que ce qui eût été *action* était simplement *récit*: grand désavantage pour Aurélien.

Encore ces récits étaient-ils bien souvent incomplets, et Aurélien n'apprenait-il les pertes de «son ami» que par la mauvaise humeur de celui-ci.

Dans les premiers temps, il avait nettement posé des questions à Michel:

Mais, un jour que Michel n'avait pas été heureux, il s'était fâché.

—Pourquoi diable vous inquiétez-vous toujours de mon jeu? Est-ce que vous souhaitez ma ruine?

Et il avait fallu plus de circonspection et plus d'adresse.

De même madame Prétavoine, pour avoir voulu aller trop vite avec mademoiselle Emma, avait vu celle-ci prendre une figure glaciale le jour où elle avait soupçonné qu'on voulait la faire parler sur sa maîtresse.

Et cependant il fallait avancer du côté de Michel, aussi bien que du côté de madame de la Roche-Odon, de manière à les bien tenir l'un et l'autre au moment où, ayant réussi pour l'obtention du titre de comte, on pourrait quitter Rome.

Le temps qu'on aurait ainsi employé loin de Condé et surtout loin de la Rouvraye serait toujours trop long; il ne fallait donc pas l'allonger encore, car, bien que madame Prétavoine reçût chaque semaine des lettres de l'abbé Armand et de l'abbé Colombe, et aussi de deux autres personnes en état de savoir ce qui se passait à la Rouvraye, elle n'était nullement rassurée, ayant laissé un ennemi dangereux près de Bérengère.

Où en étaient les choses entre cette jeune imprudente et ce Richard de Gardilane?

Que disait, que faisait Sophie?

Terribles questions pour elle, qui souvent rendaient bien longue sa nuit sans sommeil.

XVII

Si madame Prétavoine avait pu apprendre l'entière vérité sur ce qui se passait à la Rouvraye, d'une part entre Bérengère et le capitaine Richard de Gardilane, et d'autre part entre ce dernier et le comte de la Roche-Odon, elle se fût assurément décidée à retourner aussitôt à Condé, malgré les intérêts qui la retenaient à Rome.

Mais en dépit des précautions qu'elle avait eu soin de prendre avant son départ, elle n'était et ne pouvait être que très-imparfaitement renseignée.

Par l'abbé Armand elle savait à peu près ce qu'on avait dit le jeudi à la table du comte de la Roche-Odon.

Par l'abbé Colombe, elle était tenue au courant de ce qui, dans la semaine, s'était passé à Bourlandais et spécialement à la Rouvraye.

Enfin, par deux de ses amies elle recevait l'écho des bavardages des domestiques de la Rouvraye et en même temps celui des propos de Joseph, l'ordonnance du capitaine.

Malheureusement tout cela était assez vague sur beaucoup de points, et elle n'arrivait à se faire une idée approximative de la situation qu'en comparant toutes ces lettres entre elles, et en complétant elle-même par l'imagination les nombreuses lacunes de ses correspondants.

Pour être exactement renseignée, il aurait fallu qu'elle expliquât franchement l'intérêt capital qu'elle attachait à savoir jour par jour, heure par heure, ce que faisaient, ce que disaient Bérengère et le capitaine, et cela n'était possible qu'en livrant le secret de son plan, c'est-à-dire que cela était impraticable.

Avec l'abbé Colombe elle avait pu procéder par la franchise, parce que le curé de Bourlandais était un instrument docile qu'elle était certaine de bien tenir dans sa main, et dont elle pouvait d'ailleurs jouer à son gré.

Mais avec l'abbé Armand, bavard comme un perroquet, causeur pour le plaisir de causer, incapable de garder un secret; avec ses amies envieuses et jalouses, avouer qu'elle espérait donner son fils pour mari à Bérengère de la Roche-Odon, c'eût été tout simplement se faire fermer au nez les portes de la Rouvraye.

Et ce n'était pas pour un pareil résultat qu'elle avait entrepris le voyage (pour Condé, le pèlerinage) de Rome.

Dès les premiers temps de son arrivée, elle avait reçu une lettre qui, si elle ne l'avait pas sérieusement inquiétée, l'avait en tous cas fortement irritée.

Cette lettre était de l'abbé Armand.

Après avoir longuement raconté tout ce qui s'était fait et dit à Condé depuis qu'elle était partie, le chanoine, avec la prolixité d'un homme inoccupé pour lequel une lettre, en un jour de pluie, est une bonne fortune, lui avait enfin parlé de la Rouvraye, de Bérengère, du comte et du capitaine. «Puisque j'ai entrepris une sorte de journal de mon temps, je dois arriver à ma journée d'hier, qui, comme de coutume, s'est passée à la Rouvraye. «C'était la première fois que, depuis votre départ, nous nous trouvions réunis à la table de ce cher comte, et les convives étaient quelques-uns de ceux avec lesquels vous vous entreteniez ordinairement. «Tout d'abord le comte et mademoiselle Bérengère, cela va sans dire, le comte et la comtesse O'Donoghue, le baron McCombie, le marquis de la Villeperdrix, le président de la Fardouyère, la présidente et leur fils, le capitaine de Gardilane, l'abbé Colombe et votre serviteur; miss Armagh s'étant retirée pour ne pas faire la treizième à table. «Vous savez combien est bon cet excellent abbé Colombe; tout d'abord il ne s'était pas aperçu de l'éclipse de miss Armagh, mais quelqu'un en ayant fait l'observation, voilà Colombe qui se dérobe et veut se retirer lui-même. «— Jamais miss Armagh ne le souffrira, dit mademoiselle de la Roche-Odon. «— Quand je serai parti, elle consentira à revenir, dit Colombe.

«Une discussion s'engage, qui n'est interrompue que par l'annonce que le dîner est servi. «Colombe tente encore de s'échapper, mais mademoiselle Bérengère, avec sa liberté d'allure, le prend par la main et l'amène à table. «Là elle le fait asseoir près d'elle, ne lui lâchant pas la main.

«—Si vous vous sauvez, vous m'enlevez avec vous, disait-elle en riant.

«Et chacun riait avec elle, Colombe excepté, qui était rouge comme une pivoine et fort mal à son aise, comme vous l'imaginez facilement «sous les attouchements d'une personne du sexe.»

«Cette réflexion n'est pas de moi, bien entendu, car ces scrupules me paraissent trop respectables pour que j'aie la pensée de les blâmer; elle est du jeune Dieudonné de la Fardouyère, et je ne la rapporte que pour vous donner la physionomie exacte et complète de ce qui s'est passé.

«Vaincu, Colombe n'était pas réduit au silence, et il lui échappa un cri qui montre combien il vous est attaché.

«—Il n'en est pas moins vrai, dit-il, que si cette bonne madame Prétavoine n'était pas à Rome, nous n'aurions pas le chagrin de voir miss Armagh se retirer dans sa chambre.

«—Pleurons madame Prétavoine, dit Dieudonné de la Fardouyère.

«—Et le bon jeune homme, continua mademoiselle Bérengère.

«Ne soyez pas surprise de cette appellation; c'est encore une plaisanterie dirigée contre ce pauvre Colombe qui, toutes les fois qu'il parle de M.

Aurélien, ne manque jamais de l'appeler «ce bon jeune homme», et dans sa bouche, vous savez que c'est un éloge qui, pour lui comme pour moi d'ailleurs, est pleinement justifié par les qualités de votre cher fils.

«—Pleurons madame Prétavoine, dit le vieux comte O'Donoghue; je m'associe volontiers à ces regrets, mais je ne veux pas pleurer le «bon jeune homme», comme dit Bérengère.

«—Et pourquoi donc? demanda mademoiselle de la Roche-Odon.

«Colombe, vous le savez, n'est pas d'une bravoure héroïque, et son habitude n'est pas de se jeter à travers les discussions. A ce mot cependant il releva la tête.

«—Oui, pourquoi? demanda-t-il.

«—Parce que «votre bon jeune homme» me paralyse la langue. Voilà tout. Je ne crois pas que personne puisse me reprocher de me complaire dans des récits inconvenants; cela n'est ni dans mes goûts, ni dans mes habitudes. Jamais je n'ai hésité à rire et à plaisanter devant Bérengère. Eh bien, devant votre «bon jeune homme,» j'étais paralysé; il me semblait que j'allais le blesser dans son austérité, et, quand il se tournait vers moi, grave et digne, avec sa tête jeune, ma langue se glaçait; quand il s'approchait, je baissais la voix.»

«—Bravo! s'écria Dieudonné.

«—Il est certain, dit le capitaine de Gardilane, qu'il ne vous met pas à l'aise, et cependant je déclare que, pour moi, je l'ai toujours trouvé, dans nos rapports, plein de prévenances.

«—Eh bien, dit Bérengère en riant, ne le pleurons pas alors, et puisque les langues sont déliées, qu'elles abusent de leur liberté.

«Vous comprenez que l'abbé Colombe et moi nous nous élevâmes contre cette condamnation et nous défendîmes Aurélien comme il devait être défendu.»

Bien entendu madame Prétavoine n'avait pas communiqué cette lettre à Aurélien, pas plus qu'elle ne lui avait montré celles dans lesquelles on parlait des assiduités du capitaine de Gardilane au château de la Rouvraye,—de la mélancolie de mademoiselle de la Roche-Odon, et des changements qui se faisaient en elle, sans que cependant on pût dire qu'elle était malade,—de la belle amitié qu'elle témoignait à Sophie Fautrel et à son enfant,—d'un voyage que le capitaine de Gardilane avait dû faire dans le Midi, et qui au moment même du départ, avait manqué sans que Joseph, l'ordonnance du capitaine, sût pourquoi,—des propos du monde au sujet de l'intimité de plus en plus étroite entre cet officier et le comte de la Roche-Odon,—des visites fréquentes que celui-ci faisait au capitaine le matin, tantôt chez lui, tantôt sur ses travaux, où il allait le trouver,—des longues conversations qui s'engageaient entre eux et dans lesquelles ils agitaient des questions religieuses, on avait vu le comte parler avec véhémence et le capitaine au contraire avec calme, on avait entendu quelques-unes de leurs paroles et il était à supposer que M. de la Roche-Odon avait entrepris la conversion de l'officier.

Ces bruits de conversion, qui lui étaient venus de différents côtés, avaient été confirmés par l'abbé Colombe, en situation mieux que personne d'être bien renseigné à ce sujet.

«Il faut maintenant que je vous entretienne, ma bien estimable dame, d'une affaire importante qui peut beaucoup contribuer à la gloire de Dieu: M. le comte de la Roche-Odon a de fréquents entretiens avec M. le capitaine de Gardilane, et j'ai tout lieu d'espérer que la parole chrétienne de notre vénéré comte trouvera le chemin du coeur de ce bien digne et bien excellent officier. Oh! quelle joie et quel triomphe si l'aimable Providence nous réservait ce succès; quelle félicité! Vous vous associerez, j'en suis certain, à nos espérances. Je dis chaque semaine une messe et chaque jour deux chapelets à cette intention. Je vous demande d'unir vos prières aux nôtres, et d'adorer les saintes reliques à ces fins. Nous vous accompagnons dans votre pieux pèlerinage de nos voeux et de nos prières. Veuillez ne pas nous oublier et me croire de coeur et d'âme, ma bien estimable dame, votre bien humble en N.S.»

C'était chose grave, très-grave, que ces propos, car il était à craindre que le comte de la Roche-Odon n'eût pas entrepris cette conversion poussé seulement par sa foi, et qu'il y eût là-dessous quelque intention personnelle.

Et cette intention personnelle n'était-elle pas de pouvoir donner sa petite-fille à cet officier lorsqu'il serait converti?

Ah! comme les journées étaient longues à Rome! Et cependant il était impossible de repartir avant d'avoir réussi à obtenir le titre qu'on était venu chercher, et aussi sans avoir gagné l'alliance de madame de la Roche-Odon.

XVIII

Les lettres dans lesquelles on parlait à madame Prétavoine de la mélancolie de mademoiselle de la Roche-Odon, n'étaient pas très exactes, ou tout au moins le mot mélancolie n'était-il pas celui qui s'appliquait à son état; c'était plutôt gravité qui eût été juste.

En effet, cette jeune fille, cette enfant qu'on était habitué à voir légère, rieuse, sautillante, disposée à se moquer des choses comme des gens et à les prendre les uns comme les autres par le côté plaisant ou amusant, se montrait maintenant avec les allures et la tenue d'une personne sérieuse qui réfléchit et qui raisonne.

Sans doute elle n'avait pas entièrement perdu son enjouement, et du matin au soir elle n'était pas plongée dans le recueillement et la méditation, mais enfin le changement qui s'était fait en elle était assez sensible pour frapper les indifférents, et à plus forte raison son grand-père.

—Pourquoi donc Bérengère ne joue-t-elle plus avait demandé M. de la Roche-Odon qui, avec ses yeux de grand-père, ouverts par la tendresse, avait été le premier à remarquer ce qui se passait dans sa petite-fille.

A cette question qui lui était adressée, miss Armagh avait répondu qu'il ne fallait ni s'étonner, ni s'inquiéter de ce changement qui était chose naturelle.

—Il y a longtemps déjà que j'attendais cette métamorphose, dit-elle, l'enfant devient jeune fille, le papillon dépouille sa chrysalide et déplisse ses ailes d'or sous les chauds rayons d'un soleil printanier.

Malheureusement M. de la Roche-Odon n'était pas homme à se contenter de cette réponse poétique.

—C'est que précisément, dit-il, je ne trouve pas qu'elle déplisse ses ailes d'or pour prendre son vol; tout au contraire il me semble qu'elle incline son front pensif vers la terre, et que ses réflexions n'ont rien d'aérien.

Miss Armagh avait souri comme une personne sûre de ce qu'elle avance.

Mais la comte avait insisté:

—Je vous assure qu'il y a quelque chose d'étrange dans Bérengère, et qui n'est pas si naturel que vous croyez.

—Étrange, oui, je vous l'accorde, insolite; mais je vous affirme que rien n'est plus naturel.

—Enfin je vous demande de la suivre de près et de l'étudier. Vous savez que j'ai toujours eu l'habitude, quand dans le milieu de la journée je me retire chez moi, de ne pas la quitter des yeux toutes les fois que le temps lui permet de se promener dans le jardin et dans le parc. Assis derrière mon rideau, c'était ma joie de la suivre du regard alors que, petite enfant encore, elle jouait dans les allées du jardin ou qu'elle courait sur les pelouses après les papillons, ou qu'elle soignait son jardin. Depuis cette époque j'ai passé ainsi de longues heures à l'accompagner, je la connais donc bien, et je n'avais donc pas besoin qu'elle me parlât ou qu'elle me regardât pour savoir ce qui se passait en elle, pour deviner ses joies et ses chagrins.

—Et vous ne les devinez plus?

—Précisément.

—La jeune fille s'enveloppe d'un voile pudique que l'enfant ne connaît pas.

—On n'enveloppe d'un voile que ce qu'on veut cacher, et je vous assure que Bérengère veut cacher quelque chose.

—Que supposez-vous?

—Est-ce qu'il y a un an, est-ce qu'il y a un mois, elle était ce qu'elle est maintenant? elle jouait, elle courait, elle sautait, c'était une biche échappée dans le parc; non-seulement elle avait la légèreté, le caprice de la biche, mais encore elle en avait les yeux doux, limpides, effarés et sauvages; n'avez-vous pas remarqué comme son regard a changé et comment il a gagné en profondeur ce qu'il a perdu en limpidité; combien souvent quand je la regarde maintenant ne détourne-t-elle pas son visage rougissant?

—Justement, dit miss Armagh qui lorsqu'elle avait adopté une idée ne l'abandonnait pas facilement.

—Et non, mille fois non; je ne dis pas que vous n'ayez pas raison sur un point, et assurément il ne faut pas considérer une grande fille telle que Bérengère est maintenant avec les mêmes yeux que nous regardions la petite fille; là-dessus je suis d'accord avec vous; mais il y a plus que la métamorphose dont vous parliez.

—On pourrait l'interroger.

—Gardez-vous en bien!

—Cependant en l'interrogeant avec délicatesse et habileté...

—Je n'ai ni cette délicatesse ni cette habileté, et l'eussé-je que je ne risquerais pas cet examen. Je vous prie donc de ne pas le tenter. Mes questions n'avaient d'autre but que d'apprendre si vous en saviez plus que moi. Je vois que nous en sommes au même point et que nous ne différons que d'appréciation. Vous avez comme moi remarqué que Bérengère n'est plus ce qu'elle était naguère.

—Assurément.

—Vous vous expliquez ce changement par des causes naturelles, moi je ne me l'explique pas. Pour savoir qui de nous a raison je trouve inutile de commettre une imprudence. D'ailleurs il n'y a aucune urgence à brusquer les choses. Au contraire, il y a tout avantage à les laisser aller comme elles vont. Tout ce que je vous demande, tout ce que j'attends de votre sollicitude et de votre perspicacité, c'est d'étudier Bérengère à la dérobée, sans vous montrer, comme de mon côté je l'étudierai moi-même.

Ce n'était pas seulement lorsqu'elle se trouvait ou croyait se trouver à l'abri des regards, que Bérengère n'était plus l'enfant d'autrefois, et ce n'était pas seulement dans les allées du parc, alors qu'elle réfléchissait, qu'on pouvait observer les changements qui s'étaient opérés en elle, dans son caractère, dans son humeur, aussi bien que dans sa tenue.

A table, le jeudi, quand les convives ordinaires de son grand-père se trouvaient réunis, ces changements se manifestaient d'une façon encore bien plus évidente, bien plus frappante.

Maîtresse toute-puissante au château de la Rouvraye, du jour où elle y était arrivée, elle avait pris une liberté de langage qui n'est point ordinairement celle des enfants. Sans parler à tort et à travers de manière à se rendre insupportable aux étrangers, elle avait l'habitude de prendre la parole toutes les fois qu'elle avait quelque chose à dire, et elle le faisait avec une décision, une indépendance, souvent même avec une originalité qui réjouissaient son grand-père, en admiration, en adoration devant elle. Dans les premiers temps, miss Armagh, élevée dans un pays où les enfants n'ont le droit de parler qu'avec les domestiques dont ils font leur société, avait été scandalisée par cette liberté, mais le comte ne lui avait pas permis de la réprimer, et à seize ans Bérengère était aussi à l'aise dans la conversation qu'une femme de vingt-cinq ans, qui à de l'esprit naturel joint l'usage du monde.

Mais depuis quelque temps elle avait perdu cette décision et cette indépendance de parole; souvent elle se troublait; plus souvent elle gardait le silence; elle était devenue la jeune personne correcte qu'elle n'avait jamais été, qui se tient droite sur sa chaise, les yeux baissés, et mange comme si elle accomplissait une cérémonie.

M. de la Roche-Odon, qui avait du temps à lui, lorsqu'il avait achevé sa petite côtelette et son mince morceau de pain coupé carrément, s'était trouvé en position mieux que personne de constater cette tenue, qui ressemblait si peu à celle d'autrefois.

Était-ce un visage antipathique qui la gênait?

Était-ce un visage sympathique qui la troublait?

Avec précaution, sans se livrer, il l'avait observée en même temps qu'il observait chacun de ses convives.

Assurément il n'y avait pas à chercher du côté du comte et de la comtesse O'Donoghue, pas plus que du côté du baron McCombie; elle avait encore, comme elle avait toujours eu, pour ces vieux amis une tendresse expansive qui se traduisait par mille prévenances.

De même il n'y avait pas à s'inquiéter non plus de l'abbé Armand ni de l'abbé Colombe.

L'abbé Armand l'amusait, et ses sentiments pour l'abbé Colombe étaient ceux de toutes les personnes qui approchaient l'abbé, le respect et l'affection.

La question d'antipathie ainsi résolue, restait celle de la sympathie.

Dieudonné de la Fardouyère, au vu de tout le monde, cherchait à lui plaire, mais il ne paraissait point que jusque-là il eût réussi: tout au contraire.

Elle se moquait de lui ouvertement, sans acrimonie, bien entendu, mais très-franchement: de sa myopie, de son lorgnon, qui ne manquait jamais de tomber de dessus son nez, toujours juste au moment où Dieudonné allait faire ou dire quelque chose; de ses allures de hanneton ébloui par la lumière, et se cognant partout; de sa locution habituelle: «Je vais vous en conter une bien bonne.»

Assurément, celui-là n'était pas dangereux.

De même le marquis de la Villeperdrix ne l'était pas davantage, et cela pour des raisons différentes: pour sa mine grave, pour sa tenue compassée, pour son esprit froid, enfin pour ses trente-six ans et les rares cheveux qu'il ramenait habilement sur son front luisant. Si elle ne se moquait pas de lui, elle était disposée, malgré les prétentions qu'il affichait, à le classer dans la catégorie des amis respectables, avec le comte O'Donoghue et le baron McCombie.

Et Richard de Gardilane?

Il ne fallait pas une bien grande perspicacité pour reconnaître que Bérengère était autre avec le capitaine de Gardilane qu'avec les convives habituels de la Rouvraye.

Elle ne se moquait pas de lui, comme elle le faisait de Dieudonné.

Elle ne le traitait pas sérieusement, cérémonieusement, comme le marquis de la Villeperdrix.

En réalité elle était avec lui bizarre, fantasque et très-inégale d'humeur.

Et cela avec une mobilité étrange.

A de certains moments rieuse, expansive, familière.

A d'autres, réservée, contrainte, mal à l'aise, rougissante.

Et toujours sans que les uns ou les autres de ces mouvements soudains fussent motivés par une cause apparente.

Elle recevait le capitaine en souriant, elle engageait une conversation enjouée; puis tout à coup, sans qu'on pût comprendre pourquoi, elle se taisait, et personne ne pouvait lui arracher une parole.

Si encore elle avait toujours été ainsi, mais justement il n'était pas bien difficile de constater à quel moment elle avait changé; c'était peu de temps après qu'elle avait été marraine, avec le capitaine, de l'enfant de cette pauvre fille.

Il y avait là un fait caractéristique et une date certaine.

L'aimait-elle?

C'était la question qui se présentait et qui s'imposait à l'esprit du comte.

Et c'était précisément pour cela qu'il n'avait pas permis à miss Armagh de procéder à cet interrogatoire dont elle avait émis l'idée.

Une pareille question ne prenait pas le comte à l'improviste.

Bien souvent il l'avait examinée depuis que sa petite-fille lui avait été confiée, non pas en la rapportant à telle ou telle personne, mais théoriquement et à un point de vue général.

Que ferait-il quand elle aimerait?

Comment se conduirait-il avec elle?

Si un jour elle aimait, il ne s'opposerait certes pas à la naissance de cet amour, et d'une main dure et jalouse il ne comprimerait pas les premiers battements de son coeur.

Au contraire, il les écouterait et les suivrait dans leur développement.

Il se ferait le confident de sa fille.

Et, autant que possible, il se ferait son guide.

Elle l'aimait assez pour avoir pleine confiance en lui, elle lui dirait tout; il l'éclairerait, et d'une main douce il la soutiendrait.

Mais alors qu'il s'était arrêté à ces idées, il n'avait pas cru que leur réalisation dût se produire de sitôt.

Si Bérengère aimait, ce serait plus tard, beaucoup plus tard.

Elle n'était qu'une enfant.

Cela était vrai alors.

Mais l'enfant avait grandi.

Seulement, ainsi qu'il arrive bien souvent, il ne l'avait pas vue grandir, et pour lui elle était toujours, elle n'était qu'une enfant.

Quand il avait admis la possibilité de cet amour, il avait imaginé que Bérengère toucherait alors à un âge qui lui permettrait de se marier sans le consentement de sa mère, c'est-à-dire qu'elle aurait de par la loi le droit de faire violence à ce consentement qu'on lui refuserait, au moyen de cet expédient qu'on appelle les actes respectueux.

Mais ce n'était pas ainsi que les choses se présentaient, si réellement elle aimait Richard de Gardilane.

Elle était loin, très-loin de sa majorité.

Et par ce fait seul il se trouvait placé dans une fâcheuse condition pour provoquer les confidences au sujet du capitaine.

En effet, que lui répondrait-il si elle lui confessait son amour?

Il ne pouvait pas lui dire: «Je te le donne», puisqu'il n'avait pas le droit de consentir légalement à son mariage, et qu'elle, de son côté, n'était pas encore maîtresse de sa volonté.

La seule personne qui en ce moment avait le droit de consentir ou de s'opposer à son mariage, c'était sa mère, et dans les dispositions d'hostilité et de haine où celle-ci se trouvait, sinon envers sa fille pour laquelle elle n'avait guère que de l'indifférence,—au moins envers lui, comte de la Roche-Odon,—il y avait tout à craindre qu'elle repoussât Richard par cette seule raison que ce ne serait pas elle qui l'aurait choisi.

Cela rendait sa situation tout à fait délicate et devait lui imposer une extrême réserve à provoquer les confidences de sa petite-fille.

En effet, parler d'amour à Bérengère, c'était implicitement reconnaître qu'elle pourrait aimer, et c'était là un aveu que les circonstances rendaient particulièrement dangereux.

Si elle éprouvait un sentiment tendre pour le capitaine, il se pouvait très-bien qu'elle ignorât la nature de ce sentiment ou qu'elle se refusât à se l'expliquer elle-même.

Avec une enfant innocente et pure comme elle l'était, cela n'était nullement impossible.

Et il n'était nullement impossible d'admettre aussi que si rien ne venait provoquer l'explosion de ce sentiment, il pouvait se maintenir longtemps encore à l'état vague.

Or, en gagnant du temps, ils se rapprocheraient du moment où Bérengère pourrait se passer du consentement de sa mère.

Que par un mot imprudent au contraire on provoquât une explosion, et immédiatement ce qui était vague devenait précis; ce qui était calme devenait irrésistible; l'amour qui s'ignorait se changeait en une passion exigeante; les tourments, les souffrances naissaient.

Amené à cette conclusion par l'intérêt bien compris de sa petite-fille, il s'y trouvait d'autre part maintenu par des considérations d'un ordre tout différent, puisqu'elles s'appliquaient à Richard de Gardilane, et qui avaient à ses yeux une importance considérable.

Ce qu'il éprouvait pour le capitaine, c'était plus que de la sympathie, c'était de l'amitié et de l'estime; il aimait son caractère ferme, sa nature droite, son esprit ouvert; il l'estimait pour ce qu'il avait appris de lui et pour ce qu'il en voyait chaque jour; il lui reconnaissait de la politesse et de la distinction; il le trouvait beau garçon, d'une beauté virile; pour la naissance, il le savait le descendant d'une famille dont la noblesse avait des preuves écrites dans l'histoire du Midi depuis plus de cinq cents ans; enfin, pour la fortune, s'il n'avait rien ou tout au moins peu de chose pour le présent, il était certain que deux héritages, qui lui appartenaient, le mettraient un jour dans une belle situation.

C'était donc un homme dont il pouvait faire son gendre, en qui il avait toute confiance, et près duquel il serait heureux de vivre.

Mais, malgré ces qualités réelles et solides qu'il lui reconnaissait, malgré l'amitié et l'estime qui le poussaient de son côté, il avait contre lui un grief qui, pour être unique, n'en était pas moins capital.

C'était l'irréligion, ou plus justement l'absence de religion du capitaine.

Pour lui, c'était un article de foi,—son gendre devait être catholique.

Mais de plus c'était une exigence de son amour paternel: s'il donnait sa fille en cette vie, il voulait avoir la certitude d'être réuni à elle au-delà de la mort.

Or, il ne paraissait pas que le capitaine pût être ce gendre.

Quelles étaient au juste ses croyances? le comte l'ignorait, car ils n'avaient jamais eu d'explication précise à ce sujet; mais il était bien certain néanmoins que le capitaine n'avait pas la foi; jamais, il est vrai, il ne lui était échappé une plaisanterie contre la religion des autres, mais jamais non plus il n'avait dit un mot montrant qu'il était chrétien; son état paraissait être l'indifférence, une indifférence absolue.

Mais à quoi tenait cette indifférence?

Était-elle raisonnée ou irréfléchie?

C'est-à-dire était-elle ou n'était-elle pas guérissable?

Cette question méritait maintenant d'être examinée et résolue, car avant de dire: «Cet homme ne sera jamais le mari de ma fille,» il fallait savoir s'il ne serait pas digne de le devenir un jour.

Et au cas où l'amour qui semblait couver en ce moment dans le coeur de Bérengère éclaterait, il importait de pouvoir dire ce jour-là: «Il sera ou ne sera pas ton mari.»

Enfin il importait d'autant plus impérieusement d'être fixé à ce sujet, que les réponses du capitaine dicteraient la conduite qu'on tiendrait à son égard.

XIX

M. de la Roche-Odon avait longtemps balancé le pour et le contre avant de se décider à interroger le capitaine de Gardilane.

Il n'était pas de ceux, en effet, qui jouent avec la passion, s'imaginant dans leur superbe sagesse qu'il n'y a qu'à lui tracer des barrages en lui disant: «Tu n'iras pas plus loin».

Il avait l'exemple de son fils, et c'était là une leçon terrible qui se dressait devant lui et continuellement le frappait au coeur pour lui rappeler ce que sont et ce que font les passions.

Ce fils avait aimé, et dans son amour, tout avait été submergé, emporté: famille, dignité, honneur.

Par plus d'un point, Bérengère ressemblait à son père: qui pouvait savoir ce que la passion ferait d'elle le jour où elle se serait emparée de son coeur.

De là des hésitations, des luttes de conscience, une irrésolution sans cesse renaissante.

C'était le bonheur de sa fille, c'était le sien qui étaient en jeu.

Et au moment de parler, il n'osait plus ouvrir les lèvres.

Le présent, il le voyait et il n'était pas immédiatement inquiétant.

Tandis que l'avenir, il ne savait pas, il ne pouvait pas prévoir ce qu'il serait.

Les choses traînaient ainsi, arrêtées un jour, remises en discussion le lendemain, lorsqu'un entretien que M. de la Roche-Odon eut avec son ancien notaire, le bonhomme Painel, vint leur imprimer une marche plus rapide et déterminée.

Bien que M. de la Roche-Odon eût pris Griolet pour notaire, lorsque celui-ci avait acheté la charge de Me Painel, c'était toujours ce dernier qu'il consultait quand il se trouvait embarrassé ou bien encore lorsqu'il s'agissait d'une affaire importante. Sans doute Griolet méritait toute confiance; il était appuyé et recommandé par les personnes bien pensantes de la ville; ses principes religieux étaient connus de tous; par sa foi autant que par son habileté, il avait acquis dans le pays une réelle autorité, et cependant... cependant c'était à ce vieux sceptique de bonhomme Painel, qui ne mettait jamais les pieds dans une église, que M. de la Roche-Odon recourait dans les questions délicates, c'était à lui qu'il s'ouvrait entièrement et se confessait.

Une seule fois il s'était départi de sa règle de suivre les conseils du vieux notaire, pour écouter ceux du jeune, et ç'avait été dans l'affaire de l'emprunt à madame Prétavoine, que Griolet le pressait de faire, et dont Painel le dissuadait. Encore n'avait-il écouté Griolet que parce que le bonhomme Painel avait refusé de s'expliquer catégoriquement, se renfermant dans des finasseries et des sous-entendus de paysan normand.

—Madame Prétavoine, une bonne dame assurément; cependant en affaires il n'y a pas de bonnes gens.

—N'avez-vous pas confiance en elle?

—Si les affaires se faisaient rien qu'avec la confiance, les notaires seraient inutiles.

—Mais enfin?

—Vous la connaissez mieux que moi.

Et le vieux notaire s'était réfugié dans l'affaire elle-même, qu'il ne trouvait ni sage, ni prudente.

Cependant M. de la Roche-Odon sous le coup de la visite de l'aimable Esperandieu, «huissier à Condé-le-Châtel, y demeurant rue du Pont», avait cédé aux suggestions de Griolet, mais sans l'avouer à Painel qu'il n'avait même pas revu pour ne pas lui dire: «Je ne vous ai pas écouté».

Mais ce mouvement de honte n'avait pas tenu contre l'inquiétude que lui inspirait la situation de Bérengère, et alors qu'il cherchait un moyen de ne pas en arriver à une rupture avec le capitaine, il avait voulu consulter le vieux notaire sur la question de savoir s'il ne serait pas possible de forcer madame de la Roche-Odon à consentir au mariage de sa fille, au cas où celle-ci aimerait M. de Gardilane,—digne de cet amour et de ce mariage.

Depuis qu'il n'était plus notaire, le bonhomme Painel s'était retiré à la campagne, dans un domaine, à une lieue de Condé; ce domaine consistait, selon le style notarial, en une maison d'habitation édifiée en bois et en galandage, couverte en tuiles (la vraie maison normande de la Basse-Normandie), et d'une cour-masure plantée de pommiers. Pas de jardin paysager, pas de pelouses, pas d'arbres d'agrément, mais un beau tapis d'herbes à travers lequel couraient des sentiers conduisant aux bâtiments d'exploitation, granges, étables, poulaillers.

Quand M. de la Roche-Odon arriva chez le vieux notaire, il trouva celui-ci dans sa cour, une petite bêche à la main, en train de gratter le tronc d'un pommier depuis les racines jusqu'à la première couronne de branches, et à faire tomber la vieille écorce couverte de mousse et de lichen sous laquelle grouillaient des insectes.

—Mon cher Painel, dit M. de la Roche-Odon, je viens vous faire mes excuses; je vous ai demandé un conseil et ne l'ai pas suivi; montrez-moi que vous ne m'en voulez pas en m'éclairant aujourd'hui.

—Est-ce que madame Prétavoine vous a joué un tour? s'écria le notaire qui dans sa surprise trahit sa pensée intérieure et ses craintes.

—Non, mon cher Painel, aucun, et ce n'était pas de madame Prétavoine qu'il s'agissait; mais vous m'effrayez à votre tour; quel tour voulez-vous qu'elle me joue?

—Et dame, ma foi! je ne sais pas.

—Si, vous savez bien; vous aviez une idée, une crainte.

—Sans vouloir vous jouer un tour, elle aurait pu... dans un besoin de fonds, transporter une partie de sa créance sur vous, et vous comprenez...

—Puisqu'elle a voulu être ma seule créancière.

—Elle a pu le vouloir à un moment et elle peut avoir changé d'idée maintenant.

—Eh bien, si elle avait fait ce transport, quel danger verriez-vous?

—Que celui auquel aurait été fait ce transport pourrait, lui, vous jouer le tour; enfin puisque heureusement il n'en est rien, dites-moi, je vous prie, ce qui me vaut l'honneur de votre visite, et croyez bien que je suis tout à votre disposition.

Alors tout en se promenant dans la cour au milieu des vaches et des poulinières qui passaient en liberté, M. de la Roche-Odon expliqua son affaire: lui était-il possible, au cas où il voudrait marier sa petite-fille, de forcer la vicomtesse de la Roche-Odon à consentir à ce mariage? Il savait que la loi exigeait ce consentement. Il savait d'autre part que la vicomtesse le refuserait. Mais ce qu'il ne savait pas et ce qu'il demandait, c'était s'il n'y avait quelque moyen de procédure de tourner cette double difficulté. Il était prêt à tout, même à un procès.

Le vieux notaire secoua la tête.

—Aucun moyen de procédure, dit-il, madame la vicomtesse de la Roche-Odon, veuve, se trouve investie seule de la puissance paternelle, et seule elle peut l'exercer comme elle l'entend, selon son caprice ou son intérêt.

—Je ne prévoyais que trop votre réponse, mon cher Painel, et c'est plutôt par acquit de conscience que par espérance que je suis venu vous consulter.

Et il baissa la tête, accablé, désespéré.

Ils s'étaient arrêtés dans leur marche, et le bonhomme Painel avait profité de ce moment de repos pour tirer de la poche de son gilet une tabatière en corne; il l'ouvrit et se bourra le nez de tabac si complétement, qu'il ne pouvait plus respirer que par la bouche.

Alors sa vieille figure tannée et ridée prit une expression de malice.

—Je vous parlais de l'intérêt de madame la vicomtesse, dit-il, on s'entend toujours avec les intérêts.

—Comment cela?

—Voilà mon voisin, j'ai besoin de passer à travers son herbage pour aller à la rivière: il m'en empêche et je ne peux rien contre son droit, qu'il tient de la loi; alors je lui fais une proposition.

—Laquelle?

—Dame, je lui achète à beaux deniers comptants le droit de passer. Madame la vicomtesse a un droit, qui est celui de consentir ou de ne pas consentir à notre mariage; nous désirons qu'elle consente, elle refuse, nous lui faisons une offre.

—Ah! Painel.

—Dame, monsieur le comte, ça n'est pas beau, j'en conviens, mais il y a comme ça dans la vie bien des choses qui ne sont pas belles; un remède n'est jamais ragoûtant, et ce que je vous indique là c'est un remède. Ce qui vous blesse, n'est-ce pas, c'est que la personne en question porte votre nom, et que ce qui abaisse votre nom vous abaisse vous-même. Je comprends cela, et si j'osais, je dirais, moi, vieux roturier, que je sens cela. Mais que voulez-vous, il ne faut pas penser à vous, il ne faut que penser à votre petite-fille et à assurer son bonheur.

—Jamais la personne dont vous parlez n'accepterait un pareil marché.

—Vu la situation dans laquelle elle se trouve, je ne pense pas comme monsieur le comte. D'ailleurs nous n'irions pas le lui proposer comme ça, tout naïvement. Nous commencerions par lui faire une bonne peur qui la disposerait favorablement à écouter toute offre, et en même temps à ne pas se montrer trop exigeante.

—Et vous avez dans votre arsenal une arme pour faire cette bonne peur, comme vous dites?

—Nous l'avons.

—Et quelle est-elle?

—Un petit procès, un tout petit procès; nous attaquons la personne susdite en destitution de tutelle.

—Comment, vous pouvez enlever la tutelle de ma petite-fille à la vicomtesse? s'écria M. de la Roche-Odon.

Le notaire se tapota les deux narines de manière à faire tomber les grains de tabac qui les obstruaient.

—Parfaitement, dit-il, et c'est bien simple; seulement cela est assez vilain.

—Voyons, dit M. de la Roche-Odon, comment vous vous y prenez pour enlever la tutelle à la vicomtesse?

—Tout simplement en invoquant le premier paragraphe de l'article 444 du code civil.

—Et que dit cet article?

Le bonhomme Painel toussa au lieu de répondre, puis ensuite il se bourra le nez de tabac; longuement, en réfléchissant.

—Eh bien? demanda M. de la Roche-Odon, que ce silence inquiétait.

—Je croyais que vous le connaissiez.

—Peut-être, mais le numéro par lequel vous le désignez ne dit rien à mon esprit.

—Voyons, là, franchement, monsieur le comte, vous avez fait votre deuil, n'est-ce pas, de cette alliance, et si ce que l'on vous dit de madame la vicomtesse vous peine, cela ne vous fâche pas?

—De vous, mon cher Painel, rien ne me fâchera. Cet article?

—Eh bien! cet article dit textuellement: «Sont aussi exclus de la tutelle et même destituables, s'ils sont en exercice, 1° les gens d'une inconduite notoire...»

—Assez, Painel; jamais je n'intenterai un procès à madame la vicomtesse de la Roche-Odon, duquel résulterait la preuve qu'elle est d'une inconduite notoire....

—Cependant...

—Jamais; comment voulez-vous que je déshonore la mère de ma petite-fille?...

—Qui veut la fin...

—Non, mille fois non; quand même cette femme devrait dissiper entièrement ce que je laisserai, j'aimerais encore mieux cela que d'exposer ma chère enfant à ne pas pouvoir penser à sa mère sans rougir. Vous n'avez pas réfléchi à cela, Painel.

—J'ai réfléchi à sauver votre fortune; d'ailleurs il me semble que le procès en séparation de corps a révélé assez de choses sur la conduite de madame la vicomtesse, pour qu'un nouveau procès ne soit pas à craindre.

—Bérengère était alors une enfant, et elle n'a su de ce procès que le résultat; maintenant c'est une jeune fille, et il serait impossible de lui cacher pourquoi sa mère n'est plus sa tutrice.

—N'en parlons plus, monsieur le comte, et renonçons à mon moyen. Cependant, je vous avoue que pour moi ce n'est pas sans chagrin. Ah! comme nous aurions manoeuvré! Il est certain, n'est-ce pas, que le procès en destitution de tutelle aurait ému madame la vicomtesse; tout d'abord nous aurions obtenu cette destitution du conseil de famille, cela est certain. En votre qualité de subrogé tuteur, vous auriez poursuivi l'homologation de cette délibération devant le tribunal; là madame la vicomtesse se serait défendue, car on peut bien dire, il faut même dire qu'elle se flatte d'avoir un jour l'administration de la fortune que vous laisserez à sa fille, et elle n'eût jamais adhéré à la délibération ni à l'entrée en fonctions du nouveau tuteur, qui n'aurait été autre que vous, monsieur le comte.

—Assurément elle se serait défendue, et c'est pour cela que je repousse votre moyen.

—Nous n'aurions pas été jusqu'au bout du procès; mais au moment où l'affaire aurait été engagée de telle sorte que madame la vicomtesse eût bien vu qu'elle aurait été perdue pour elle, nous aurions introduit notre demande en consentement au mariage, et nous aurions fait notre offre. La situation était bien simple, et telle qu'une femme comme madame la vicomtesse la comprenait tout de suite et se voyait battue. Si elle refusait de consentir au mariage de sa fille, le procès en destitution de tutelle continuait, et comme madame la vicomtesse était assurée d'être destituée, c'est-à-dire de n'avoir jamais l'administration de la fortune que vous laisserez un jour à mademoiselle Bérengère, elle réfléchissait: «Vous refusez votre consentement, c'est bien; nous attendrons notre majorité; mais pendant ce temps, si une succession nous échoit, vous n'en verrez pas un sou, attendu que vous ne serez plus notre tutrice; au contraire, vous consentez? alors, pour reconnaître ce bon procédé, nous vous offrons...» Nous aurions vu ce qu'on pouvait lui offrir.

Le bonhomme Painel était ordinairement économe de ses paroles, et s'il continuait ainsi à développer son plan, ce n'était pas par amour-propre d'auteur ni par intérêt purement théorique. Seulement, comme il n'osait pas revenir en droite ligne au *jamais* de M. de la Roche-Odon, il prenait un détour pour montrer comment on aurait réussi. Qui pouvait savoir si, en face de ce succès certain, ce ne serait pas le comte lui-même qui reviendrait sur son *jamais*?

Il se crut d'autant mieux autorisé à espérer ce résultat, que le comte, après qu'il eut cessé de parler, resta un moment silencieux en homme qui réfléchit.

—Il est évident qu'il y a du bon dans votre idée, dit-il enfin.

—Parbleu! tout est bon.

—Non, pas tout, mais une partie.

—Et laquelle?

—Celle qui a rapport à l'offre à faire à la vicomtesse pour obtenir, disons le mot, pour acheter son consentement au mariage de sa fille. Elle est femme à l'accepter.

—Vous pouvez en être sûr.

—Ce n'était pas parce que j'en doutais que je l'ai repoussée tout à l'heure, mais parce qu'elle a quelque chose de honteux. Cependant, comme il faut avant tout songer au bonheur de Bérengère, je crois que, le moment venu, je tenterai cette négociation.

—Qui échouera ou qui vous ruinera, si elle n'est pas appuyée par la cessation imminente de la tutelle! Tout se tient dans mon plan. Si madame la vicomtesse de la Roche-Odon a l'espérance de rester tutrice, elle ne consentira pas au mariage. En effet, son calcul est bien simple, et si vous voulez me permettre de vous l'expliquer dans toute sa brutalité, vous allez voir qu'il n'y a pas possibilité de scinder mon moyen. Ce calcul le voici: madame la vicomtesse se dit que si vous mourriez demain, dans six mois, dans un an, elle administrerait la fortune de sa fille pendant trois ou quatre ans.

—Vous comptez jusqu'à la majorité de vingt et un ans.

—Sans doute.

—N'allez pas si vite; nous faisons émanciper ma petite-fille à l'âge de dix-huit ans, et alors si nous voulons nous marier, nous offrons, en échange du consentement de la mère, ce que vous vouliez lui proposer au moment de la destitution de la tutelle par jugement: que cette tutelle cesse par émancipation ou par destitution, c'est même chose, n'est-ce pas?

—A mon tour, je vous dis: N'allez pas si vite, monsieur le comte; vous faites émanciper votre petite-fille à l'âge de dix-huit ans, comment cela?

—Au moyen d'une délibération du conseil, comme la loi l'indique.

—Quelle loi?

—Mais le code.

—Jamais le code n'a permis une émancipation de ce genre.

M. de la Roche-Odon regarda le notaire d'un air stupéfait.

—Jamais, monsieur le comte, jamais.

—Mais je vous affirme que moi-même, j'ai fait émanciper un de mes parents en proposant cette émancipation au conseil de famille, et le jeune homme avait dix-huit ans, j'en suis certain.

—Il ne s'agit pas de l'âge; votre parent, n'est-ce pas, n'avait ni père ni mère?

—Sans doute.

—Est-ce là le cas de mademoiselle de la Roche-Odon?

—Elle n'a plus de père.

—Mais elle a une mère, qui exerce la puissance paternelle et qui l'exerce seule; elle peut, cette mère, provoquer l'émancipation de sa fille lorsque celle-ci a atteint non pas l'âge de dix-huit ans, mais simplement de quinze ans révolus; mais personne autre qu'elle ne peut exercer ce droit; ne me parlez donc pas d'une émancipation demandée par vous et prononcée par une délibération du conseil de famille, ni vous ni le conseil n'avez qualité pour cela.

M. de la Roche-Odon resta atterré; puis après un moment d'accablement il se révolta.

—Voyons, Painel, vous vous trompez, mon cher ami.

—Sac à parchemins! s'écria le vieux notaire, je me trompe, moi! Venez à la maison, monsieur le comte, et quand vous aurez lu l'article 477, vous verrez si je me trompe.

—Mais enfin, j'ai dit à tout le monde que je ferais émanciper ma petite-fille à dix-huit ans, me basant sur ce qui s'était passé pour mon jeune parent, et personne ne m'a représenté mon erreur.

—Qui, tout le monde? Moi? Griolet? un magistrat? un avocat?

—Je ne sais; mais enfin plusieurs personnes que je vois.

—Ce qu'on appelle des gens du monde. Eh bien! monsieur le comte, il en est du droit comme de la médecine; chacun croit s'y connaître sans avoir rien appris. On a vu administrer tel remède à une personne de ses amis, il a réussi; alors vite on se l'administre à soi-même dans un cas semblable, ou qu'on estime, d'après ses propres lumières, être semblable. Le remède était bon pour notre ami et il l'a sauvé; il est mauvais pour nous qui ne souffrons pas du tout de la même maladie, et il nous tue. Voilà ce qui s'est passé pour vous. Vous avez fait émanciper un mineur de dix-huit par délibération du conseil de famille, et vous avez conclu que tous les mineurs de dix-huit ans pouvaient être émancipés de la même manière. Voilà votre erreur.

—J'ai lu la loi cent fois.

—Vous avez lu ce que vous aviez dans l'esprit et non ce que vous aviez sous les yeux; venez la lire une cent et unième fois avec moi et vous verrez que je ne me trompe pas.

Il fallut que M. de la Roche-Odon se rendît à l'évidence.

—Et maintenant, dit le bonhomme Painel, vous voyez que pour obtenir le consentement de madame la vicomtesse, il n'y a qu'un moyen, qui est celui que je vous indiquais, une action en destitution de tutelle.

—Oui, je le vois et je le comprends; mais je ne pourrai jamais me résigner au moyen.

—Réfléchissez, monsieur le comte.

—La conscience n'a pas besoin de réfléchir, mon cher Painel.

XX

Quelle déception, pour M. de la Roche-Odon!

Depuis trois années il vivait dans l'attente de cette émancipation, comptant les mois, comptant les jours, comptant les heures qui le séparaient du moment où Bérengère atteindrait ses dix-huit ans.

La mort en tant que mort n'avait rien d'effroyable pour lui; avec ses idées chrétiennes c'était le simple passage de cette vie dans un monde meilleur, où il espérait voir le Tout-Puissant, et chanter éternellement sa gloire; pour lui nulle horreur de l'enfer, mais seulement le profond regret de n'avoir pas mieux servi Dieu.

Ce qui l'épouvantait, c'était la crainte de laisser Bérengère seule et sans défense.

Avec lui s'éteignait le jugement qui avait remis Bérengère sous sa garde.

Lui mort, la vicomtesse s'emparerait de sa fille; non-seulement de la fortune que celle-ci viendrait de recueillir, mais ce qui était autrement terrible, autrement effroyable, de sa personne même, de son esprit, de sa chair, de son âme.

Que deviendrait l'honnête et pure enfant qu'il avait élevée, au contact de cette mère indigne?

A côté de cette question, combien petite était celle qui s'appliquait à la fortune?

Bérengère, flétrie par les exemples qu'elle aurait sous les yeux, exposée à tous les dangers, à toutes les corruptions, à toutes les séductions!

Bérengère devenue un sujet à exploiter entre les mains cupides et ambitieuses de sa misérable mère!

Cette image qui se dressait devant lui le rendait lâche.

Mariée par cette femme!

Sa vie sacrifiée, sa pureté ternie, son honneur perdu, sa foi menacée!

Elle résisterait, oui, elle combattrait courageusement, mais quelle lutte, quelles souffrances elle aurait à supporter, la chère mignonne, quels supplices et quelles hontes!

Et pour que tout cela n'arrivât pas, il suffisait qu'il pût vivre jusqu'au jour où les dix-huit ans de sa fille seraient accomplis.

Alors il exagérait les précautions déjà si méticuleuses qu'il avait adoptées.

Un jour il diminuait de quelques grammes sa portion de pain, se figurant qu'il avait trop mangé; le lendemain il ajoutait un légume à sa côtelette, se demandant si ce n'était pas la faiblesse qui avait causé le malaise dont il avait souffert.

Pour l'affaire la plus importante, il n'eût pas retardé son coucher ou son dîner de dix minutes.

Et il eût traité en ennemi quiconque l'eût fait mettre en colère.

S'il avait accepté les propositions de madame Prétavoine, ç'avait été malgré les conseils de Painel, et aussi malgré sa propre répugnance, pour se débarrasser des tracas journaliers qui troublaient sa digestion et son sommeil.

Et cela non pour mieux dormir ou pour mieux manger, mais pour se garder en bonne santé, en éloignant de lui tout ce qui pouvait déranger la régularité de sa vie.

Et à sa prière du matin ainsi qu'à celle du soir, il en ajoutait une spéciale qu'il avait composée pour demander à Dieu de prolonger ses jours jusqu'au moment décisif: «O mon Dieu! envoyez-moi sur cette terre toutes les souffrances physiques et morales, humiliez-moi, frappez-moi dans ce qui m'est le plus agréable et le plus doux, mais, je vous en supplie, laissez-moi vivre assez pour sauver mon enfant.»

Pendant trois années il avait tout ramené à cette espérance.

Et voilà que tout à coup la parole du vieux notaire la démolissait brusquement.

Il tombait dans le vide.

Était-ce possible?

Et bien qu'il eût lu le code avec le bonhomme Painel, il voulut le relire encore en rentrant à la Rouvraye.

—Art. 477. Le mineur resté sans père ni mère, pourra aussi, mais seulement à l'âge de dix-huit ans accomplis, être émancipé, si le conseil de famille l'en juge capable.

«Sans père *ni* mère,» le texte était formel.

Comment n'avait-il pas vu ce *ni* toutes les fois qu'il avait lu cet article?

Mais non, l'esprit plein de son idée d'émancipation, il n'avait prêté attention qu'aux dix-huit ans.

Pour lui tout avait été dans cette date, sur laquelle il avait bâti son système et arrangé l'avenir de sa fille.

Parmi les personnes auxquelles il avait parlé de son projet, il en était cependant qui étaient en état de lui en montrer l'inanité et l'absurdité.

Comment ne l'avaient-elles pas fait?

Il voulut s'en expliquer avec le président Bonhomme de la Fardouyère.

Il savait comme tout le monde le cas qu'on devait faire des connaissances et de l'intelligence du président, mais enfin c'était un homme du métier.

Le président eut une réponse simple et digne, comme il en avait toujours d'ailleurs.

—Est-ce qu'un homme comme moi se permet de présenter des objections à un homme comme vous? sans doute j'ai été surpris de vous entendre dire que vous émanciperiez mademoiselle Bérengère à dix-huit ans, mais je ne laisse jamais paraître ma surprise; d'ailleurs en y réfléchissant je me disais qu'il y avait sans doute accord entre vous et madame la vicomtesse à propos de cette émancipation, qui s'opérerait par la déclaration de la mère; l'usufruit légal au profit des père ou mère cessant lorsque l'enfant accomplit ses dix-huit ans, je ne voyais pas quel intérêt madame la vicomtesse pouvait avoir à différer cette émancipation, puisque, d'autre part, elle n'a pas la garde de sa fille.

Un accord entre lui et la vicomtesse, c'était là assurément ce que chacun avait pensé en l'entendant parler d'émancipation.

Malheureusement cet accord n'existait pas, et il n'était même pas possible, au moins à l'amiable.

Maintenant, il était bien certain qu'il n'y avait qu'un moyen pour émanciper Bérengère et la soustraire à sa mère, au cas—probable, d'ailleurs,—où il mourrait avant qu'elle eût atteint sa majorité.

Ce moyen, c'était celui que la loi lui mettait sous les yeux chaque fois qu'il ouvrait le code pour relire le chapitre de l'*Émancipation*. «Le mineur est émancipé de plein droit par le mariage.»

Cela était clair et précis.

Sur sa fille mariée, la vicomtesse ne pouvait rien, pas plus sur sa personne que sur sa fortune.

Par le mariage, Bérengère était donc sauvée; mais elle ne pouvait l'être que par le mariage.

Il fallait qu'il la mariât.

Et il n'y avait pas de temps à perdre pour faire ce mariage, puisque d'un jour à l'autre, le lendemain peut-être, la mort pouvait le frapper.

Il est vrai que pour ce mariage, de même que pour l'émancipation, le consentement de la mère était indispensable, mais on s'arrangerait pour qu'elle ne le refusât pas, c'est-à-dire qu'adoptant l'idée du vieux notaire, on l'achèterait.

Mais où était-il, le mari digne de ce choix?

Celui qu'elle pouvait aimer?

Celui qui la protégerait et qui assurerait son bonheur?

Car cette nécessité d'un mariage immédiat, déterminante pour lui, grand-père, ne serait d'aucun poids sur une jeune fille de dix-huit ans telle que Bérengère. Assurément, ce ne serait pas parce qu'il faudrait qu'elle se mariât qu'elle accepterait un mari; ce serait parce qu'elle aimerait l'homme qu'on lui proposerait.

Et quel homme pouvait-elle aimer? Un seul: Richard de Gardilane.

C'était ainsi que M. de la Roche-Odon avait été, par la seule force des circonstances, ramené au capitaine, et dans des conditions telles, qu'il devait souhaiter maintenant que le capitaine aimât sa petite-fille et que celle-ci aimât le capitaine.

Une seule chose restait inquiétante: la religion du capitaine.

Et cette inconnue, il fallait maintenant l'examiner au plus vite.

XXI

C'était chose assez délicate pour M. de la Roche-Odon que d'aller confesser M. de Gardilane.

Heureusement il avait pris en ces derniers temps l'habitude de faire au capitaine de fréquentes visites, soit chez lui, soit à son bureau des casernes; et par là se trouvait épargné l'embarras de se présenter de but en blanc sans avoir une raison ou un prétexte.

De raison ou de prétexte, il n'en avait pas besoin; il venait comme à l'ordinaire, pour rien, pour le plaisir.

Il ne lui fallait qu'une occasion.

Mais il en était de lui comme des amants jeunes et timides qui ne trouvent jamais bonne l'occasion qui se présente, tant ils ont peur de perdre la femme qu'ils aiment passionnément. Cette occasion, ils n'osent la faire naître, il faut qu'elle s'impose à eux, et encore bien souvent la repoussent-ils.

Ce fut ainsi qu'il alla trois ou quatre fois chez le capitaine, parfaitement décidé à parler en quittant la Rouvraye, et cependant revenant à la Rouvraye sans avoir rien dit de ce qu'il avait laborieusement préparé, ingénieusement combiné, savamment arrangé.

En route, il disposait son plan: il disait ceci, et puis cela; c'était bien simple; le capitaine serait forcé de répondre; il prévoyait ses répliques.

Il arrivait brave et décidé:

—Bonjour, mon cher ami.

Le capitaine s'inclinait.

—J'ai voulu vous voir pour...

Le capitaine fixait sur lui son regard clair et franc.

Et justement la franchise de ce regard troublait le comte; était-il honnête de tendre un piége à ce loyal garçon?

—J'ai voulu vous voir pour... vous serrer la main, vous allez bien, n'est-ce pas?

—Mais, parfaitement; et vous-même, monsieur le comte, et mademoiselle Bérengère?

—Très-bien, je vous remercie; est-ce que vous avez remarqué quelque chose d'insolite dans Bérengère?

—Qui peut vous faire croire?

—Il m'a semblé que vous m'adressiez votre demande d'un ton singulier.

C'était au tour du capitaine de se troubler: il hésitait; il cherchait des paroles et les pesait.

—Elle m'a paru un peu plus sérieuse que de coutume, comme si quelque chose la préoccupait.

—Ah! vous voyez bien.

—Cependant en bonne, en très-bonne santé; rose, fraîche, charmante.

Et l'on parlait de Bérengère; si bien qu'il n'était pas possible d'aborder la question religieuse.

Le rapport entre les deux sujets eût été trop direct et le capitaine eût pu avoir des soupçons.

Il valait donc mieux attendre et remettre au lendemain.

Un matin qu'il était venu de bonne heure, plus décidé encore que les jours précédents, il trouva le capitaine dans son cabinet de travail en train d'écrire un ordre pressé qu'un entrepreneur attendait, et, pour passer le temps, il se mit à regarder les uns après les autres les livres qui étaient entassés çà et là sur la table, sur des chaises et même sur l'appui des fenêtres.

Pendant ce temps, le capitaine acheva sa besogne, et, ayant congédié l'entrepreneur, il vint vers le comte en s'excusant.

—Ce sont là vos lectures ordinaires? demanda M. de la Roche-Odon, qui dans ces livres avait enfin trouvé l'occasion si longtemps cherchée.

—Vous voyez.

—Il y a de tout?

—Ah! certes, non. En dehors de ce qui touche à l'art militaire, je ne lis guère que des livres d'histoire et de littérature.

—Des récits historiques, des mémoires, des vers, des romans?

—Justement.

—Pas de livres philosophiques?

—Non.

Le comte hésita un moment.

—Pas de livres religieux? demanda-t-il enfin assez timidement.

—Pas davantage.

—Pourquoi?

Le moment était décisif.

Et ce n'était pas seulement pour M. de la Roche-Odon, c'était encore et tout aussi bien pour le capitaine.

En posant sa question, M. de la Roche-Odon pensait à Bérengère.

Et, en pesant sa réponse, c'était aussi à Bérengère que le capitaine pensait.

Tous deux en étaient ainsi arrivés au même point, le père et l'amant.

M. de la Roche-Odon avait conscience que ce mot si court qu'il venait de lancer après l'avoir tant de fois retenu, «pourquoi,» allait décider le bonheur, l'honneur, peut-être même la vie de sa fille.

Et, de son côté, le capitaine sentait que son amour, que son bonheur étaient en jeu, dépendant de la réponse qu'il allait faire.

—J'ai peu de temps à moi pour les études sérieuses qui ne se rapportent pas directement à mon métier, dit-il après une longue hésitation.

—Ces volumes de poésie, ces romans?

—Ces lectures sont un délassement, non un travail.

M. de la Roche-Odon comprit que le capitaine cherchait à ne pas répondre, et il éprouva un moment d'hésitation.

Mais il était trop engagé maintenant, trop avancé pour reculer.

—Le travail, c'est ce qui nous ennuie, n'est-ce pas? dit-il en souriant.

—Oh! certes non! en tous cas, pas pour moi; ainsi, je vous assure que les choses de mon métier me plaisent et que je les aime; néanmoins, quand je m'en occupe, elles sont un travail pour moi, et elles en sont si bien un que je ne suis plus en disposition d'en accepter un autre quand je les abandonne; c'est ce qui explique la présence de ces livres dans mon cabinet; ils remplacent pour moi les distractions du cercle ou du café.

Le capitaine était décidé à ne pas répondre; mais, de son côté, le comte était décidé aussi à aller jusqu'au bout de son interrogatoire.

Alors quittant le ton dégagé qui d'ailleurs ne convenait ni à son âge ni à son caractère, il redevint lui-même:

—Mon cher capitaine, dit-il d'une voix grave, vous savez quelle est mon estime pour vous, quelle est mon amitié, si vous ne les avez pas devinées je tiens à vous affirmer qu'elles sont grandes, très-grandes, plus je vous vois, plus je m'attache à vous, et bien souvent j'ai regretté que vous ne soyez pas mon fils.

Le capitaine se sentit perdu; il balbutia quelques paroles de remerciement.

—Je pense, j'espère que de votre côté, vous ressentez pour moi quelques-uns des sentiments que j'éprouve pour vous, continua M. de la Roche-Odon, et, si je m'en rapporte à nos relations, il est bien certain qu'il existe entre nous une réelle sympathie, non-seulement de coeur, mais encore d'esprit. Cependant il y a un point sur lequel nous ne nous sommes jamais expliqués. Je veux parler de nos idées religieuses. Quand je dis que nous ne nous sommes pas expliqués, c'est une mauvaise façon de m'exprimer, car il n'est pas nécessaire que je vous fasse une profession de foi pour que vous sachiez quelles idées sont les miennes.

Comme le capitaine ne répliquait rien, le comte insista:

—Cela est vrai, n'est-ce pas?

—Assurément, et d'une telle évidence, que je ne croyais pas avoir besoin de répondre à votre interrogation.

—Il vaut toujours mieux s'expliquer.

—Je connais et j'admire votre foi.

—Eh bien! mon cher ami, je voudrais en dire autant de vous; je ne connais pas vos croyances, je ne sais pas ce qu'elles sont et ne sais même pas si vous en avez. Dans la conversation et dans les relations de la vie, je vous ai toujours vu d'une tolérance parfaite pour les idées des autres, les respectant en tout; et les quelques paroles de scepticisme ou de raillerie qui vous ont quelquefois échappé étaient si bénignes, que je me demande ce qu'il faut penser de vous, ou, pour parler franchement, je vous le demande.

Cette fois il n'y avait plus moyen de s'échapper, il fallait répondre.

Ce fut le coeur serré et la voix presque tremblante que le capitaine fit sa réponse:

—Il me semble que précisément cette tolérance parlait pour moi.

—Comment cela?

—Qui dit croyant dit absolu dans sa foi, convaincu de l'excellence de cette foi et plein de mépris pour les erreurs des autres.

—Ah! mépris!

—Pitié, si vous voulez.

—Pas toujours; je vous assure que quant à moi je n'ai ni mépris ni pitié pour les idées qui ne sont pas les miennes; mais il ne s'agit pas de moi, il s'agit de vous; ainsi votre tolérance est de l'indifférence?

—Il me semble qu'il faut tout comprendre et tout admettre, la foi aussi bien que l'incrédulité.

—C'est là ce que j'appelle l'indifférence religieuse.

Le capitaine garda le silence, fort embarrassé, encore plus ému.

S'il avait eu plus de liberté d'esprit il aurait remarqué que M. de la Roche-Odon n'était pas moins ému que lui, et il aurait été bien certain que ces questions n'étaient point dictées par une vaine curiosité.

M. de la Roche-Odon continua:

—Il y a deux espèces d'indifférences; on est indifférent en matières religieuses parce qu'on est entraîné par les affaires ou les plaisirs de la vie, de sorte qu'on n'a pas le temps de penser à Dieu; ou bien on est indifférent parce qu'on rejette la religion comme inutile ou nuisible; laquelle de ces indifférences est la vôtre?

Comme le capitaine ne répondait pas, car il ne pouvait le faire avec sincérité qu'en s'exposant à perdre Bérengère, tant la situation était grave maintenant et tant les paroles avaient d'importance, M. de la Roche-Odon poursuivit:

—Bien que nous n'ayons jamais échangé nos idées à ce sujet, j'ai peine à croire qu'un homme tel que vous considère les idées religieuses comme inutiles ou nuisibles.

C'était une main que le comte lui tendait, il la saisit, et voyant qu'il n'avait plus à répondre par un oui ou non il voulut faire un effort pour sauver la situation.

Car il n'y avait pas à espérer que le comte lui permît de s'échapper: cet entretien était voulu et préparé; M. de la Roche-Odon lui faisait subir un examen de conscience, et il ne s'arrêterait assurément dans son interrogatoire que quand il aurait obtenu tout ce qu'il s'était promis d'apprendre.

Dans ces conditions il fallait donc renoncer à des échappatoires qui n'étaient ni dignes, ni même habiles, et mieux valait s'expliquer sinon complétement au moins bravement et en faisant soi-même la part du feu.

—Je suis si éloigné de considérer les idées religieuses comme inutiles ou comme nuisibles, que ce qui me paraît le plus grave dans la crise que notre époque traverse, c'est l'affaiblissement et la disparition de ces idées.

—Jamais elles n'ont été plus vivaces.

—Je ne pense pas comme vous sur ce sujet, et en voyant la religion chrétienne perdre une part de son influence sur l'homme, en la voyant aujourd'hui telle qu'elle est demeurée, se mettre en lutte ouverte avec la société moderne telle que celle-ci est devenue; je me demande avec inquiétude ce qui résultera de cette lutte. Et la question est d'autant plus sérieuse que ni la science ni la philosophie ne prennent la place laissée vide par la religion. Ce qui disparaît n'est pas remplacé, et quand le soleil qui éclaira le monde pendant de longs siècles s'éteint, je m'effraye en ne voyant pas de phares s'allumer. J'aurais voulu que la philosophie (bien entendu je parle d'une science nouvelle) suivît l'humanité sur les hauteurs libres où celle-ci est parvenue, et en lui montrant d'une main la route parcourue, lui indiquât de l'autre le but à atteindre. Et c'est justement parce que je n'aperçois nulle part ce guide, que je me désintéresse de questions qui, pour moi, sont en ce moment insolubles. De là ce que vous appelez mon indifférence. De là surtout ma tolérance; elle est d'autant plus grande que j'admire, que j'envie ceux qui croient.

C'était en hésitant, en parlant lentement, en cherchant ses mots, que le capitaine avait fait cette réponse qu'il avait maintenue, avec grand soin, dans des termes vagues.

Qu'allait dire le comte?

Non pas l'ami, mais le catholique fervent?

N'était-ce pas une insulte à sa foi?

Bérengère était-elle perdue?

Serait-elle jamais sa femme?

Il avait parlé les yeux dans ceux du comte, épiant, suivant l'effet produit par chaque mot, par chaque phrase.

A sa grande surprise, le visage de M. de la Roche-Odon qui s'était tout d'abord contracté sous une impression assurément pénible et peut-être même répulsive, s'était peu à peu éclairci.

Lorsque le capitaine eut cessé de parler, M. de la Roche-Odon demeura pendant assez longtemps silencieux, la tête penchée sur la poitrine, absorbé dans le recueillement et dans la réflexion.

Que se passait-il en lui?

Ses premières paroles allaient être certainement un jugement.

Lequel?

L'angoisse du capitaine était cruelle; des gouttes de sueur roulaient sur son front.

Tout à coup M. de la Roche-Odon releva la tête, et, tendant la main au capitaine par un mouvement qui calma instantanément l'anxiété de celui-ci:

—Mais vous êtes une âme religieuse! s'écria-t-il. Vous m'auriez répondu que Dieu était une hypothèse dont votre raison n'avait pas besoin, que j'aurais été désolé. Mais grâce au ciel, il n'en a pas été ainsi. Vous sentez, vous reconnaissez la nécessité de la foi.

Ce n'était pas tout à fait cela que le capitaine avait dit, il s'en fallait même de beaucoup, mais il ne souleva pas de contestation.

—Comment avez-vous été élevé? demanda le comte, chrétiennement?

—J'ai reçu l'instruction religieuse qu'on donne au collége.

—C'est bien cela. Et depuis, n'est-ce pas, vous n'avez pas étudié notre sainte religion?

—Non, pas particulièrement.

—Eh bien, mon cher ami, cette lumière que vous demandez, elle est dans votre âme, et il suffit d'une étincelle pour allumer le flambeau de la foi qui vous guidera.

Cette fois il n'eût pas été loyal de laisser croire au comte qu'il avait exprimé la vérité; le capitaine secoua donc la tête par un geste de dénégation.

—Vous ne la voyez pas, cette lumière, s'écria M. de la Roche-Odon, mais je me charge de vous la montrer, le voulez-vous?

Le capitaine hésita un moment, mais il n'eut pas la force de repousser la proposition du comte.

—Volontiers, dit-il.

XXII

Volontiers!

Ce mot n'était pas bien exact.

En effet, ce ne pouvait pas être de bonne volonté qu'il acceptait cette proposition, alors qu'il la savait inutile, et quand il comprenait quels dangers elle pouvait amener.

Que M. de la Roche-Odon s'imaginât, dans son zèle et dans son amitié, qu'il pourrait ramener le capitaine à la pratique de la religion chrétienne, cela s'expliquait et se comprenait jusqu'à un certain point.

Convaincu de l'excellence de cette religion, le comte était persuadé, comme tous ceux qu'une foi ardente enflamme, qu'il n'y a qu'à démontrer l'excellence de cette religion pour convertir les esprits qui jusqu'alors sont restés plongés dans l'ignorance;—quand le capitaine saurait, il croirait; quand il croirait, il pratiquerait: cela se tenait et s'enchaînait logiquement.

Mais le capitaine, qui se connaissait, savait parfaitement à l'avance que la parole du comte serait impuissante et qu'elle n'amènerait aucun changement dans ses idées.

De ces entretiens demandés par M. de la Roche-Odon, il ne pouvait donc sortir que des luttes et finalement sans doute une rupture; car il serait obligé, sous peine de déloyauté, de répondre aux arguments du comte, et il ne pourrait pas le faire en se maintenant dans les termes vagues qu'il venait d'employer. Il se reprochait de n'avoir pas été plus affirmatif. Continuer ce système serait une lâcheté dont il se sentait incapable. Sans doute il écouterait respectueusement le comte, il le laisserait parler tant que celui-ci voudrait, il répondrait même à ses arguments, en les discutant avec la plus grande modération, mais enfin il arriverait une heure où il faudrait bien que toutes ces discussions se résumassent dans un mot, et ce mot il devrait le dire sincère et précis, quoi qu'il pût en résulter.

Alors le rêve s'évanouirait pour faire place à la triste réalité. Bérengère serait perdue. Car il n'y avait pas à espérer que M. de la Roche-Odon consentît jamais à donner sa petite-fille en mariage à un homme qui ne croyait pas. Son irritation serait d'autant plus vive que, pendant un certain temps, il se serait complu dans ses idées de conversion: antipathie religieuse, griefs personnels, espérance déchue, amour-propre blessé, tout se réunirait pour amener une rupture que rien ne pourrait empêcher.

Il est vrai qu'un mot, un seul, aurait pu prévenir cette rupture, mais, hélas! ce mot il lui était impossible de le prononcer; c'eût été une indigne tromperie envers le comte et envers Bérengère, une lâche hypocrisie envers soi-même.

Il ne pouvait pas croire par ordre, ni même par amour, et ne croyant pas, il ne pouvait pas dire qu'il croyait, même pour obtenir Bérengère.

C'était là une fatalité de leur situation, en présence de laquelle il se trouvait désarmé et impuissant.

Et il se reprocha sa faiblesse et sa faute, qui avaient été d'autant plus grandes qu'au moment même où il avait reconnu qu'il était attiré vers Bérengère par un sentiment plus vif que la sympathie, il avait nettement vu ce qu'il adviendrait de cet amour.

Il avait alors fait son examen de conscience, et sous le saule pleureur de son jardin, au bord de la rivière, il avait passé toute une soirée à suivre les caprices de son imagination qui, s'envolant par-dessus les prairies noyées dans les vapeurs de la nuit, étaient retournées à la Rouvraye auprès de Bérengère. C'était là qu'il s'était avoué quelle impression profonde cette charmante enfant avait produite sur son coeur. C'était là qu'il s'était dit qu'elle serait une femme délicieuse. C'était là enfin qu'il avait admis pour la première fois l'idée du mariage à laquelle, jusqu'à ce jour, il n'avait jamais pensé. Mais ne se faisant aucune illusion, il avait sincèrement reconnu qu'il ne pouvait être le mari de Bérengère et qu'entre elle et lui, il y aurait toujours un abîme.

Il se rappelait parfaitement le mouvement de colère qui, à ce moment, l'avait agité, et il voyait encore la place, dans la rivière, où il avait jeté son cigare.

Cependant, bien qu'il eût mesuré la profondeur de cet abîme, il s'était laissé entraîner par cet amour naissant; au lieu de l'étouffer d'une main vigoureuse, il l'avait caressé; au lieu de fuir Bérengère, il l'avait recherchée, et il s'était hypocritement demandé si c'était vraiment une folie d'aimer cette jeune fille; les raisons *raisonnables* tirées de la situation du comte et surtout de ses croyances lui avaient répondu: «Oui»; les raisons *sentimentales* lui avaient répondu: «Non.» Et c'était seulement à celles-là qu'il s'était arrêté, repoussant les autres, ne les écoutant pas. Il avait vu l'avenir rempli de luttes et de souffrances, et néanmoins il avait accepté cet avenir, se disant qu'il lutterait, qu'il souffrirait, mais au moins qu'il vivrait.

Et il avait vécu, délicieusement vécu, aimant Bérengère, aimant son amour,— ne demandant rien, heureux du présent et fermant les yeux à ce qui pourrait se produire le lendemain.

Ce lendemain était arrivé et maintenant il fallait mourir.

Eh bien, il mourrait!

S'il avait été hypocrite avec lui-même, au moins ne le serait-il pas avec les autres.

Il ne pouvait devenir le mari de Bérengère que par le mensonge et la tromperie; il ne mentirait point, il ne tromperait point, et s'il n'obtenait pas pour femme celle qu'il aimait, au moins il l'aurait aimée, il l'aimerait toujours pour la joie de l'aimer, loin d'elle, sans qu'elle sût même qu'elle était aimée, qu'elle était adorée.

Désormais il n'aurait plus que quelques journées pour la voir; sa seule faiblesse serait de prolonger ces journées, et l'engagement qu'il venait de prendre avec M. de la Roche-Odon aurait au moins cela de bon qu'il pourrait jouir encore de quelques semaines d'intimité avec Bérengère, de quelques mois peut-être.

Il n'y avait aucune indélicatesse à laisser M. de la Roche-Odon développer longuement son enseignement, et à écouter patiemment les développements de ses leçons; cela ne pouvait qu'être une satisfaction pour le comte.

Ce qui serait indélicat, ce qui serait criminel, ce serait de profiter de ces dernières journées d'intimité pour chercher à plaire à Bérengère et pour tenter d'accentuer dans un sens plus passionné les sentiments de tendresse qu'elle lui témoignait; mais cela il ne le tenterait point, il ne le ferait point.

Puisqu'il ne pouvait pas devenir son mari, puisqu'il ne voulait pas essayer de se faire aimer d'elle, à quoi bon provoquer cette tendresse et la développer? Pourquoi lui préparer des regrets et des chagrins? C'était assez qu'il souffrît seul, et seul il souffrirait.

Cette pensée de prolonger ainsi leur intimité l'empêcha, lorsqu'il s'y fut arrêté, de regretter le «volontiers» par lequel il avait répondu à la proposition du comte, et peu à peu, détournant les yeux de ce qui arriverait fatalement dans l'avenir, il s'attacha d'autant plus ardemment au présent, qu'il le sentait, qu'il le savait plus fragile.

Malgré tout, cet entretien s'était encore moins mal terminé qu'il ne l'avait craint, quand il avait vu où tendait l'interrogatoire du comte.

La rupture immédiate qu'il avait pressentie et qu'il avait cru certaine ne s'était point accomplie. C'était quelque chose, cela, et même une grande, une très grande chose. Il avait du temps devant lui. Qu'arriverait-il pendant ce temps de grâce? Ç'eût été folie d'espérer le mieux, mais il ne fallait pas non plus croire au pire. Il attendrait; il verrait, et chaque jour il se dirait le mot de ceux qui ne peuvent pas désespérer: «Qui sait?»

De son côté M. de la Roche-Odon trouvait que cet entretien avait mieux tourné qu'il ne l'avait cru en l'engageant.

Sans doute il était désolé de la confession du capitaine.

Mais enfin, lorsqu'il avait décidé de risquer cet interrogatoire, il avait craint des réponses plus mauvaises que celles qu'il avait obtenues.

Si le capitaine ne croyait pas, il n'était nullement prouvé qu'il ne croirait pas un jour.

Entraîné par les exigences de la vie, il avait oublié les principes religieux de sa jeunesse.

D'ailleurs, par quelle instruction avaient-ils été développés, ces principes? Par celle qu'on reçoit dans les colléges. Et justement le comte n'avait aucune confiance dans cette instruction; n'avait-il pas entendu dire sur tous les tons que l'université ne fait que des incrédules ou des indifférents? Ce résultat avait été obtenu pour M. de Gardilane, qui ne se trouvait pas ainsi tout à fait responsable de l'état présent de sa conscience.

Le collége avait commencé l'indifférence, le monde, les mauvais exemples, les mauvaises lectures l'avaient achevée.

C'était la marche ordinaire des choses, mais elle ne l'avait pas conduit, comme cela arrive trop souvent, jusqu'à l'irréligion et l'incrédulité absolues.

Il avait dit, à la vérité, un mot bien grave sur la religion chrétienne, «qui, telle qu'elle est demeurée, se trouve en lutte avec la société telle que celle-ci est devenue.»

Mais il ne fallait pas attacher trop d'importance à cette parole, puisque justement il ne savait pas ce qu'était cette religion dont il parlait légèrement.

Au fond de l'âme se trouvait le sentiment religieux, et pour le moment cela suffisait; lorsque ce sentiment serait développé par l'instruction, il arriverait tout naturellement au catholicisme: il ne pouvait pas en être autrement.

Au moins telle était la conviction de M. de la Roche-Odon.

D'ailleurs il comptait sur un auxiliaire tout-puissant dans la tâche qu'il assumait—l'amour.

Si le capitaine n'avait pas vu le but auquel tendait le comte, il le verrait certainement un jour, et alors il comprendrait comment il pouvait obtenir Bérengère.

Ce jour-là l'indifférence serait vaincue, et si l'instruction était alors assez avancée, la conversion se produirait immédiatement, non par intérêt, mais par élan sympathique, par communauté d'idées, par ce sentiment qui est l'essence même de l'amour et qui fait que nous voyons ce que voit la personne aimée, que nous croyons ce qu'elle croit, que nous aimons ce qu'elle aime.

Les espérances de M. de la Roche-Odon furent si vives, sa confiance dans une heureuse conclusion s'établit si fermement qu'il crut pouvoir faire part de son projet à Bérengère,—au moins en ce qui touchait la conversion du capitaine, et sans lui rien dire, bien entendu, de ce qui résulterait de cette conversion. A ses yeux, cette explication aurait l'avantage d'empêcher Bérengère de chercher ce qui motivait leurs entrevues fréquentes et leurs longs entretiens.

Aux premières paroles de son grand-père elle se troubla et pâlit; mais peu à peu elle se remit.

—Et tu as bon espoir de réussir? demanda-t-elle, avec un léger tremblement de voix qui trahissait son émotion intérieure.

—Sans doute; cependant je ne peux rien affirmer, et ce serait aller trop vite et trop loin de considérer cette conversion comme accomplie: il faut attendre.

—Ce serait un grand bonheur.

—Un grand bonheur, assurément, et que je souhaite de tout mon coeur.

XXIII

Grande avait été la surprise de Bérengère en entendant son grand-père lui parler du capitaine et de ses projets de conversion à l'égard de celui-ci.

Qui avait suscité ces projets?

Comme tous les enfants malheureux, et elle avait été horriblement malheureuse pendant sa première jeunesse, Bérengère avait pris l'habitude de ne jamais laisser passer une question qui la surprenait sans lui chercher une explication ou tout au moins une raison.

Combien de fois, alors qu'elle vivait près de sa mère, avait-elle deviné ainsi d'étranges choses qui n'étaient pas de son âge et que cependant, par une sorte d'intuition mystérieuse, elle comprenait: terrible éducation qui, par bonheur pour elle, avait été interrompue au moment où elle menaçait de devenir pernicieuse.

Suivant cette habitude, elle se mit donc à analyser le projet de son grand-père et à s'en demander le pourquoi.

Assurément ce n'était pas l'esprit seul de prosélytisme qui lui avait donné naissance: malgré sa foi militante, M. de la Roche-Odon vivait auprès des gens en respectant leurs croyances ou en tolérant leurs erreurs sans chercher à les convertir. C'était plutôt l'esprit de tolérance que l'esprit de conversion qui animait son grand-père, et s'il prêchait sa foi, c'était plutôt par l'exemple que par la parole.

D'ailleurs puisqu'il avait jusqu'à ce moment accepté les idées de Richard (quand elle pensait au capitaine, elle disait Richard tout court, et non le capitaine ou M. de Gardilane), il n'était pas admissible que tout à coup il voulût ainsi changer ces idées, sans avoir une raison puissante pour le faire.

Cela n'était point un fait de son caractère.

Il avait obéi à une raison.

Laquelle?

C'était cette raison qu'elle voulait chercher et trouver.

Une seule se présentait à son esprit, mais si elle était fondée, elle était terrible pour elle.

Son grand-père avait donc deviné son secret?

A cette pensée, elle fut prise d'une douloureuse confusion et d'une grande honte.

On savait qu'elle aimait Richard.

Ce «on» était à la vérité son grand-père, mais néanmoins cela était terrible.

Elle s'était donc trahie?

Comment?

Quand?

C'était à peine si elle avait osé s'avouer à elle-même ses sentiments vrais, et encore n'y avait-il pas longtemps qu'elle l'avait fait en toute sincérité, ayant trouvé toujours jusque-là des explications plus ou moins satisfaisantes à ce qu'elle avait appelé tout d'abord sa sympathie pour Richard, ensuite sa tendresse, après son amitié, et enfin, alors qu'il lui avait été impossible de se mentir à elle-même plus longtemps—son amour.

Et cependant elle s'était si bien cachée, elle avait si bien dissimulé!

Surtout depuis qu'elle avait reconnu qu'elle aimait, elle avait observé une si grande réserve avec Richard!

Ce fut un moment cruel pour elle que celui où elle fut contrainte de reconnaître que son grand-père avait observé et qu'il avait lu ce qui se passait dans son coeur.

Jamais elle n'avait été si embarrassée, si mal à l'aise, que le lendemain du jour où elle avait compris que son grand-père savait tout; et en descendant pour déjeuner elle avait un pouce de rouge sur le front et sur les joues, quand son grand-père, l'embrassant tendrement comme à l'ordinaire, l'avait longuement regardée les yeux dans les yeux.

Il avait cependant l'habitude de l'examiner ainsi et de plonger dans son âme chaque fois qu'elle venait à lui le matin; mais elle s'imaginait dans son trouble que jamais il n'avait mis dans son regard la curiosité et toutes les questions qu'elle y trouvait en ce moment.

Miss Armagh aussi lui causa une impression pénible, et à table elle s'imagina que les domestiques avaient une étrange façon de la regarder, comme s'ils eussent été maîtres de son secret.

Mais peu à peu ce trouble s'apaisa, et après n'avoir été sensible qu'à ce qu'il y avait de blessant pour sa pudeur dans cette situation, elle en vint à voir les avantages qui s'y trouvaient.

Puisque son grand-père s'inquiétait des croyances de Richard et voulait l'amener à se convertir, c'était donc qu'il n'était point fâché quelle aimât Richard.

Cela était d'une logique rigoureuse.

Fâché de cet amour, il eût rompu avec Richard.

Au contraire, il voulait se rapprocher de lui par l'union de la foi.

Alors il admettait donc l'idée de le prendre pour gendre?

Cela encore était logique.

Quelle joie!

Richard accueilli par son grand-père!

Richard son mari!

Puisque c'était son mari qu'elle aimait, elle n'avait plus à rougir.

Ce n'était pas de ce moment qu'elle savait que son grand-père désirait la marier et la marier jeune.

Si elle n'avait pas connu dans tous leurs détails les actes d'hostilité qui s'étaient échangés entre son grand-père et sa mère, elle en avait assez appris pourtant pour ne pas ignorer les sentiments de haine dans lesquels ils étaient l'un vis-à-vis de l'autre.

Bien qu'on se fût toujours caché d'elle et qu'on eût évité de parler de sa mère quand elle pouvait entendre, elle avait saisi assez de paroles au vol, et d'autre part elle avait deviné assez de choses pour savoir que la crainte suprême de son grand-père, c'était de mourir avant qu'elle fût émancipée ou mariée.

De là le régime sévère qu'il s'était imposé et dont elle souffrait chaque fois qu'à table elle le voyait rester sur son appétit, c'est-à-dire presque chaque jour.

De là les précautions excessives qu'il prenait pour sa santé.

De là cette crainte de la mort, dont il pouvait mourir plutôt que de toute autre maladie moins dangereuse, moins douloureuse assurément.

Si elle n'avait pas été jusqu'à deviner tout ce que son grand-père redoutait, c'est-à-dire ce qui avait rapport au côté moral de son existence près de sa mère, elle avait en tout cas parfaitement compris ce qu'il craignait quant à ce qui touchait le côté matériel de cette existence, c'est-à-dire le gaspillage de l'héritage qu'il laisserait.

Elle avait gardé un souvenir vivace de ce gaspillage, et elle avait encore devant les yeux, la figure de ces gens vêtus de noir, qui parcouraient l'appartement de sa mère, se faisant ouvrir les meubles, comptant le linge, pesant l'argenterie, et écrivant cette énumération sur des feuilles de papier timbré qu'ils appelaient un procès-verbal de saisie.

C'était pour qu'elle ne fût pas exposée à ces dangers que son grand-père voulait, avant de mourir, l'émanciper ou la marier.

En se mariant elle assurait donc la tranquillité de son grand-père, c'est-à-dire sa vie même, le débarrassant de toutes ces craintes, de toutes ces précautions qu'il s'imposait ou dont il souffrait depuis si longtemps.

Il était donc tout naturel que les choses étant ainsi, il eût voulu convertir Richard qu'il acceptait pour gendre sous cette seule condition de conversion.

Richard se convertirait-il?

Pas plus que son grand-père elle ne savait quelles étaient les idées religieuses de Richard.

Était-il indifférent, était-il incrédule? elle l'ignorait, n'ayant jamais pensé à cela jusqu'à ce jour, et ne s'étant pas demandé, quand elle avait commencé à l'aimer: est-il ou n'est-il pas chrétien? grand-papa l'acceptera-t-il ou le refusera-t-il?

Mais maintenant cette question qui ne s'était pas présentée à son esprit, devait être résolue.

Elle était capitale et c'était elle qui allait décider leur vie à tous.

—Il m'aime, se dit-elle, il pensera comme je pense; je crois, il croira; n'est-ce pas là cette union des pensées comme des sentiments qui est l'amour?

Et en raisonnant, en calculant ainsi, elle se sentait pleine de confiance.

Elle n'en était pas en effet à douter comme le capitaine, et tandis que celui-ci se demandait avec une entière bonne foi: «M'aime-t-elle?» elle se disait avec une entière assurance: «Il m'aime.»

Jamais cependant une parole d'amour n'avait été échangée entre eux, jamais un serrement de main n'avait indiqué ce que les lèvres n'osaient pas prononcer.

Mais est-ce qu'une femme, est-ce qu'une jeune fille, même la plus innocente et la plus candide, a besoin de paroles précises ou de caresses matérielles pour savoir qu'elle est aimée?

En cherchant dans sa tête un seul mot qui affirmât l'amour de Richard, Bérengère ne l'eût pas trouvé; mais sans chercher elle sentait dans son coeur mille témoignages de cet amour plus frappants, plus éblouissants, plus enivrants les uns que les autres.

Il l'aimait, donc il penserait, il sentirait, il croirait comme elle.

C'était ainsi au moins que dans son assurance enfantine elle comprenait l'amour, n'admettant pas une seconde qu'il pût y avoir doute à cet égard.

Seulement pour qu'il répondît à son grand-père dans le sens que celui-ci désirait, il fallait qu'il fût prévenu.

En effet, s'il ignorait dans quelle intention M. de la Roche-Odon avait entrepris sa conversion, il pouvait très-bien arriver qu'il ne prêtât qu'une oreille distraite aux exhortations qu'on lui adresserait; il était soldat et il pouvait ne pas aimer les sermons.

M. de la Roche-Odon lui démontrant l'excellence de la religion parce que cette religion était excellente, ne serait pas écouté comme M. de la Roche-Odon, lui demandant une conversion qui ferait le mariage de sa petite-fille.

Ah! si elle avait pu le prévenir et le styler!

Mais cela n'étant pas possible, elle voulut au moins ne pas rester dans l'angoisse intolérable que le doute à propos de la réponse de Richard lui causait, et pour cela elle se décida à l'interroger elle-même pour voir dans quelles dispositions il était.

D'ailleurs, en le questionnant à ce sujet, ne pouvait-elle pas en même temps le prêcher?

Et il y avait certitude qu'il ne l'écouterait pas d'une oreille distraite.

Pourquoi ne le convertirait-elle pas elle-même?

Elle n'avait, elle le reconnaissait, ni le savoir, ni l'éloquence, ni l'autorité de son grand-père; mais Richard ne l'écouterait pas, elle en était certaine, comme il écouterait M. de la Roche-Odon.

XXIV

Depuis que Sophie était installée, avec son enfant, dans la chaumière du parc de la Rouvraye, Bérengère et le capitaine avaient pris l'habitude de se rencontrer là tous les jeudis, une heure avant le dîner.

Cette habitude s'était établie tout naturellement et sans qu'il y eût accord formel entre eux.

Le jeudi qui avait suivi le baptême, le capitaine avait dit à Bérengère qu'avant de venir à la Rouvraye il s'était arrêté chez Sophie pour voir son filleul, et le jeudi d'après Bérengère avait tout naturellement éprouvé le désir d'aller voir l'enfant qui était aussi son filleul à elle, une heure avant le dîner.

Par un hasard bien surprenant en vérité, le capitaine était arrivé juste au moment où elle tenait l'enfant dans ses bras et le faisait sauter.

Ils étaient un instant restés chez Sophie, puis ils s'étaient mis en route pour la Rouvraye, accompagnés de Miss Armagh.

Et depuis, toujours bien servis par ce hasard de plus en plus surprenant, ils s'étaient ainsi rencontrés chaque jeudi, tantôt Bérengère étant arrivée la première, tantôt au contraire Richard l'ayant devancée.

Ces visites hebdomadaires, sans compter celles que Bérengère lui faisait dans la semaine, étaient les grandes joies de Sophie.

Car malgré les promesses de M. de la Roche-Odon et malgré la protection ouverte dont il la couvrait, elle était traitée en paria par les gens du château, même par la femme de charge qui ne s'était point montrée la bonne et digne personne que le comte avait annoncée.

Cette protection déclarée du comte et sa générosité avaient naturellement éveillé la jalousie: bien des gens avaient espéré qu'on leur donnerait cette maisonnette du parc; en voyant qu'elle était pour une nouvelle venue, pour une coureuse, pour une fille perdue, leur espoir déçu s'était changé en haine et en hostilité contre celle qui leur volait leur bien.

Une ligue s'était formée contre elle dans le personnel et dans l'entourage du château, de sorte que tous les bavardages, tous les bruits à propos de son suicide et de son accouchement, soufflés et entretenus par cette hostilité, ne s'étaient pas éteints.

On continuait à se demander quel était le père de son enfant.

Et, de plus, on en était arrivé jusqu'à le lui demander à elle-même, non pas directement, bien entendu,—aucun des gens de la Rouvraye n'eût eu cette hardiesse,—mais à la façon des paysans, sous forme de plaisanterie, ou bien dans son dos, comme si l'on ne s'adressait pas à elle.

Quand elle traversait le jardin pour se rendre chez la femme de charge, portant son enfant dans ses bras, elle entendait les jardiniers élever la voix et parler exprès assez fort pour que leurs propos arrivassent quand même à ses oreilles.

—C'est-y drôle, Placide, d'avoir un père avant sa naissance, et de ne plus en avoir après.

—Es-tu bête! les enfants ont toujours un père; on en a vu qui en avaient plusieurs.

Alors on la saluait, comme si on venait seulement de l'apercevoir.

—Bonjour, mademoiselle Sophie!

—Montrez donc voir un peu à qui il ressemble, ce chéri.

Tout cela sans parler des mépris et des dédains qu'on affectait de lui témoigner, comme si c'eût été une honte d'avoir affaire à elle.

—Pensez donc une fille qui a eu un enfant!

—Encore si on savait quel en est la père.

—Si elle l'avait su elle-même, est-ce qu'on ne l'aurait pas forcé à se déclarer?

Alors ceux des domestiques qui étaient ennuyés de faire maigre les jours d'abstinence, et qui par gourmandise rageaient contre la dévotion de leur maître, insinuaient que ce père pouvait bien être un ecclésiastique.

—Ça c'est vu.

—Allons donc; il paraît qu'on leur enseigne dans les séminaires des moyens pour ne pas avoir d'enfants.

—Vraiment?

—C'est sûr.

Cette guerre était d'autant plus douloureuse pour Sophie, qu'après son installation avec son enfant dans la maisonnette isolée du parc, elle avait cru que c'en était fini de ses souffrances.

Le comte de la Roche-Odon, mademoiselle Bérengère, le capitaine Gardilane avaient été si bons pour elle; on était si bien dans cette petite maison isolée au milieu des herbages; c'était chose si importante d'avoir du travail assuré toujours, qu'elle était revenue à la vie.

Ces blessures la rejetaient dans le passé avec ses cruels souvenirs, et quand une voix gouailleuse ou haineuse parlait de son enfant, quand un mauvais rire insultait à son malheur, elle se reprenait à penser douloureusement à celui que dans le silence et le recueillement du travail, elle parvenait à rejeter loin d'elle, et même à oublier.

Car elle ne l'aimait plus, et il lui semblait que les pièces d'argent qu'il avait déposées dans sa main avaient agi sur elle comme ces fers chauffés à blanc qui détruisent une plaie et la cicatrisent.

Quand elle s'était relevée de son lit, elle était guérie de son amour, elle ne ressentait plus pour celui qu'elle avait aimé jusqu'à en mourir, qu'un profond mépris.

Mais l'horrible blessure qu'elle avait reçue était de celles qui exigent le repos absolu, et justement ces propos la ravivaient sans cesse, et la faisaient saigner.

Elle eût tant voulu oublier!

Et quand, dans le calme de sa maisonnette où elle n'entendait que la chanson du vent dans les arbres, le gazouillement des oiseaux et le meuglement des boeufs, elle était parvenue à s'engourdir en berçant son enfant, et se berçant elle-même, avec les rêves qu'elle faisait pour l'avenir de ce cher petit être qui pendait à son sein,—ces paroles méchantes de ceux qui s'acharnaient contre elle, sans qu'elle leur eût rien fait, la rejetaient douloureusement dans le passé.

Ce n'était pas seulement la honte qui l'étreignait au coeur, c'était encore le mépris pour lui.

Cela était si affreux de ne pas avoir un souvenir qui ne fût souillé par une tromperie, ou une déloyauté: le vol de ses lettres, car il les lui avait littéralement volées; l'envoi à Bruxelles alors qu'il était décidé à ne jamais la rejoindre; cet argent mis dans la main suppliante qu'elle tendait vers lui, tout cela n'était-il pas ignoble? Quelle bassesse, quelle misérable lâcheté!

Rien dans ce passé qui ne fût flétri, pas une joie pure de laquelle elle pourrait plus tard parler à son enfant, lorsque celui-ci, devenu grand, lui demanderait ce qu'était son père.

—Un misérable!

Pourquoi s'acharnait-on ainsi après elle, pour la rejeter dans cette bourbe? Une fois elle avait été témoin d'une pareille cruauté sauvage: c'était au bord de l'Andon, un chien auquel on avait attaché une pierre au cou était entraîné par le courant, il se débattait et luttait pour aborder, mais des gamins étaient sur le quai, et, en riant, en s'amusant ils le rejetaient au large avec des bâtons ou des cailloux qu'ils lui lançaient; quand ils l'avaient frappé à la tête, quand ils l'avaient atteint sur ses yeux suppliants qu'il tendait vers eux, ils poussaient des cris de triomphe; comme ils s'amusaient! vingt fois il vint au bord, vingt fois il fut repoussé et il disparut dans un remous.

Les gens du château s'amusaient d'elle ainsi, et la mine confuse qu'elle leur montrait quand ils frappaient sur elle leur procurait un moment de gaieté: il faut bien rire en ce monde, et assurément il n'y a rien de plus drôle qu'une fille assez bête pour se faire faire un enfant.

On comprend que dans de pareilles conditions, les visites du capitaine et de mademoiselle de la Roche-Odon apportaient la consolation et le bonheur dans la maisonnette.

Leurs yeux qui la regardaient marquaient la sympathie, leurs voix qui lui parlaient se faisaient douces, affables et bienveillantes.

Et c'était précisément de sympathie et de bienveillance qu'elle avait besoin pour s'en faire un bouclier contre les pierres qu'on lui lançait de tous côtés comme au chien noyé.

Il est vrai qu'une autre voix lui faisait aussi entendre des paroles de bienveillance, c'était celle de l'abbé Colombe. Aussitôt que Sophie était devenue sa paroissienne, le curé de Bourlandais l'avait visitée, et, avec sa bonté ordinaire, avec son ardent amour du prochain, qui faisait de lui le prêtre le plus charitable du diocèse, il s'était appliqué à la consoler. Mais à ses paroles de bienveillance se mêlaient des exhortations religieuses, et Sophie, bien qu'élevée chrétiennement, n'était pas en état en ce moment d'ouvrir son âme à ces pieuses exhortations. Lui parler religion, c'était lui parler d'Aurélien, et elle ne voulait rien entendre. Comme il arrive souvent pour ceux que le malheur a jetés hors du sentiment de justice, elle déplaçait les responsabilités, et parce que Aurélien, ce modèle de piété, avait agi misérablement avec elle, elle accusait et repoussait tout ce qui touchait à la religion.

Et puis l'abbé Colombe, malgré toute sa bonté et sa charité, ne savait pas trouver le chemin de son coeur comme mademoiselle de la Roche-Odon et M. de Gardilane.

Il s'occupait d'elle, exclusivement d'elle; tandis que le capitaine et Bérengère s'occupaient surtout de son enfant.

Et dans son coeur, l'amour de la mère avait remplacé l'amour de l'amante; cet enfant elle l'aimait aussi ardemment aussi passionnément qu'elle avait aimé Aurélien: ce qu'on faisait pour lui, l'intérêt ou la sympathie qu'on lui témoignait étaient plus doux à sa tendresse maternelle que ce qu'on eût fait pour elle-même.

Combien de fois ses yeux s'étaient-ils mouillés de larmes en voyant mademoiselle de la Roche-Odon prendre l'enfant dans ses bras, lui chatouiller le menton pour lui faire faire risette et l'embrasser quand il avait ri.

Décidée à entreprendre la conversion de Richard, Bérengère avait décidé que ce serait dans ses visites à Sophie qu'elle réaliserait son idée.

Sans doute il ne serait pas facile de s'entretenir librement devant miss Armagh, dont la surveillance était devenue de plus en plus scrupuleuse, mais enfin, en cherchant bien, on trouverait des moyens pour se débarrasser quelquefois et durant quelques minutes de cette gardienne trop fidèle.

Alors vivement et en quelques paroles elle pourrait le catéchiser.

Que fallait-il?

Qu'il sût qu'elle désirait qu'il crût comme elle croyait, et ce devait être assez.

XXV

Le jeudi fixé pour l'exhortation de Richard, Bérengère annonça à miss Armagh, vers trois heures, qu'elle avait besoin d'aller à Condé, et la vieille Irlandaise se mit avec empressement à la disposition de son élève.

Il s'agissait d'acheter chez les demoiselles Ledoux différents objets de lingerie que Bérengère jugeait utiles à son filleul.

Le choix fut long, car Bérengère ne voulait pas arriver chez Sophie trop longtemps avant le capitaine.

Pour retourner de chez les demoiselles Ledoux à la Rouvraye, ce n'était point précisément le chemin de passer devant la maison de Richard, cependant Bérengère voulut prendre cette route et justifia son désir par une explication plus ou moins heureusement trouvée.

Elle ne savait pas si elle verrait Richard dans son jardin, mais enfin elle verrait *sa* maison, l'allée dans laquelle *il* se promenait, le saule sous lequel *il* s'asseyait et rêvait.

Elle ne l'aperçut point, alors elle hâta le pas de peur qu'il ne fût déjà arrivé chez Sophie, et elle traîna derrière elle miss Armagh, qui se demandait pourquoi, après avoir marché si lentement d'abord, on marchait maintenant si vite.

—Voici quelques petits objets pour notre petit Richard, dit Bérengère en déposant son paquet sur la table et en le défaisant; ce sont des béguins et des brassières; le petit grossit et j'ai remarqué qu'il était gêné des bras; il remuera mieux lorsqu'il sera plus à l'aise.

—Oh! mademoiselle, combien vous êtes bonne! dit Sophie, mais c'est trop beau pour mon enfant.

—Cela ne lui donnera pas des idées de luxe, je l'espère, et puis j'ai plaisir à voir mon filleul beau. Voulez-vous que nous le fassions beau; nous allons lui mettre une brassière neuve et un béguin.

Et toutes deux elles se mirent à habiller l'enfant; Sophie le tenant sur ses genoux, Bérengère lui passant ses petits bras potelés dans les manches de la brassière.

Lorsqu'elles l'eurent bien pomponné, Bérengère lui tourna la tête vers elle comme elle eût fait d'une poupée articulée, puis lui souriant:

—Allons, Richard, mon petit Richard, faites risette, monsieur.

Et comme l'enfant agitait ses petits bras en les tendant vers elle:

—Il entend son nom, n'est-ce pas? demanda-t-elle.

—Ah! je crois bien, mademoiselle.

Cette toilette avait pris un certain temps, cependant le capitaine n'arrivait pas.

Alors Bérengère se mit à tourner dans la maison, furetant partout comme à son ordinaire.

Au reste elle pouvait faire cela sans indiscrétion, car il régnait un ordre parfait dans le ménage de Sophie: le linge à coudre rangé sur une table en chêne placée devant la fenêtre et flanquée d'un berceau en osier, dans lequel l'enfant dormait ordinairement, sous le regard et à portée de la main de sa mère;—la vaisselle en exposition sur les tablettes du buffet;—la bassine en cuivre jaune plus brillante qu'un miroir;—les landiers et la crémaillère bien récurés suivant l'usage normand;—le carreau en terre rouge bien balayé.

Tout en allant de çà de là, Bérengère s'arrangeait pour revenir toujours à la porte afin de jeter un rapide coup d'oeil dans l'herbage, et voir si Richard arrivait.

A la fin elle l'aperçut gravissant rapidement le sentier; alors au lieu de le regarder venir, elle alla à la cheminée chauffer ses pieds qui n'étaient nullement froids.

Ce fut seulement quand le capitaine fut entré qu'elle se retourna.

—Tiens, vous voilà, capitaine?

—Vous ici, mademoiselle?

Mais ils poussèrent ces deux exclamations sans se regarder en face.

—Passant à travers l'herbage, dit le capitaine, j'ai voulu entrer pour voir comment allait Bérenger.

—Oh! bien, je vous remercie, monsieur le capitaine, répondit Sophie.

—Voyez donc comme il est beau, notre petit Richard, avec sa brassière et son béguin, dit Bérengère.

—Allons Richard-Béranger, dit Sophie, fais risette à ton parrain.

Tandis que Bérengère appelait l'enfant «Richard», le capitaine l'appelait «Bérenger».

Et ainsi, chacun de son côté, ils prenaient plaisir à prononcer ce nom à chaque instant et inutilement: Bérengère ne trouvant rien de plus doux que le nom de Richard, le capitaine se complaisant à prononcer celui de Bérenger.

Pour Sophie, qui n'avait pas les mêmes raisons pour aimer tel ou tel nom, elle appelait son fils Richard-Bérenger, réunissant ainsi ceux qui l'avaient sauvée dans une même appellation; mais au fond du coeur elle souriait en cachette, devinant bien pourquoi Bérengère tenait tant au nom de Richard, et le capitaine à celui de Bérenger.

Ils s'aimaient, et ils étaient dignes l'un de l'autre; aussi vingt fois par jour faisait-elle des voeux pour leur bonheur. Elle se disait qu'il était impossible qu'ils ne fussent pas heureux; n'avaient-ils pas ce qui assure le bonheur: la jeunesse, la beauté, la tendresse, et mieux encore l'honnêteté et la bonté?

Tout à coup Bérengère abandonna le capitaine devant la cheminée, se dirigea vers la table chargée de linge, et prenant la pièce à laquelle Sophie travaillait en ce moment, elle la montra à miss Armagh, qui, assise près de cette table n'avait pas bougé depuis qu'elle était entrée.

—Est-ce que vous trouvez cette reprise mal faite? demanda-t-elle.

Et elle lui mit la reprise sous le nez.

Mais le jour avait baissé et l'ombre avait peu à peu rempli la cuisine.

—Je ne vois pas bien, dit miss Armagh.

—Regardez de près, je vous prie, continua Bérengère; j'ai soutenu l'autre jour à la femme de charge que ces reprises étaient parfaites, et je serai bien aise, si la discussion recommence à ce sujet, d'être appuyée par votre autorité, devant laquelle il n'y a qu'à s'incliner.

Miss Armagh tenait trop au prestige de son autorité, pour ne pas déférer à une demande qui lui était présentée en ces termes: elle aimait d'ailleurs à rendre des jugements, même sur une question de couture.

Elle quitta sa chaise, et prenant la pièce de lingerie que Bérengère lui tendait, elle se dirigea vers la porte pour bien voir la reprise qui était soumise à son jugement, et aussi pour mettre ses lunettes, sans que le capitaine et Sophie s'en aperçussent.

C'était là que Bérengère l'attendait; elle la suivit, et même elle l'attira en dehors de la maison.

—Nous serons mieux dehors, dit-elle, et nous profiterons des dernières lueurs du jour.

Le nez chaussé de lunettes, miss Armagh examina longuement, consciencieusement la reprise de Sophie:

—C'est incontestablement parfait, dit-elle, on a tort de blâmer un pareil travail.

—N'est-ce pas?

—Assurément; je le soutiendrai envers et contre tous.

Et elle se prépara à rentrer dans la cuisine.

Mais avant qu'elle eût tourné sur elle-même, Bérengère la prenant par le bras l'arrêta.

Alors, baissant la voix:

—Miss Armagh!

—Mon enfant?

Et, jusqu'à un certain point étonnée par cet appel, Miss Armagh la regarda avec attention.

Elle paraissait confuse et embarrassée.

—Qu'ayez-vous donc? demanda l'institutrice.

—C'est que cela n'est pas facile à dire.

—Quoi?

—Ce que je veux dire.

—Même à moi?

—Surtout à vous, attendu qu'il s'agit de vous dans ce qui m'embarrasse.

—N'ai-je plus votre confiance, mon enfant?

—Ah! ma chère miss Armagh!

—Eh bien! alors, parlez, si la chose est urgente ou bien, si elle ne l'est pas, remettez-la à un moment où, ayant réfléchi, vous serez mieux préparée.

—Elle est urgente.

—Alors, mon enfant, dites-la.

—Mais...

—Dites-la, je vous prie. Qui peut vous retenir? Ne suis-je pas votre amie?

Miss Armagh se montrait d'autant plus pressante, qu'elle était vivement intriguée par ces hésitations et ces réticences.

—Que va-t-elle m'apprendre? se demandait-elle.

Sans en avoir l'air, Bérengère l'observait à la dérobée.

Lorsqu'elle jugea le moment favorable à l'exécution de son dessein, elle se décida à parler.

—Il s'agit d'une chose qui vous surprendra, dit-elle.

Et de nouveau elle s'arrêta.

—Pour laquelle j'ai besoin du concours de M. de Gardilane.

—Une chose qui me surprendra?

—Si vous cherchez à comprendre, je ne vais pas plus loin.

—Cependant...

—Il n'y a qu'une seule chose que vous devez comprendre, c'est que si je demande le concours de M. de Gardilane ouvertement devant vous, il n'y aura plus de surprise pour vous. Cela est clair, n'est-ce pas?

—Clair?

—Il me semble que si vous savez ce que je dis à M. de Gardilane, la surprise est supprimée.

—Alors?

—Alors il faudrait tout naturellement que vous ne l'entendissiez point. Ainsi nous allons rentrer au château tout à l'heure, tous les trois ensemble. Eh bien! sous un prétexte quelconque, ou même sans prétexte, car avec M. de Gardilane, il n'est pas nécessaire de prendre des précautions excessives, vous restez de quelques pas en arrière; oh! pas beaucoup, huit ou dix pas, enfin assez pour ne pas entendre notre entretien.

—Mais...

—Alors il y a surprise pour vous; c'est bien simple.

Elle dit cela gaîment, en riant, comme si réellement il s'agissait de la chose la plus simple et la plus naturelle.

Bien qu'étant interloquée par cette demande bizarre, Miss Armagh s'était gardée de laisser paraître les idées qui avaient traversé son esprit.

—Que veut-elle donc demander à M. de Gardilane? se disait-elle en réfléchissant, tandis que Bérengère parlait.

Cet éclat de rire acheva de dissiper ses hésitations.

—C'est quelque cachotterie de petite fille, se dit-elle.

Et elle se mit à sourire en pensant aux inquiétudes du comte: petite fille des pieds à la tête, petite fille de cœur et d'esprit, rien que petite fille.

Cela le prouvait de reste.

Il s'agissait d'une surprise; assurément d'une surprise que Bérengère voulait lui faire pour son jour de naissance qui arrivait dans trois semaines, et c'était pour cela qu'elle avait besoin de M. de Gardilane qui, sans doute, irait à Paris d'ici-là.

Mais en quoi consistait cette surprise?

Et son imagination se mit à galoper sur cette piste: c'était peut-être une théière en argent que Bérengère voulait lui donner, comme déjà elle lui avait donné deux tasses pour sa fête; à moins que ce ne fût une parure en guipure dont elle avait parlé. Mais non, le capitaine ne savait pas acheter de la guipure: c'était donc une théière.

Pendant qu'elle cherchait ainsi, Bérengère l'observait du coin de l'oeil.

Enfin miss Armagh releva la tête:

—Je resterai de quelques pas en arrière, dit-elle.

Bérengère voulut cacher son émotion sous le rire:

—Et vous n'écouterez pas! dit-elle.

—Ah! mon enfant.

XXVI

Les choses étant ainsi arrangées, Bérengère avait hâte de se mettre en route pour le château, c'est-à-dire de se trouver en tête-à-tête avec Richard.

Elle entra dans la cuisine suivie de miss Armagh réfléchissant toujours à sa surprise, et après avoir embrassé son filleul: «Adieu, Richard, adieu, petit Richard, petit Richard adieu», ils prirent tous les trois congé de Sophie.

Lorsqu'ils sortirent de la maisonnette, le soleil venait de s'abaisser derrière la ligne des collines vaporeuses qui forment l'horizon du côté de l'ouest, et dans le ciel d'un bleu pâle, il avait été remplacé par la lune dont le fin croissant se détachait sur de légers nuages argentés qui, au bord de leurs contours déchiquetés, s'illuminaient successivement et rapidement de toutes les nuances de l'iris, à mesure que le soleil s'enfonçait.

—Ah! le joli coucher de soleil, dit Bérengère; allons donc jusqu'au bout de l'herbage, nous le verrons mieux.

—Vous allez vous mouiller les pieds dans l'herbe, dit miss Armagh.

—Je suis bien chaussée, répliqua Bérengère; et vous, capitaine?

—Je n'ai pas peur de me mouiller.

—Moi j'ai cette peur, dit miss Armagh, je suivrai donc le sentier et vous attendrai à l'allée du colombier.

—C'est cela, nous vous rejoignons tout à l'heure, dit Bérengère.

Et tandis que miss Armagh retournait vers le château à petits pas en suivant le sentier battu, Bérengère et le capitaine coupant à travers l'herbage, se dirigeaient rapidement vers l'endroit d'où la vue s'étendait plus librement sur la vallée et sans rideau d'aucune sorte jusqu'à l'horizon.

Ils marchèrent ainsi côte à côte, sans rien dire, puis lorsqu'ils furent arrivés à l'extrémité de l'herbage, au point où le terrain commence à descendre vers la rivière, ils s'arrêtèrent et restèrent un moment silencieux.

—Ce coucher de soleil est vraiment superbe! dit le capitaine, et je ne comprends pas qu'il y ait des gens assez aveugles pour se plaindre de la monotonie de la campagne pendant l'hiver: est-ce que ce n'est pas la saison, au contraire, pendant laquelle le ciel change le plus souvent d'aspect, quand par bonheur il n'est pas gris?

Mais Bérengère n'était pas venue là pour parler du coucher du soleil et de l'aspect du ciel.

Elle resta un moment recueillie sans répliquer; puis tout à coup, se tournant vers le capitaine et le regardant en face:

—Grand-papa m'a rapporté l'entretien qu'il avait eu avec vous, dit-elle.

Le capitaine s'était demandé, en marchant, s'ils venaient vraiment là pour voir le soleil se coucher, ou bien si Bérengère n'avait pas quelque chose de particulier à lui dire. Ce mot le fixa; il comprit de quoi il allait être question et se sentit fort mal assuré.

—Quelle joie ce serait pour nous tous! continua Bérengère.

Il ne répondit rien.

—Pour grand-papa et... pour moi, dit-elle en insistant.

Le capitaine n'avait pas besoin qu'elle lui expliquât à quelle joie elle faisait allusion; il n'avait que trop bien compris ses paroles.

En examinant la situation que lui créait le projet de conversion du comte, il n'avait pas eu l'idée qu'il aurait à soutenir un jour des discussions avec Bérengère.

Comment se défendre contre elle, que lui répondre?

L'angoisse lui étreignit le coeur.

Il ne pouvait pas avec elle, comme il l'avait essayé avec le comte, tourner autour de cette question et se tenir dans des généralités plus ou moins vagues.

De lui à elle, il ne devait y avoir aucune tromperie.

L'habileté même eût été un crime.

Tout devait être entre eux loyal et franc.

Si elle devait être sa femme un jour, il ne fallait pas, quand elle le connaîtrait bien, qu'elle éprouvât une déception et pût croire qu'elle avait été abusée.

Si elle ne devait pas l'être, il ne fallait pas que, par l'adresse de ses paroles, il l'attirât à lui et lui inspirât des espérances irréalisables.

Il ne s'agissait pas, à cette heure décisive, de s'abriter derrière les convenances et la modestie, ni de se dire: «Elle ne m'aime pas et ne m'aimera jamais»; le probable au contraire était que si elle ne l'aimait pas en ce moment, elle était au moins poussée vers lui par un sentiment de sympathie et de tendresse qui pouvait très bien se changer en amour; que fallait-il pour que cela se réalisât? Tout simplement peut-être qu'elle pût croire que son grand-père réussirait dans l'oeuvre de conversion qu'il avait entreprise, car enfin ce n'était pas inconsidérément qu'elle venait ainsi lui parler des espérances de son grand-père et même des siennes: elle avait une raison, elle avait un but.

La raison,—savoir ce qu'il pensait;

Le but—l'engager sans doute à écouter la parole de M. de la Roche-Odon, et à se laisser convaincre par elle.

Ce qu'il pensait, il devait le lui dire.

Mais lui promettre de se laisser convaincre par M. de la Roche-Odon, il ne pouvait en prendre l'engagement.

Il n'y avait pas d'illusion à se faire: agir ainsi, c'était la perdre; et cependant il ne pouvait agir autrement sous peine de commettre une infamie envers elle, et une lâcheté envers lui-même.

Alors qu'il avait eu la pensée d'écouter les enseignements du comte, afin de prolonger son intimité avec Bérengère, il s'était dit qu'il ne profiterait point des dernières journées qu'ils passeraient ensemble pour chercher à lui plaire, et qu'il ne ferait rien pour accentuer dans un sens plus passionné les sentiments de tendresse qu'elle lui témoignait; eh bien! l'heure était venue de le tenir, cet engagement, et quoi qu'il pût arriver, il le tiendrait.

Il était un soldat et il savait obéir à son devoir: plutôt mourir que trahir.

—Eh bien, dit-elle, voyant qu'il se taisait, vous ne répondez pas?

—C'est que je n'ai rien à répondre, ou plus justement ce que j'ai à dire, j'aimerais mieux le taire.

—Ah! mon Dieu! s'écria-t-elle en mettant sa main sur son coeur.

Elle le regarda; il baissa les yeux.

—Mais ce que grand-papa m'a rapporté... dit-elle.

—Je n'ai point eu avec M. le comte de la Roche-Odon, la franchise que je veux... que je dois avoir avec vous.

—Vous!

Ce mot lui alla au coeur tant il disait clairement qu'elle le croyait incapable de duplicité ou de tromperie; mais en même temps qu'il lui fut doux il lui fut douloureux aussi, car il lui rappela que, sous peine de manquer à cette confiance, il devait parler avec franchise entière et absolue.

—Assurément je n'ai pas trompé M. votre grand-père, mais tout ce que je devais dire je ne l'ai pas dit, puisqu'il a pu croire qu'il réussirait dans la tâche qu'il entreprenait; pour être franc, j'aurais dû lui avouer qu'il ne... réussirait point.

—Mais puisqu'il doit avoir avec vous des entretiens...

—Ces entretiens n'auront pas le résultat qu'il espère.

—Comment le savez-vous à l'avance, puisque vous ne l'avez pas encore entendu?

—Parce qu'il ne s'adressera pas, ainsi qu'il se l'imagine, à un esprit flottant et indécis, mais bien à un esprit réfléchi et résolu.

—Alors... vous ne croyez point?

Elle avait hésité avant de poser cette question formelle, et sa voix avait faibli lorsqu'elle s'était enfin décidée à la formuler.

De son côté il hésita aussi avant de répondre, mais l'heure des faiblesses était passée, il devait parler.

—Je ne crois point.

Elle fut accablée par ce coup; cependant elle voulut faire un dernier effort:

—Vous croirez.

Sans répondre il secoua la tête par un geste qui en disait plus que toutes les paroles.

—Pourquoi vous prononcer ainsi, dès maintenant, sans savoir?

—Ah! certes j'ai la plus profonde admiration pour M. votre grand-père, pour sa foi, pour sa bonté, pour sa haute intelligence, mais ce n'est pas avec l'admiration qu'on persuade, c'est avec la raison.

—Et pourquoi ne croiriez-vous pas? s'écria-t-elle avec un mouvement de dépit et de colère.

—Voulez-vous donc que nous entreprenions une discussion religieuse; voulez-vous que je vous explique pourquoi je ne crois pas; voulez-vous que je vous démontre que je ne peux pas croire, et cela au risque de vous blesser dans vos convictions que je respecte, bien que je ne les partage pas?

—Ce n'est pas une discussion que je veux, c'est un mot qui me fasse comprendre ce que je ne comprends pas et qui... vous justifie par une raison que je puisse me dire et me répéter.

Évidemment la question étant ainsi posée, mieux valait une explication quelle qu'elle fût qu'une affirmation toute sèche; le point capital était que cette explication ne blessât pas Bérengère dans sa foi. Troublé, profondément ému, il s'imagina qu'il pouvait obtenir ce résultat en séparant la religion de l'Église et mettre ainsi une sorte de sourdine à l'expression de ses sentiments.

—Pour moi, l'Église catholique est épuisée; sa force d'expansion est depuis longtemps éteinte et elle est arrivée à la sénilité. Elle ne compte plus ni dans les sciences, ni dans les arts, ni dans les lettres, et depuis des années, elle n'a pas eu une oeuvre, pas eu un homme qui aient marqué dans l'histoire de l'humanité.

—Il me semble que si vous ne voyez pas sa puissance et sa vitalité, c'est que vous n'ouvrez pas les yeux, et dès lors on pourrait vous montrer ce que vous ne voyez pas.

Sur leur droite s'élevait un grand arbre, au tronc gris, marqué de plaques blanches, un tremble, dont la tête était desséchée; Richard étendit la main vers la cime de ce tremble:

—Regardez cet arbre, dit-il, il est bien évident pour vous, n'est-ce pas, qu'il est frappé de mort; pour vous en convaincre vous n'avez qu'à lever les yeux vers sa couronne, qui est desséchée; au contraire, si vous regardez seulement à son pied, vous pourrez croire qu'il est vivant en comptant les vigoureux gourmands qui poussent çà et là, aussi loin que s'étendent ses racines: ce qui lui reste de vitalité s'est concentré désormais dans cette végétation envahissante. Que produit cette végétation? Des broussailles qui encombrent le terrain et empêchent qu'on le cultive, rien de plus. Cet arbre est l'image de l'Église.

Elle joignit les mains par un geste désespérée, puis d'une voix désolée:

—Oh! mon Dieu! dit-elle, mon Dieu!

Il fut ému jusqu'au fond du coeur par ce geste et par ce cri, mais il ne répliqua pas. Que dire, en effet?

Ils restèrent ainsi à côté l'un de l'autre, ne parlant pas, ne se regardant pas.

Enfin elle étendit le bras vers l'horizon:

—Le soleil est couché, dit-elle; voici la nuit, rejoignons miss Armagh.

Il la suivit sans parler; la nuit s'était fait aussi dans son coeur.

XXVII

Elle pressait le pas, et il marchait près d'elle.

Elle allait droit son chemin à travers les herbes desséchées par l'hiver, les yeux baissés, sans les relever et sans les tourner vers lui.

Et de son côté il ne la regardait pas davantage.

Quant à prendre la parole, ni l'un ni l'autre n'en avaient l'idée, chacun suivant sa pensée intérieure et réfléchissant à ce qui venait de se dire.

—Il ne croit pas, se disait Bérengère, il ne m'aime donc pas.

—Pourra-t-elle m'aimer maintenant? se demandait le capitaine.

Il aurait eu cent choses à dire et à expliquer, mais telle était la situation, que précisément il ne devait rien dire de ce qui aurait pu la ramener à d'autres sentiments que ceux qu'il venait de provoquer.

Et justement ils n'avaient que quelques secondes à eux avant de rejoindre miss Armagh, qui se promenait en long et en large à la croisée des deux allées, et encore eussent-ils dû baisser la voix pour qu'elle ne les entendît pas.

Ce fut la vieille institutrice qui prit la parole et qui, heureusement pour leur embarras, la garda jusqu'au château.

—Assurément elle aimait, elle admirait les couchers de soleil, mais elle en avait vu sur le Mangerton de plus beaux que ce pays pouvait en offrir, et puis, d'autre part, elle avait peur de se mouiller les pieds.

Et jusqu'au château elle fit les frais de la conversation, car une fois qu'elle avait abordé en Irlande, il n'était pas facile de l'en faire partir.

Ce bavardage leur fut un soulagement; au moins ils n'avaient pas besoin de parler, et comme l'ombre s'était épaissie, ils pouvaient lever les yeux sans avoir à craindre que leurs regards, se rencontrant, trahissent leur trouble et leur émotion.

Ordinairement Bérengère s'installait dans le salon aussitôt que le capitaine était arrivé, mais ce soir-là elle monta à son appartement, d'où elle ne descendit que pour se mettre à table; encore les convives étaient assis depuis quelques instants, et déjà servis.

Elle prit sa place accoutumée auprès du capitaine, mais après avoir porté à sa bouche sa cuiller pleine de potage, elle la reposa dans son assiette; sa gorge était tellement contractée qu'elle ne pouvait avaler.

Cependant il fallut qu'elle répondît à ceux qui lui adressaient la parole: au marquis de la Villeperdrix, à Dieudonné de la Fardouyère, au comte, à la comtesse O'Donoghue, à la présidente, qui comme toujours l'accabla de politesses; elle le fit d'un mot, d'un signe de tête, puis elle s'enferma dans le silence qu'elle garda pendant tout le dîner, ne tournant même pas la tête du côté de Richard et répondant aux rares paroles qu'il lui dit par un oui ou par un non.

Bien qu'en ces derniers temps elle se fût souvent montrée à table d'une humeur bizarre, une telle attitude ne pouvait pas ne pas éveiller la surprise et la curiosité.

Ses manières surtout vis-à-vis M. de Gardilane étaient véritablement étranges, et la tenue de celui-ci n'était pas moins étonnante.

Que s'était-il donc passé entre eux?

Étaient-ils fâchés?

S'ils se fâchaient ainsi, ils étaient donc dans des conditions qui permettaient la brouille ou la bouderie?

Quelles étaient ces conditions?

De toutes les personnes qui se posaient ces questions, miss Armagh était celle qui était la plus inquiète.

Avant leur tête-à-tête, Bérengère et M. de Gardilane causaient librement et gaîment, et maintenant ils avaient l'air de deux adversaires ou de deux complices.

Que s'était-il donc dit, dans ce tête-à-tête?

Bérengère ne serait-elle pas la petite fille qu'elle croyait?

Dans ce cas, elle se serait donc moquée d'elle avec sa surprise?

Tout cela était grave.

Heureusement pour Bérengère et le capitaine, le bon abbé Colombe était venu à leur secours en accaparant la conversation.

Il avait été à Hannebault dans la journée, et il avait vu le modèle de l'église que l'abbé Guillemittes faisait exécuter en cuivre à la serrurerie artistique, pour être offert à Sa Sainteté; c'était admirable, merveilleux, miraculeux.

Et, dans son enthousiasme, il se laissait entraîner jusqu'à adresser la parole d'un bout de la table à l'autre à ceux qui l'interrogeaient.

Quelle félicité! quelle gloire!

Puis, tout naturellement, du modèle de l'église d'Hannebault, il en vint à parler de madame Prétavoine et du bon jeune homme: c'était pour offrir ce modèle au Saint-Père qu'ils restaient à Rome.

Le bon jeune homme figurait dans toutes les cérémonies du Vatican.

Quelles délices!

On gagna ainsi le dessert.

Lorsqu'on quitta la table, Bérengère alla s'asseoir au piano, et elle ne cessa de jouer pendant toute la soirée; un pianiste loué au cachet n'eût pas eu autant de zèle.

Plusieurs fois le capitaine s'approcha d'elle, mais elle ne s'interrompit pas, et, à la façon nerveuse dont elle jouait, il pouvait suivre son trouble et sa fièvre.

L'heure vint de se retirer; déjà presque tous les convives étaient partis; allait-il quitter la Rouvraye sans échanger un mot avec elle, un regard tout au moins?

Comme il se disposait à prendre congé du comte, celui-ci appela Bérengère; mais elle ne s'interrompit pas, n'ayant pas sans doute entendu son grand-père.

Alors M. de la Roche-Odon éleva la voix:

—Le capitaine va partir, dit-il, ne veux-tu pas qu'il te fasse ses adieux?

Il fallait quitter le piano.

D'ordinaire le capitaine lui tendait la main, mais comme elle se tenait droite devant lui, les yeux baissés, et les deux bras collés contre sa robe, il n'osa pas avancer la main.

Quoi dire? Adieu? Au revoir?

Il n'osait, dans cette circonstance dernière, employer l'un ou l'autre de ces deux mots.

—Mademoiselle, j'ai l'honneur de vous souhaiter le bonsoir.

—Bonsoir, monsieur.

—Au revoir, mon cher capitaine, dit le comte. A demain matin, j'irai vous voir avant déjeuner.

Le capitaine sortit bouleversé.

—Fini, c'était fini.

Il s'éloigna à grands pas, marchant avec violence, la tête perdue, le coeur brisé, se répétant tout haut machinalement:

—Fini, c'est fini.

Puis quand il fut arrivé au bout de l'avenue, il revint sur ses pas jusqu'à la grille, et là, s'appuyant contre un chêne, il resta à regarder les fenêtres du château, et parmi ces fenêtres celles de la chambre de Bérengère, qui étaient éclairées.

Ah! comme il l'aimait! Pour la première fois, par la douleur, il sentait toute la puissance de son amour, c'était la mort qui lui apprenait combien lui était chère celle qu'il avait perdue.

Car elle était perdue, à jamais perdue, et par sa faute.

Pourquoi avait-il parlé? Ne pouvait-il se taire? Quelle stupidité avait été la sienne!

Et il entra dans une colère folle contre lui-même; il s'accabla de reproches et d'injures; il se frappa la poitrine à grands coups.

Le temps s'écoula.

Peu à peu les lumières qui éclairaient les fenêtres du château s'étaient éteintes les unes après les autres, et, dans sa façade sombre, il n'y avait plus qu'un point lumineux: sa chambre.

Elle ne s'était point couchée; elle ne dormait point.

A quoi pensait-elle? A qui?

A lui, à sa réponse.

Et elle s'indignait sans doute.

N'avait-elle pas raison, cent fois raison, mille fois raison?

Si pendant le dîner et pendant la soirée, il s'était fâché de l'attitude qu'elle gardait avec lui, il se disait maintenant que cette attitude avait été ce qu'elle devait être.

Bérengère était venue à lui, elle lui avait tendu la main; il l'avait repoussée; elle s'était retirée blessée, et d'autant plus profondément qu'elle lui avait témoigné plus de tendresse.

—C'était fini, bien fini.

Et ce mot était celui qui terminait ses réflexions, et toutes les hypothèses qu'il tournait et retournait dans sa tête comme dans son coeur.

—Je lui fais horreur.

Cependant s'il avait pu traverser l'espace et voir ce qui se passait dans cette chambre, il n'eût pas répété avec la même désespérance: «Fini, c'est fini.»

Ce mot avait été aussi celui de Bérengère, lorsque, rentrée chez elle, elle avait pu s'abandonner aux mouvements de son âme.

Et pendant longtemps, marchant dans sa chambre, elle l'avait répété comme le capitaine au pied de son chêne, et avec le même accent, avec la même douleur.

Mais tandis qu'il s'était dit et répété que l'irréparable était accompli, elle en était arrivée à la longue à se dire qu'il ne fallait pas que ce qui s'était passé entre eux fût irréparable.

Car le sentiment d'horreur qu'il croyait avoir éveillé en elle ne se trouvait pas dans son coeur.

Elle avait été blessée par sa réponse, elle en avait éprouvé un sentiment de colère, mais nullement d'horreur.

Si elle se disait: «c'est fini,» ce n'était point parce que depuis qu'il lui avait parlé, elle le jugeait indigne d'être son mari, mais parce qu'elle croyait que son grand-père le jugerait tel, quand il apprendrait la vérité.

Pour elle, il fallait bien qu'elle s'avouât qu'elle l'aimait toujours, après comme avant, et qu'elle reconnût combien profondément elle l'aimait.

Elle ne voulait donc pas que «ce fût fini.»

Une partie de la nuit se passa à chercher comment renouer ce qui avait été brisé, et peu à peu elle en vint à se persuader que s'il avait su qu'elle l'aimait, il n'aurait point parlé comme il l'avait fait.

—S'il savait que je l'aime, il ne penserait pas comme il pense.

Et, lorsqu'enfin elle s'endormit, elle prononça son nom à plusieurs reprises, tendrement, avec espoir.

XXVIII

Le lendemain matin, au moment où M. de la Roche-Odon allait partir pour Condé, Bérengère parut devant lui habillée, chaussée, et la toque en plumes sur la tête, en tout une toilette pour sortir.

—Bonjour, grand-papa, veux-tu de moi dans ta promenade?

—Mais je vais à Condé.

—Je sais bien; c'est pour cela que je te demande si tu veux que je t'accompagne.

—Tu as besoin à Condé?

—Oui, chez les demoiselles Ledoux pour mon filleul, et comme miss Armagh m'assassine toujours d'observations quand je veux acheter quelque chose pour Richard, il me serait agréable de faire une fois dans ma vie mes acquisitions tranquillement, librement, et avec toi je suis assurée d'avoir cette liberté. Tu me laisseras choisir sans me parler d'économie, de modestie, de convenances, de position médiocre, etc., etc.

—Mais j'ai besoin d'aller chez le capitaine; je lui ai fixé un rendez-vous.

—Liberté pour liberté; tu me laisseras libre chez les demoiselles Ledoux, je te laisserai libre chez le capitaine; si vous avez à vous entretenir de choses sérieuses, je me promènerai dans le jardin.

M. de la Roche-Odon ne savait rien refuser à sa fille.

—Partons, dit-il.

Et par l'avenue de chênes ils gagnèrent la grande route.

—Sais-tu que je suis, jusqu'à un certain point, peu satisfait de te conduire chez M. de Gardilane, dit le comte; tu as été si bizarre avec lui hier, que je me demandais si vous étiez en querelle.

—Si j'ai été bizarre avec M. de Gardilane, je l'ai été avec tout le monde, il me semble.

—Cela est très-vrai: qu'avais-tu donc?

—J'étais nerveuse.

—Eh bien, ma chère mignonne, laisse-moi te dire qu'il ne faut pas s'abandonner ainsi à ses nerfs, car alors il arrive fatalement qu'au lieu de nous obéir comme cela se doit, c'est nous qui leur obéissons et qui devenons leurs esclaves; cela n'est pas d'une jeune fille de ton âge.

—Tu as raison, grand-papa, et je t'assure que je n'ai pas attendu ton observation pour me dire que j'avais été parfaitement ridicule.

—Ridicule?

—Si, grand-papa, je l'ai été, je te soutiens que je l'ai été, et je veux m'en excuser auprès de M. de Gardilane.

—Ne va pas d'un excès à l'autre, je te prie.

—Sois tranquille, je ne veux pas lui faire de plates excuses; j'ai été désagréable avec lui hier, je veux être aimable aujourd'hui, voilà tout.

—Bien, mon enfant; il faut toujours savoir réparer sa faute.

Ils ne tardèrent pas à arriver à l'entrée de la ville.

—Et par où commençons-nous nos visites? demanda le comte.

—N'as-tu pas rendez-vous avec M. de Gardilane?

—Oui.

—Eh bien! il ne faut pas le faire attendre; nous irons chez les demoiselles Ledoux en sortant de chez lui; d'ailleurs, j'avoue que j'ai hâte de réparer ma faute.

Ils trouvèrent le capitaine dans son cabinet, ne travaillant pas, mais se promenant en long et en large, le visage pâle, les yeux battus, portant dans toute sa personne les marques d'une préoccupation fiévreuse.

Lorsqu'il vit entrer Bérengère derrière son grand-père, il s'arrêta stupéfait et ne pensa même pas à prendre la main que le comte lui tendait.

Il était resté les yeux attachés sur Bérengère, les sourcils élevés, la bouche ouverte, le regard fixe, cloué sur place.

Comme elle était restée derrière son grand-père, de telle sorte que celui-ci ne pouvait pas voir ses mouvements, elle fit signe au capitaine, avec un sourire, de prendre la main que le comte lui tendait.

Puis passant au premier plan, elle lui offrit elle-même la main à son tour.

—Comment allez-vous, ce matin?

Il balbutia quelques mots tant sa stupéfaction était profonde.

Il avait cru ne jamais la revoir, et il avait passé la nuit en proie à cette affreuse pensée; tout au contraire, elle était là, souriante devant lui.

Elle lui pressa les doigts doucement, longuement, et la joie la plus vive qu'il eût jamais ressentie fit bondir son coeur.

Alors?

Mais il n'était pas en état, pas plus qu'il n'était en situation d'examiner cette question et de voir ce qu'il y avait dans ce changement prodigieux.

Elle était là, il la voyait, il l'entendait, il ressentait dans ses veines les chaudes vibrations qu'avait soulevées son étreinte, et dans son trouble de joie, il était incapable de raisonner froidement.

D'ailleurs il lui fallait répondre à M. de la Roche-Odon, et c'était là une tâche déjà bien assez difficile.

Il fit un effort pour se remettre et trouver quelque chose de raisonnable à dire, mais son esprit était emporté par un irrésistible tourbillon.

Ce que disait le comte, il ne l'entendait même pas.

Bérengère, après lui avoir serré la main, avait reculé de quelques pas, et elle était restée debout derrière son grand-père.

Comme si elle ne savait que faire, elle se mit à prendre des livres les uns après les autres, à les feuilleter négligemment et à les reposer sur la table.

Puis; tout à coup levant un doigt en l'air, elle fit signe au capitaine d'être attentif.

Il n'avait pas besoin de cet appel, ne la quittant pas des yeux.

Alors, ayant abaissé sa main levée, elle la glissa dans la poche de sa robe, tandis que de sa main gauche, elle ouvrait un volume posé à plat sur la table.

D'un rapide coup d'oeil, elle réitéra et appuya son appel d'être attentif à tous ses mouvements.

Puis vivement elle tira un papier de sa poche et le plaça dans le volume, qu'elle referma.

Alors, levant le volume de manière à ce que le capitaine pût en bien lire le titre imprimé en gros caractères sur la couverture, elle le lui présenta; puis, après le temps nécessaire pour cette lecture, elle le reposa sur la table, et entassa vivement par-dessus lui trois ou quatre livres qu'elle prit au hasard.

Cela fait légèrement, rapidement, en moins d'une minute, elle s'avança de quelques pas, et s'adressant à son grand-père:

—Je vais dans le jardin, dit-elle.

—Mais, mademoiselle..., interrompit le capitaine, qui voulait la garder.

—Ne me retenez pas, je vous prie, j'exécute une convention arrêtée avec grand-papa, et si je n'étais pas sage, il ne me ramènerait plus.

Sans attendre une réponse, elle se dirigea vers la porte d'un pas léger, et arrivée là elle se retourna et, posant un doigt sur ses lèvres entr'ouvertes, elle sortit.

De ce que M. de la Roche-Odon lui dit ce jour-là, le capitaine n'entendit pas, ou tout au moins ne comprit pas un seul mot.

Son esprit était tout entier à ce livre et à cette lettre.

Que contenait cette feuille de papier?

A en juger par la physionomie de Bérengère, par son sourire et son geste d'encouragement, il y avait tout lieu de se laisser aller à l'espérance.

Mais encore?

Jusqu'où espérer?

La nuit d'angoisse qu'il venait de passer avait si douloureusement tendu ses nerfs, qu'il était incapable d'appliquer sa pensée sur un seul objet; son esprit affolé allait d'une extrémité à l'autre et ne se fixait à rien, pas plus au doute qu'à la confiance. Son sort, sa vie, son bonheur étaient dans cette lettre.

Et cependant il devait répondre de temps en temps à M. de la Roche-Odon, sous peine de se trahir; il le faisait par quelques monosyllabes: «oui, non», ou bien par quelques mots insignifiants: «peut-être, sans doute, je ne dis pas non».

A la fin, le comte comprit qu'il était inutile de poursuivre davantage un entretien qui, en réalité, était un vrai monologue qu'il débitait seul.

—Je vois que vous êtes préoccupé, dit-il en se levant.

—Il est vrai; mais je vous écoute, je vous assure.

—Nous reprendrons cette conversation un autre jour. D'ailleurs, Bérengère m'attend, et, à regarder l'eau couler, elle trouverait le temps long.

Tout en parlant, il s'était appuyé sur la table chargée de livres, et machinalement il avait ouvert un volume.

Le capitaine étendit le bras par un mouvement instinctif; mais il se retint, car il ne pouvait pas paraître vouloir empêcher le comte de toucher à ses livres.

Heureusement telle n'était pas l'intention de celui-ci; il n'y avait aucune arrière-pensée dans son mouvement.

Ils sortirent.

Bérengère était assise sous le saule et elle s'amusait à jeter des petits cailloux dans la rivière, comme une enfant qui fait des ronds.

Elle fit un signe discret au capitaine pour lui demander s'il avait lu le papier caché dans le livre.

Il répondit que non de la même manière.

Alors elle eut un geste d'impatience, qu'elle corrigea d'ailleurs aussitôt par un sourire.

—Nous vous laissons à votre travail, dit-elle.

Et comme il les reconduisait, elle voulut lorsqu'ils passèrent devant la maison qu'il rentrât; mais il tint à aller jusqu'à la grille.

Les adieux ne furent pas longs, car Bérengère se chargea elle-même de les abréger en prenant le bras de son grand-père.

Il put alors courir à son cabinet de travail.

Les mains tremblantes, il ouvrit le volume; le billet n'était pas cacheté:

«Voulez-vous vous trouver demain, à trois heures, dans les ruines du temple; j'y serai seule.

BÉRENGÈRE.»

Il relut ce billet à quatre ou cinq reprises, et à chaque fois il lui donna une interprétation nouvelle.

Laquelle était la vraie?

Il n'osait croire son coeur.

Cependant il y avait un fait certain:

—Ce n'était pas fini.

Et après la journée de la veille et la nuit qui l'avait suivie, après ce qu'il avait vu, après ce qu'il avait souffert, c'était le ciel qui s'ouvrait devant ses yeux éblouis.

XXIX

Dans la seconde moitié du dix-huitième siècle, à l'époque où le marquis de Girardin publiait un livre sur la *Composition des paysages* et sur les *Moyens d'embellir la nature*, un comte de la Roche-Odon, qui était philosophe et amant de la nature, avait eu l'idée d'embellir sa terre patrimoniale selon le goût du jour.

Choisissant dans sa forêt de la Rouvraye, à peu de distance du parc réservé, un monticule isolé, une sorte de petite colline formée de rochers éboulés, du haut de laquelle on découvrait un immense horizon, il avait fait élever sur le point culminant un petit temple grec de forme ronde, surmonté d'un dôme reposant sur une colonnade; un escalier tracé en pente douce sur les flancs de la colline, à travers les blocs de grès et les massifs de pins, de genévriers et de bouleaux, conduisait à ce monument; au bas de cet escalier, on trouvait l'autel de l'Examen, au milieu l'autel du Doute, et enfin, à son sommet, le temple de la Philosophie, au milieu duquel était érigée une statue de Montaigne.

Pendant une vingtaine d'années, ce temple avait été une des curiosités du pays; mais, après 89, les habitants de Condé et les paysans d'alentour, n'admettant pas qu'on bâtît un temple rien que pour honorer la philosophie (connais-tu ça, toi, sainte Lisophie?), s'étaient imaginé que le trésor de la Roche-Odon était caché dans ce temple. Cette croyance s'était répandue, et, en 93, le club de l'Égalité, présidé par Fabu (qui plus tard devait devenir Fabu de Carquebut et beau-père du marquis de Rudemont), avait décidé que des fouilles seraient faites dans ce temple en vue de restituer à la nation les trésors des ci-devant comtes de la Roche-Odon.

De trésors, on n'en avait point trouvé; mais la colline avait été si bien fouillée que le temple s'était écroulé et, dans sa chute, avait écrasé trois travailleurs patriotes, dont la mort, selon l'opinion d'une grande partie de la contrée restée fidèle à la religion, avait été causée par la vengeance de sainte Lisophie.

Quand les la Roche-Odon avaient repris possession de leur domaine, ils n'avaient eu garde de relever le temple voué à Michel Montaigne, car leurs croyances s'étaient épurées à l'expérience de 93, et il ne s'agissait plus pour eux de jouer à la philosophie, au doute, à l'examen ou autres niaiseries de ce genre.

Pour le présent comte de la Roche-Odon, cette partie de la forêt qui rappelait une défaillance d'un de ses ancêtres, était un endroit maudit.

Abandonnée aux forestiers, cette colline naguère embellie, était donc retournée à l'état de nature; les mousses, les lichens, les orseilles, les fougères avaient recouvert les colonnes couchées sur la terre, les marches de l'escalier s'étaient effondrées, les autels avaient été emportés pour devenir des auges à cochons, et partout les broussailles, les ronces, et la végétation foisonnante des bois sauvages avaient remplacé les savantes combinaisons de l'amant de la nature.

C'était là que Bérengère avait donné rendez-vous à Richard, certaine à l'avance de n'y être point surprise.

Toute la difficulté pour elle était de s'y rendre; mais l'amour lui avait inspiré une hardiesse et une audace qu'elle n'avait pas au temps où elle avait prié le capitaine de Gardilane de venir dans le saut-de-loup. Son intention n'était pas d'inventer une combinaison plus ou moins habile pour se débarrasser de la surveillance de miss Armagh. Sans raison, sans prétexte, elle quitterait furtivement le château, et sortant du parc elle se rendrait aux ruines. Si on s'inquiétait d'elle, ce qui était probable, si on la cherchait, tant pis; l'essentiel était qu'on ne la trouvât point, et il y avait bien des chances pour qu'on ne vînt pas la relancer jusque dans les ruines du temple.

Vers deux heures elle sortit du château, et tout d'abord elle se dirigea du côté opposé à celui où se trouvaient les ruines, de façon que si l'on demandait aux jardiniers où elle était, ils indiquassent une fausse piste.

Tant qu'on put la voir elle marcha doucement d'un air indifférent comme si elle se promenait sans trop savoir où elle allait, puis lorsqu'elle fut arrivée à un massif boisé qui la cachait, elle prit une allée latérale, et vivement elle se dirigea vers la sortie du parc.

Elle avait bien examiné toutes ses chances, les bonnes comme les mauvaises, et sa grande inquiétude avait été de trouver chez lui le garde qui habitait le pavillon élevé à cette porte, car s'il la voyait passer, il ne manquerait pas de donner des indications dangereuses à ceux qui la chercheraient; heureusement à cette heure de la journée il devait être en tournée dans la forêt, ses enfants devaient être à l'école, et comme il était veuf, il y avait des probabilités pour que la maison fût inoccupée.

Les choses se réalisèrent ainsi: les portes et les fenêtres du pavillon étaient fermées, et personne ne se trouva là pour la voir ouvrir et refermer la porte.

Dans la forêt elle était sauvée.

Elle regarda l'heure à sa montre, la demie était passée de cinq minutes; comme il fallait un quart d'heure à peine pour atteindre la colline, elle avait du temps devant elle.

Se disant cela elle voulut respirer, mais ce fut en vain, son coeur était trop serré par l'émotion.

C'était chose si grave que celle qu'elle faisait.

C'était sa vie, son honneur qu'elle engageait, sans avoir consulté personne, de son propre mouvement, sinon par un coup de tête au moins par un entraînement du coeur.

Elle voulut chasser ces idées et se mit à regarder autour d'elle, tout en marchant à petits pas.

A travers les branches dépouillées de feuilles, l'oeil s'étendait au loin sous bois et se perdait dans la confusion grise des taillis. La solitude était profonde, et dans le silence de la forêt, on n'entendait que la plainte monotone du vent dans les grands chênes, et la chanson harmonieuse que les sapins murmuraient en se balançant.

Cent fois elle avait parcouru ce chemin, et cependant jamais encore elle n'avait remarqué la profondeur de ces lointains.

Cent fois elle avait entendu le vent souffler dans ces arbres, et jamais encore elle n'en avait été émue comme en ce moment.

Que se passait-il donc de mystérieux en elle, d'inconnu?

Ses yeux voyaient plus loin.

Ces bois, ces arbres, ces nuages qui couraient dans la ciel, ces murmures qui l'enveloppaient, ce silence de la forêt, lui parlaient un langage qu'elle ne connaissait point.

Comme ces voix étaient douces! elles la transportaient dans un autre monde que celui où elle avait vécu jusqu'à ce jour, et son âme avec de délicieux frissons s'ouvrait à des sensations qui étaient nouvelles pour elle.

De temps en temps elle murmurait un nom:

—Richard.

Et alors s'arrêtant, elle regardait autour d'elle pour voir si elle n'apercevait point celui que son coeur appelait.

Puis elle reprenait sa marche.

Ce n'était plus à la gravité de son action qu'elle pensait, c'était à lui, à lui qu'elle aimait, qu'elle adorait.

Elle arriva bientôt au bas de la colline, et là encore elle s'arrêta pour écouter et regarder autour d'elle.

Elle n'entendit que le bruit du vent, et au loin quelques cris d'oiseaux.

Elle eût été heureuse de le trouver arrivé avant elle.

Mais peut-être l'était-il.

Et vivement elle gravit le sentier qui avait remplacé l'escalier par lequel on montait autrefois au temple de la philosophie.

Deux fois seulement elle se retourna pour voir s'il ne montait pas derrière elle, et s'il n'allait pas la rejoindre.

Mais les tournants de ce sentier étaient assez petits, et la vue, gênée d'ailleurs par les amas de grès et par les buissons de genévriers poussés entre leurs fentes, ne s'étendait pas bien loin.

Quelqu'un qui l'aurait rencontrée, n'aurait pas eu besoin d'une grande pénétration pour deviner où allait cette jeune fille, dont les pieds foulaient à peine la mousse du chemin, et dont le regard rayonnant était perdu dans le ciel.

Elle atteignit bientôt le sommet de la colline; mais par suite des fouilles entreprises pour trouver le trésor des la Roche-Odon, ce plateau avait été complétement bouleversé, des excavations avaient été creusées, de sorte que les amas de terre, mêlés aux ruines du temple, avaient dévoyé l'ancien escalier, et le sentier qui serpentait maintenant au milieu des amas de terre couverts de buissons et des blocs de grès.

En sortant de derrière un de ces blocs elle aperçut devant elle, à quelques pas, debout, au milieu du chemin, l'attendant, Richard, arrivé depuis longtemps déjà.

Elle ne fut pas maîtresse de retenir le cri qui du coeur lui monta aux lèvres, le nom qu'elle avait tant de fois prononcé.

—Richard!

Vivement il vint à elle les mains tendues.

Mais il ne fit pas tout le chemin, car non moins vivement que lui, elle s'avança les mains tendues aussi.

Et ce fut par un même mouvement que ces mains se posèrent les unes dans les autres et s'étreignirent.

Ils restèrent ainsi les mains dans les mains, les yeux dans les yeux, sans avoir conscience du temps qui s'écoulait.

Enfin Bérengère se dégagea doucement.

—Et vous étiez-là, dit-elle, tandis que moi je me retournais pour voir si vous ne veniez pas derrière moi.

—D'ici je vous voyais; vous vous êtes arrêtée là-bas au pied de ce gros chêne, et puis là encore devant ce sapin.

—Et vous n'avez rien dit.

—Pouvais-je donc élever la voix?

—C'est vrai.

—Et vous avez pu venir.

—C'est-à-dire que j'ai pu m'échapper, car je me suis échappée sans prévenir personne, et miss Armagh doit me chercher maintenant, mais avant qu'elle ait la pensée de venir ici, nous avons du temps à nous, le temps de causer, librement, sans craindre qu'on nous dérange, comme madame Prétavoine est venue nous déranger dans le saut-de-loup.

Elle parlait précipitamment, entassant les paroles les unes par-dessus les autres, avec l'assurance voulue de ceux qui ne se sentent pas maîtres de leur émotion.

Elle se tut, puis elle regarda autour d'elle; une grosse pierre couverte de mousse était adossée à un énorme bloc de grès, placée là comme pour faire un siége.

—Voulez-vous que nous nous asseyions là, dit-elle, nous serons bien pour causer.

Il la conduisit à la pierre qu'elle venait de lui montrer.

Elle s'assit, et de la main elle l'engagea à prendre place près d'elle.

Depuis qu'elle avait écrit à Richard, elle n'avait eu qu'une pensée: ce qu'elle dirait dans ce tête-à-tête. Elle s'était bien préparée: «Elle dirait ceci, elle ferait cela.» Sans doute elle serait terriblement émue, mais enfin quand à l'avance on a bien disposé son plan de conduite et soigneusement choisi ses paroles, on doit se tirer mieux d'affaire qu'alors qu'on se livre à l'improvisation.

Mais en comptant sur une émotion terrible, elle était restée au-dessous de la réalité; celle qui l'étouffa au coeur et la serra à la gorge au moment où elle voulut prononcer le premier mot de ce qu'elle avait à dire, fut si violente, qu'elle resta la bouche ouverte sans pouvoir articuler un son.

Par un effort tout-puissant de sa volonté, elle réagit contre cet effet physique, mais chose extraordinaire, quand elle chercha dans sa mémoire ce qu'elle avait si bien préparé, elle ne trouva rien: elle était emportée dans un tourbillon et incapable de se ressaisir.

Elle leva les yeux sur Richard, mais le regard qu'elle rencontra la troubla encore plus profondément.

De nouveau elle baissa les yeux et se tut; mais à travers ses paupières abaissées elle sentait les yeux de Richard, de même que sur ses joues elle sentait son souffle qui la brûlait.

Dépitée contre elle-même, effrayée aussi, elle se leva vivement et faisant quelques pas en avant, elle vint sur le bord du plateau à l'endroit où la vue s'étendait librement sur la forêt.

Le vent qui lui souffla frais au visage calma un peu les mouvements précipités de son coeur, et ne sentant plus le regard de Richard, ne respirant plus son haleine, n'étant plus sous l'influence du courant qui par leurs mains jointes passait de lui en elle, il lui fut possible de réagir contre l'ivresse qui l'avait gagnée.

Après quelques secondes, elle revint à la pierre et se rasseyant près de Richard:

—Mon billet a dû bien vous surprendre, dit-elle.

—Dites qu'il m'a rendu bien heureux, après notre entretien d'avant-hier, après notre dîner, après notre soirée, je...

—Oh! ne parlez pas de cela, je vous en prie, si vous ne voulez pas que je vous demande pardon de mon attitude pendant ce dîner et cette soirée. Ce n'est pas pour cela que je vous ai prié de venir ici, et ce n'était pas de cela que je voulais vous entretenir. Je ne sais comment ces paroles sont venues sur mes lèvres; ç'a été involontairement, insciemment. Cette attitude vous sera expliquée plus tard; mais, si je commençais par là je ne pourrais vous dire ce que je veux... ce que je dois vous dire.

Elle parlait d'une voix haletante, par mots entrecoupés; mais enfin elle pouvait parler, et maintenant elle était certaine d'aller jusqu'au bout.

Après une courte pause, elle reprit:

—Vous savez quelles sont les inquiétudes de grand-papa à mon égard. Vous savez aussi quelles précautions il prend pour conserver sa santé, c'est-à-dire la vie, jusqu'au jour...

Elle hésita.

—... Jusqu'au jour où je serai libre, soit par l'émancipation, soit par le mariage.

Elle avait prononcé ces dernières paroles lentement, péniblement, mettant un silence entre chaque mot, mais cela dit, elle parla avec volubilité comme si elle venait de débarrasser sa langue du bâillon qui la paralysait.

—Cette émancipation il l'avait espérée pour une date prochaine; mais, par suite de formalités légales, mal comprise par lui, il paraît qu'elle est impossible. Je n'ai pas à vous expliquer cela, c'est inutile, n'est-ce pas? Il y a un fait, je ne puis pas être émancipée, je ne puis être que mariée. Mais précisément je ne veux pas qu'on me marie.

—Ah! vous ne voulez pas...

—Non, je veux me marier moi-même; petite fille je disais que je n'épouserais que l'homme que j'aurais choisi et que j'aimerais; grande fille je n'ai pas changé de sentiment.

Il se fit un silence.

Le capitaine écoutait avec une anxiété si vive qu'il ne pensait pas à interrompre ou à interroger.

Quant à Bérengère, elle s'était de nouveau laissé reprendre par l'émotion qui, quelques instants auparavant, l'avait paralysée.

Cependant après quelques secondes elle continua:

—Vous pensez bien, n'est-ce pas, que je ne suis pas fille à me laisser donner un mari, même quand ce serait pour assurer le repos et le bonheur de mon pauvre grand-papa que j'aime tant; dites-moi que vous le pensez.

—Je le pense.

—Alors, puisqu'il en est ainsi, vous ne devez pas être surpris que je me sois résolue à me marier, et c'est pour vous annoncer mon mariage que je vous ai demandé ce rendez-vous.

—Vous vous mariez! s'écria-t-il, bouleversé, éperdu.

—Oui, je me marie, heureuse et fière du choix que librement j'ai fait.

Depuis qu'elle parlait, deux pensées absolument opposées l'avaient alternativement transporté et accablé; mais il n'osait accepter l'une, et il ne pouvait s'abandonner à l'autre.

Ah! je vous en conjure, s'écria-t-il, parlez sérieusement.

—Sérieusement! Regardez-moi donc et dites-moi si je ne suis pas sérieuse dans mes paroles.

Elle se pencha vers lui, tandis qu'il s'inclinait vers elle, et pendant un espace de temps dont ils n'eurent pas conscience, ils restèrent ainsi face à face, les yeux dans les yeux.

Violemment il leva tout à coup les deux bras pour la prendre et l'éteindre, mais un dernier effort de volonté et de raison le retint; il ramena ses bras sur sa poitrine et se cacha la tête entre ses deux mains pour ne plus voir ces yeux qui l'attiraient irrésistiblement.

—Vous voyez donc bien que je parle sérieusement, dit-elle.

Il balbutia quelques mots qu'elle n'entendit point.

Alors elle attendit un moment, puis elle poursuivit:

—Puisque vous êtes mon confident, il faut que je vous dise qui j'ai choisi; je m'étais imaginé, en prenant cette résolution, que je n'aurais pas cet aveu à vous faire, mais je vois que vous êtes si peu brave que vous ne me viendriez pas en aide. C'est...

Cette fois il ne fut plus maître de lui, et tendant les deux bras vers elle, il s'écria:

—Bérengère, chère Bérengère!

—Richard, oui, Richard, c'est Richard.

Et, cédant à son émotion, elle se laissa aller vers lui et se coucha la tête sur sa poitrine.

Il l'avait prise dans ses bras et, penché sur elle, le visage enfoncé dans ses cheveux, il la serrait passionnément.

Enfin Richard ayant dénoué ses bras pour lui relever la tête et la regarder, elle se dégagea et se redressa.

Alors il se laissa glisser à ses genoux, et, lui prenant les deux mains, relevant la tête et la haussant de manière à effleurer presque son visage:

—Ah! chère Bérengère, dit-il, laissez-moi vous regarder ainsi, ces beaux yeux dans les miens.

Elle le regarda comme il le demandait; puis, avec un sourire:

—Alors vous ne me connaissez pas encore? dit-elle.

—Mademoiselle de la Roche-Odon? oui, je la connais; mais celle que je regarde en ce moment, celle que j'admire, celle que j'adore à genoux, c'est ma femme, ma chère petite femme.

—Oh! Richard, mon Richard bien-aimé!

Il est des heures dans la vie où les yeux parlent un langage plus éloquent, plus passionné que les lèvres, où les mots sont inutiles et où, dans leur forme matérielle, ils ont même quelque chose d'incomplet pour traduire des sentiments qui n'ont rien de matériel.

Pendant longtemps ils restèrent ainsi perdus, ravis dans une muette extase.

Ce qu'ils avaient à se dire, ils l'avaient dit.

Ils s'aimaient.

Et c'était sa femme qu'il tenait dans ses bras.

Cependant il vint un moment où cette pensée fut emportée dans les mouvements tumultueux de sa passion, alors de peur de se laisser entraîner, il voulut prendre la parole.

—Ainsi vous m'aimez!

—Il a fallu vous le dire, puisque, vous mettiez tant de mauvaise volonté à me comprendre.

—Ah! Bérengère.

—Il paraît que ce qui était difficile à dire pour vous, devait être facile pour moi.

—Pouvais-je vous dire que je vous aimais, quand j'avais creusé moi-même par mes paroles un abîme entre nous?

—Et ce sont justement ces paroles, cher Richard, qui ont amené ma résolution; en vous voyant si plein de loyauté et de franchise avec moi, alors que vous compreniez tous les dangers de vos paroles, j'ai compris que, moi aussi je devais être loyale et franche avec vous. C'est vous qui par votre héroïsme m'avez montré mon devoir. Vous m'aimiez...

—Si je vous aimais!

—Oui, je le savais, je le sentais; vous m'aimiez, et cependant, au risque de me perdre, vous n'avez pas hésité, quand je vous obligeais à répondre, à le faire loyalement, sans détours, sans tromperie; cela m'a dicté ma conduite; puisque, par ma faute, je vous empêchais de jamais pouvoir me dire que vous m'aimiez, j'ai compris que c'était à moi de venir à vous pour vous dire: je vous aime.

—Oh! Bérengère encore ce mot, encore et toujours.

—Richard, je vous aime, Richard, je vous aime.

Et comme il voulait l'étreindre de nouveau, elle l'arrêta doucement.

—Maintenant que vous connaissez mes sentiments, à vous, mon cher Richard, d'agir en conséquence.

—Mais...

—Oh! loyalement, franchement comme vous avez agi avec moi; ce que je vous dis, c'est un seul mot: «je vous aime». Ce que je veux, c'est une seule chose: «être votre femme»; maintenant...

Mais tout à coup dans le silence de la forêt éclata l'appel d'une voix qui vint résonner dans les rochers et se répercuter dans leurs échos.

—On me cherche, s'écria-t-elle.

Et vivement elle courut sur le bord du plateau.

Dans le chemin par lequel elle était venue elle aperçut, au bas de la colline, un homme, un garde.

—C'est Cornu, dit-elle en revenant vivement vers Richard; il va monter ici, il faut que je vous quitte, et que j'aille au devant de lui; vous, restez là assis, afin qu'on ne vous aperçoive pas,—et de la main, elle le fit se rasseoir sur la pierre;—vous ne partirez que longtemps après que je serai rentrée. Adieu, mon Richard,—mon bien-aimé,—mon mari!

Et vivement elle lui effleura le front de ses lèvres.

Puis comme une biche effarée, les cheveux au vent, elle se lança en courant dans le sentier et disparut.

XXX

Elle arriva au bas du sentier au moment où le garde y arrivait lui-même en sens contraire pour le monter.

En l'apercevant il s'arrêta.

—Eh bien, Cornu, que se passe-t-il donc? demanda-t-elle.

—Je cherchais mademoiselle.

—Parce que?

—Oh! bien sûr que ce n'est pas moi qui ai eu cette idée, c'est miss Armagh qui a mis tout le monde en mouvement pour chercher mademoiselle, les autres et moi; alors j'ai fait ce qu'on me disait.

—C'est bien, rentrez au château, dites que je ne suis pas perdue et que je viens derrière vous.

Elle avait besoin d'être seule.

Parler en ce moment était une sorte de profanation pour elle; elle avait besoin d'écouter les échos des paroles enchanteresses qu'elle venait d'entendre, de se recueillir, d'entendre encore, de voir encore par le souvenir celui qu'elle aimait.

En venant à ce rendez-vous elle avait été sensible au murmure des arbres et aux beautés de la forêt, mais en retournant au château, elle ne fut sensible qu'à ce qui se passait en elle, elle ne vit que Richard resté dans ses yeux, elle n'entendit que la musique de sa voix résonnant dans son coeur.

Ah! comme ce qui n'était pas son amour, comme ce qui n'était pas lui, comme ce qui n'était pas elle, était insignifiant ou misérable en ce moment.

Lorsqu'elle approcha du château elle aperçut miss Armagh qui accourait au-devant d'elle.

—Eh bien! s'écria celle-ci de loin.

Bérengère la laissa venir jusqu'à elle, et alors d'une voix hautaine:

—Eh bien! dit-elle.

—Vous étiez sortie.

—Sans doute.

—Sans rien dire.

—Aviez-vous peur que je fusse perdue?

Ce n'était pas sur ce ton que Bérengère répondait ordinairement à son institutrice, aussi miss Armagh resta-t-elle un moment interloquée.

Mais elle se remit bien vite; n'avait-elle pas le droit de son côté? Alors, le prenant de haut, elle s'adressa à cette petite fille révoltée, en héritière (sans héritage, hélas!) des rois d'Irlande.

Malheureusement cette petite fille était aussi une héritière, et si son institutrice descendait des rois d'Irlande, elle descendait, elle, d'un sang qui avait fait des rois: Rollon, Robert Guiscard et Guillaume le Conquérant.

Miss Armagh l'ayant pris de haut, Bérengère le prit de plus haut encore.

Elle n'était plus une petite fille.

Stupéfaite de cette résistance, miss Armagh jugea prudent de ne pas continuer une lutte ainsi engagée.

—Nous nous expliquerons ce soir avec M. le comte, dit-elle.

—Parfaitement; je regrette que vous fassiez cette peine à grand-papa, mais comme je n'ai rien à lui cacher, j'accepte cette explication. A ce soir.

Et, la tête haute, le regard assuré, elle monta à son appartement où elle s'enferma, pour être libre de penser à Richard.

Que lui importait miss Armagh!

Elle ne descendit que lorsque la cloche eut sonné le dîner.

A la façon dont son grand-père la regarda lorsqu'elle entra dans la salle à manger, elle comprit que miss Armagh avait fait son rapport.

Cependant le comte ne lui adressa pas la moindre observation, mais il parut préoccupé, et bien que, par suite de son abstinence habituelle, il eût généralement bon appétit, il mangea ce soir-là moins encore que de coutume.

Le dîner fut long, car miss Armagh ne desserra les lèvres que pour manger et boire, le comte ne prononça que quelques mots, et Bérengère resta perdue dans son rêve.

Ce fut seulement lorsqu'on s'installa dans le salon, que M. de la Roche-Odon interpella Bérengère.

—Miss Armagh m'a rapporté... dit-il.

—Que j'avais été peu convenable avec elle, interrompit Bérengère.

—Mademoiselle! s'écria l'institutrice.

—C'est parce que je parle de moi que je me sers de cette expression adoucie, vous auriez pu en employer une plus sévère, cela n'eût été que justice.

Cela dit en s'adressant à miss Armagh, elle se tourna vers son grand-père.

—Oui, grand-papa, les plaintes de miss Armagh sont pleinement fondées, et je suis d'autant plus satisfaite qu'elle ait cru devoir t'en faire part, que cela me permet de lui en témoigner tous mes regrets devant toi.

Alors, quittant son siége et allant se placer devant son institutrice:

—Croyez bien, chère miss Armagh, que je n'oublierai jamais ce que vous avez été pour moi depuis mon enfance, votre bonté, votre indulgence, votre sollicitude; j'ai eu le tort, le grand tort, tantôt, de répondre à vos observations...

—Mon enfant... voulut interrompre miss Armagh.

Mais Bérengère ne la laissa pas parler, elle poursuivit vivement:

—Vous m'avez fait une observation parfaitement juste, et au lieu d'y répondre comme je le devais, je me suis fâchée; acceptez, je vous prie, mes excuses et donnez-moi la main.

Miss Armagh se leva, ouvrit les bras dans son premier mouvement de trouble, pour embrasser son élève, puis ramenée aux convenances par la réflexion, elle lui tendit la main.

Mais si puissant que fût chez elle ce sentiment des convenances, il ne le fut pas encore assez cependant; si elle avait pu se retenir d'embrasser Bérengère, elle ne put pas empêcher ses larmes de couler et de tomber en deux grosses gouttes sur les mains de son élève...

Pour sauver la situation, et en même temps sa dignité, elle voulut prononcer quelques paroles appropriées à la circonstance.

Mais aux premiers mots son émotion l'entraîna beaucoup plus loin qu'elle n'aurait voulu aller, et plus elle se débattit, plus elle s'enfonça.

—Oh! mon enfant, ma chère enfant, combien je suis heureuse de vous entendre reconnaître ainsi un moment d'erreur; rien n'est plus beau, assurément rien n'est plus beau; mais que penseriez-vous de moi si j'acceptais vos excuses sans vous adresser les miennes? Car enfin, moi aussi j'ai eu tort à votre égard, grand tort; je n'aurais pas dû vous présenter une observation sur ce ton; vous n'êtes plus une enfant; je me suis oubliée; il était donc légitime que vous fussiez blessée; pardonnez-moi.

Et au bout de cette période entrecoupée, elle se retourna vers M. de la Roche-Odon:

—Quelle chère enfant! s'écria-t-elle, ah! quelle noble enfant!

M. de la Roche-Odon avait commencé par être ému des excuses de Bérengère, mais celles de miss Armagh le touchèrent beaucoup moins, et il avait même fini, bien qu'il fût l'homme le moins moqueur du monde, par être pris d'une irrésistible envie de rire, tant étaient drolatiques les mines que faisait cette pauvre miss Armagh.

Pour ne pas céder à ce rire, il s'adressa à Bérengère:

—Alors tu as été te promener dans la forêt? dit-il.

—Oui, grand-papa.

—Et où as-tu été?

—Aux ruines du temple.

—Idée bizarre.

Et longuement il la regarda.

Elle se sentit rougir, et pour cacher sa confusion elle détourna la tête.

—C'est auprès des ruines que Cornu t'a retrouvée?

—Non, j'ai entendu Cornu appeler; j'ai pensé qu'il me cherchait peut-être et je suis descendue.

—Alors tu l'as empêché de monter?

—Il n'avait pas besoin de monter, puisque je descendais.

—C'est précisément ce que je dis, il n'a pas monté aux ruines.

Il se fit un silence.

Mais M. de la Roche-Odon ne cessa pas de tenir ses yeux attachés sur Bérengère, qui ne savait quelle contenance prendre.

Enfin il reprit:

—Et c'est pour cette promenade aux ruines du temple, que tu n'as pas voulu venir avec moi?

Elle ne répondit pas.

—Car enfin tu as refusé de m'accompagner, insista le comte.

Elle baissa la tête.

—Tu comprends donc que dans de pareilles circonstances, l'insistance de cette excellente miss Armagh et ses observations étaient parfaitement fondées.

—Je l'ai reconnu.

—C'est vrai, et comme miss Armagh je suis satisfait de voir que tu n'as pas persisté dans ta faute, mais, enfin, malgré tout, tu n'as pas répondu aux questions que miss Armagh, surprise par cette promenade, a dû te poser, et que je te pose maintenant à mon tour.

Après un moment d'hésitation, Bérengère fit un signe furtif à son grand-père, pour lui montrer l'institutrice.

Mais soit que le comte n'eût pas compris ce signe, soit qu'il n'eût pas voulu le comprendre, il insista:

—Et alors? demanda-t-il.

—Mais je suis prête à te répondre, dit-elle avec résolution, en soulignant le *te*.

Elle avait relevé la tête et, bien qu'elle eût le visage empourpré, elle regardait son grand-père en face.

—Eh bien! réponds, mon enfant.

De nouveau elle se leva et, s'approchant de miss Armagh, comme elle l'avait fait quelques instants auparavant:

—Lorsque je vous ai assuré tout à l'heure de ma tendresse et de ma reconnaissance, vous n'avez pas douté de moi, n'est-ce pas? dit-elle.

—Assurément non, mon enfant.

—Vous savez donc que j'ai pleine confiance en vous; vous savez aussi combien je vous aime...

—Mais...

—Mais si grande que soit cette estime, si vive que soit cette amitié, elles ne peuvent pas faire cependant que vous remplaciez grand-papa dans mon coeur; il y a certaines choses qu'on dit à son père et qu'on ne dit pas à d'autres.

—Bérengère! s'écria le comte.

Tout d'abord miss Armagh fut suffoquée par ces paroles, qui disaient si clairement qu'on ne voulait pas s'expliquer devant elle; sa fierté et sa dignité furent blessées de ce manque de confiance; mais c'était au fond du coeur une brave et excellente femme.

—Parlez à monsieur votre grand-père, mon enfant, dit-elle.

Et sans un mot de plus, elle se dirigea vers la porte.

Bérengère courut à elle; miss Armagh lui tendit la main.

—Bonsoir, ma mignonne.

Et avec un sourire sur les lèvres, mais le coeur gros cependant, elle sortit.

Lorsque miss Armagh fut sortie, Bérengère revint vers son grand-père.

—Oh! grand-papa, dit-elle, comme tu me regardes; jamais je ne t'ai vu ces yeux irrités.

—Ta conduite avec cette excellente miss Armagh explique, il me semble, mon mécontentement.

—Écoute-moi d'abord, et tu verras ensuite si j'ai eu tort ou raison de ne pas vouloir te répondre devant miss Armagh.

—Je t'écoute.

—Oh! pas ainsi, ou bien je ne pourrai pas me confesser, car c'est ma confession que tu vas entendre.

Elle poussa un siége bas et le plaça devant le fauteuil du comte; cela fait, elle s'assit vivement et s'accoudant sur les genoux de son grand-père, elle le regarda longuement.

Puis avec le sourire d'un enfant gâté, qui est sûr de l'indulgence et même de la faiblesse de son juge:

—J'attends, dit-elle.

—Moi aussi.

M. de la Roche-Odon aurait voulu prononcer ces deux mots avec sévérité, mais cela lui fut impossible, l'accent démentit le sens des paroles.

Alors Bérengère lui prenant la main et la lui baisant tendrement:

—C'est que tu n'es pas un confesseur comme l'abbé Colombe, toi, grand-papa, dit-elle. Que l'abbé Colombe ait l'air irrité ou indulgent, cela n'a pas d'importance; ce n'est pas à lui que je parle quand je lui adresse la parole, ce n'est pas lui que je regarde, c'est Dieu. Mais avec toi, c'est toi que je regarde, c'est à toi que je m'adresse,—à toi, mon cher grand-papa, si bon, si indulgent, si tendre, si doux, si aimant; alors comme en te regardant, je ne trouve plus cette bonté, cette tendresse, cette douceur, je suis paralysée, et c'est pour cela que je te dis: «j'attends.» Est-ce que tu ne veux pas me sourire un peu?

Et, souriant elle-même, elle le regarda jusqu'au moment où elle l'eut contraint, pour ainsi dire, sympathiquement à sourire en faisant violence à la sévérité qu'il imposait à son visage, mais qui n'était pas dans son coeur.

—C'est cela, s'écria-t-elle, comme cela tu me donnes du courage, et si tu savais combien j'ai besoin d'être encouragée!

—Mais parle, parle donc, cruelle enfant! s'écria M. de la Roche-Odon, qui commençait à être sérieusement inquiet.

—Certainement je veux parler, je le dois, mais enfin il me semble que jamais jeune fille n'a dit à son père ce que j'ai à te dire. A sa mère peut-être, et encore faut-il pour cela une bien grande confiance unie à la tendresse. Mais tu es une mère pour moi, en même temps qu'un père, c'est-à-dire tout.

Et se levant vivement, elle lui jeta ses deux bras autour du cou, et à plusieurs reprises elle l'embrassa.

Un pareil début n'était pas fait pour calmer les craintes du comte, mais quelque envie qu'il eût de l'entendre, il ne pouvait pas repousser ces caresses qui remuaient si délicieusement son coeur.

Avant de se rasseoir, elle se recula un peu pour regarder le visage de son grand-père, puis l'ayant contemplé un moment, elle fit un signe de la main comme pour dire qu'elle le trouvait tel qu'elle le souhaitait.

Alors s'étant rassise et ayant de nouveau posé ses mains sur les genoux de son grand-père, elle parla ainsi:

—Si je te dis tout ce que je pense, tout ce que je fais, tout ce que je désire, tu n'agis pas de la même manière avec moi, il y a bien des choses que tu penses et que tu désires, et que tu ne me dis pas. Cela me permet, n'est-il pas vrai, de chercher à deviner et à connaître ce que tu ne me confies pas, au moins quand cela a rapport à moi. J'ai donc deviné que tu voulais me marier, et... j'ai compris... au moins à peu près compris, pourquoi tu voulais ce mariage.

—Tu crois?

—Je suis sûre. D'autre part, tu sais bien que j'ai compris aussi pourquoi tu t'es imposé ce régime sévère qui fait que tu n'oses même pas manger quand tu as faim; tu sais bien que je ne suis pas aveugle, et tu sais bien aussi que je ne suis pas tout à fait bête. Suis-je bête?

M. de la Roche-Odon n'avait pas envie de plaisanter, cependant il ne put retenir le sourire qui lui vint sur les lèvres.

—Ah! enfin te voilà comme je t'aime, s'écria-t-elle, et je t'assure que ta bonne figure te va mieux que tes airs sévères. Puisque tu me souris, tu voudras bien sans doute me répondre maintenant; me suis-je trompée en devinant que tu désirais me voir mariée?

—Mais...

—Oh! je t'en prie, grand-papa, un oui ou un non: tu ne saurais croire combien tu faciliteras ma tâche, qui, je t'assure, est pénible; si tu me dis que je ne me suis pas trompée.

—Dans une certaine mesure, mais dans une certaine mesure seulement, non, tu ne t'es pas trompée, je...

—Oh! c'est assez, je ne t'en demande pas davantage.

—Cependant...

—Non, c'est assez, pour moi il suffit que j'aie pu penser que tu désirais me voir mariée, et tu l'as désiré. Pensant cela, j'ai examiné si de mon côté je désirais me marier; car tu es trop bon pour me marier contre mon gré, et de mon côté je ne suis pas d'un caractère à accepter un mariage qui ne me plairait pas. Bien certainement je suis prête à tout faire pour te contenter, à tout entreprendre, à tout souffrir; cependant, il y a une chose qui me serait impossible, même quand tu me la demanderais, ce serait d'accepter un mari que tu aurais choisi et que je n'aimerais pas.

Où voulait-elle en arriver?

C'était ce que se demandait M. de la Roche-Odon, surpris de cet étrange langage et du ton avec lequel il était débité.

—De mon examen de conscience, poursuivit Bérengère, il est résulté que je n'avais pas de répugnance pour le mariage et par suite que je serais heureuse de te donner la joie de me voir libre, c'est-à-dire, en t'affranchissant de tes inquiétudes, d'assurer ta santé.

—Chère enfant!

—Oh! crois bien que je pense à toi, grand-papa si j'osais, je dirais autant que tu penses à moi. Je reviens à mon mariage. Après avoir examiné la question en théorie, je l'ai examinée pratiquement, car enfin, pour se marier, il faut un mari.

—Et ce mari?

—C'est celui que tu as choisi toi-même, grand-papa.

—Moi?...

—Le jour où tu as décidé de ramener à notre sainte religion la personne dont tu m'as parlé.

—M. de Gardilane.

—C'est toi qui l'as nommé.

—Tu aimes M. de Gardilane?

Sans répondre, elle se leva vivement et se cacha le visage dans le cou de son grand-père.

Alors, après un moment de silence, se haussant jusqu'à son oreille qu'elle effleura de ses lèvres lèvres:

—Oui, grand-papa, murmura-t-elle, nous nous aimons.

—Vous vous aimez! s'écria M. de la Roche-Odon en lui prenant la tête, et en la regardant; M. de Gardilane a dit qu'il t'aimait?

—Je n'avais pas besoin qu'il me le dît, je le savais.

—Enfin il a osé...

—Non, grand-papa, il n'aurait jamais osé, c'est pour cela que j'ai osé, moi; il le fallait bien.

—Toi!

Elle ne répondit pas, mais le prenant dans ses bras, elle l'embrassa tendrement.

Il la repoussa.

—Ce n'est pas de caresses qu'il s'agit, mais d'une explication franche; la vérité, toute la vérité?

Il parlait avec une sévérité qu'elle ne lui avait jamais vue.

—Oh! grand-papa, murmura-t-elle.

—La vérité?

Il s'était levé, et s'étant dégagé de son étreinte, il s'était mis à parcourir le salon à grands pas, le visage pâle, les mains tremblantes.

Comme elle se taisait, il s'approcha d'elle.

—Eh bien, dit-il, me laisseras-tu longtemps encore dans cette affreuse angoisse? Parle, parle donc.

Son accent était tellement navré qu'elle fut épouvantée; mais bien vite elle comprit que pour calmer cette émotion de son grand-père et ne pas la laisser s'exaspérer, le mieux était de faire ce qu'il demandait.

—Il y avait longtemps que je savais que Richard...

—Richard!

—... M. de Gardilane m'aimait, sans qu'il m'eût jamais parlé de son amour, quand, par ce que tu me dis de lui, je compris que tu regardais comme chose possible et même favorable un mariage entre lui et moi. Je savais tout le bien que tu pensais de lui, toute l'estime que tu faisais de son caractère, toute la sympathie, toute l'amitié qu'il t'inspirait. Je savais aussi combien étaient vifs les sentiments de respectueuse affection qu'il ressentait pour toi.

—Passons.

—Non, grand-papa, car tout est là, dans cette estime, dans cette amitié réciproques que vous éprouviez l'un pour l'autre. Un seul obstacle pouvait s'opposer à notre mariage; celui-là même que tu avais entrepris d'aplanir. Comme Ri... comme M. de Gardilane ne connaissait pas tes intentions, il y avait danger qu'il ne t'écoutât pas, ainsi qu'il l'eût fait, s'il les avait connues et qu'alors tu renonçasses à ton projet de mariage, et nous nous aimions, grand-papa; il m'aimait, je l'aimais. Alors la pensée me vint de prévenir ce danger. J'écrivis à M. de Gardilane...

—Tu as écrit!

—Deux lignes, pour lui dire que je le priais de se trouver aujourd'hui, à trois heures, dans les ruines. Il est venu à ce rendez-vous, et là je lui ai expliqué que j'étais décidée à me marier, pour toi d'abord, pour assurer ton repos, pour te rendre la santé, pour que tu vives heureux et tranquille, sans inquiétudes sur mon avenir,—ensuite pour moi-même parce que j'aimais un honnête homme qui me respectait assez pour ne m'avoir jamais dit un mot d'amour.

—Oh! mon Dieu! mon Dieu! s'écria M. de la Roche-Odon.

Puis, après un moment de silence, il fit signe à Bérengère de continuer.

—Je n'ai rien de plus à te dire, grand-papa.

—Rien?

—Rien.

M. de la Roche-Odon voulut la regarder, en plongeant dans ses yeux, comme il le faisait souvent mais il n'en eut pas la force, et il détourna la tête.

—Et ce mariage? demanda-t-il.

—J'ai dit à Richard que maintenant qu'il connaissait mes sentiments, c'était à lui d'agir en conséquence, loyalement, franchement, dans la droiture de sa conscience. A ce moment, nous avons été interrompu par Cornu, qui me cherchait, et nous n'en avons pas dit davantage.

Elle se tut, et, pendant plus d'un grand quart d'heure, éternel pour elle, elle vit son grand-père marcher en long et en large dans le salon; de temps en temps il la regardait mais presque aussitôt il détournait la tête comme s'il avait peur de rencontrer ses yeux.

Enfin il s'arrêta devant elle:

—Je te prie de monter à ta chambre, dit-il. Demain nous reprendrons cet entretien; pour aujourd'hui, j'ai besoin de me remettre et de réfléchir à tête posée,—si cela est possible.

XXXI

Ce ne fut point avec Bérengère que M. de la Roche-Odon continua cet entretien. Ce fut avec le capitaine de Gardilane.

Le lendemain matin, après une nuit d'insomnie, il quitta la Rouvraye au jour naissant, et quand il arriva devant la grille du capitaine, l'aube commençait seulement à blanchir le ciel du côté de l'orient.

Cependant, il sonna vigoureusement, en homme qui n'a pas le temps d'attendre ou que l'impatience aiguillonne.

Les yeux encore gros de sommeil, Joseph vint ouvrir.

—Le capitaine?

—Il n'est pas levé, par extraordinaire.

—J'attendrai; prévenez-le que je suis là.

C'était l'habitude de M. de Gardilane de se lever matin, mais, ce jour-là il était resté au lit, éveillé perdu dans ses rêves.

Le coup de sonnette du comte ne l'avait pas troublé, mais quand son domestique vint lui dire que c'était M. de la Roche-Odon qui avait ainsi sonné, il sauta à bas du lit.

Le comte à pareille heure? Que pouvait signifier cette visite?

En moins d'une minute il s'habilla et descendit.

A la lueur de deux bougies allumées par Joseph, il aperçut le comte adossé à la cheminée et portant dans toute sa personne les marques d'une sombre préoccupation, le visage pâle, les sourcils contractés, les lèvres convulsées, les mains tremblantes.

Il courut à lui:

—Monsieur le comte!

D'un geste M. de la Roche-Odon l'arrêta à trois pas.

—Ma petite-fille m'a dit ce qui s'était passé hier entre elle et vous, je viens pour vous demander des explications à ce sujet.

Le capitaine s'inclina respectueusement.

—Monsieur le comte, je suis à votre disposition.

Et poussant un fauteuil auprès de la cheminée, il l'offrit au comte.

Mais celui-ci indiqua d'un geste rapide que ces témoignages de politesse n'étaient pas en situation.

—Je vous écoute, dit-il.

—Que voulez-vous que je vous dise?

—Tout.

—Veuillez m'interroger, je vous répondrai.

Le comte fronça le sourcil, mais le capitaine parlait d'un ton si respectueux qu'il était impossible de se fâcher de ses paroles.

—Ainsi vous aimez ma petite-fille? dit-il.

—Oui, monsieur le comte, de tout mon coeur je l'aime; pour toujours je l'aime.

—Vous l'aimiez, lorsque je suis venu, il y a quelque temps, à cette place même, vous adresser certaines questions.

—Je l'aimais.

—Pourquoi ne me l'avez-vous pas dit alors?

—Parce que je ne croyais pas, je n'espérais pas que mademoiselle Bérengère pût jamais devenir ma femme, et dans ces conditions je ne devais pas vous avouer un amour qui ne pouvait pas être un danger pour mademoiselle Bérengère.

—Cependant ma petite-fille connaissait cet amour.

—J'ignorais qu'elle le connût et je n'avais jamais rien fait pour le lui révéler,—au moins je croyais n'avoir rien fait.

—Et pourquoi pensiez-vous que ma petite-fille ne pouvait pas devenir votre femme?

—Parce qu'il y avait entre elle et moi des obstacles que je croyais insurmontables.

—Quels obstacles?

—Ceux qui résultaient de votre position.

—Par votre naissance vous êtes digne d'entrer dans la famille la plus noble de France.

—Je n'ai pas de fortune.

—Vous recueillerez un jour de beaux héritages.

—Un jour...

—Et vous ne pensiez pas à d'autres obstacles?

—Je pensais que vous n'accepteriez pour gendre qu'un homme qui serait en communauté de croyances avec vous.

—Et vous n'étiez pas cet homme?

—Je ne l'étais pas.

Le comte se recueillit un moment avant de continuer.

Et le capitaine le vit agité d'un tremblement qui disait combien vive était son émotion.

Lui-même, quoique plus maître de ses nerfs, n'était pas moins ému, car il comprenait à quel but tendait cet interrogatoire, mené sans détour par M. de la Roche-Odon.

Les angoisses qu'il avait eu à supporter la première fois que le comte l'avait questionné, l'étreignaient de nouveau, et plus poignantes, plus cruelles maintenant, car ce n'était plus dans des espérances plus ou moins vagues qu'elles le menaçaient, c'était dans une certitude qu'elles l'atteignaient. Bérengère l'aimait, Bérengère voulait être sa femme, et au moment où le comte était venu le précipiter durement dans la réalité, c'était ce rêve qu'il caressait.

Qu'allait-il résulter de ses réponses?

Après quelques minutes d'un silence douloureux pour tous deux, M. de la Roche-Odon poursuivit:

—L'homme que vous étiez alors, l'êtes-vous toujours?

—Mais...

—Je veux dire, afin de bien préciser cette question pour moi capitale,—il souligna ce mot,—et ne pas laisser place à l'erreur, je veux vous demander si les entretiens que nous avons eus à ce sujet n'ont pas modifié les idées que vous m'avez fait connaître à ce moment? Le comte l'avait dit, la question était capitale, et le capitaine voyait clairement que sa réponse pouvait décider et briser son mariage.

Sans doute, les circonstances n'étaient plus les mêmes qu'au moment où M. de la Roche-Odon était venu l'interroger sur ses principes religieux.

A ce moment, il ne connaissait pas l'amour de sa petite-fille, et sa démarche n'avait d'autre objet que de s'assurer si le capitaine était ou n'était pas un mari possible pour elle.

Tandis que maintenant il le connaissait, cet amour, il savait qu'elle aimait, il savait qu'elle était aimée, et il y avait des probabilités pour admettre qu'il ne voudrait pas briser la vie de cette enfant qu'il adorait.

Mais était-il délicat, était-il loyal de spéculer pour ainsi dire sur cette situation nouvelle? Était-il honnête, relevant fièrement la tête, de répondre au comte: «Je ne partage pas vos croyances, mais comme votre fille m'aime, peu importe, il faudra bien que vous me la donniez.»

Le capitaine rejeta loin de lui un pareil calcul, et avec d'autant plus de fermeté qu'il n'avait pas mis cette assurance dans sa réponse, alors que la situation étant autre, il avait toutes chances de perdre Bérengère en parlant de ce ton.

Ce qu'il n'avait pas fait alors il ne devait pas le faire maintenant; les situations peuvent changer, ces changements n'ont aucune influence sur une âme droite et loyale.

La seule réponse possible pour lui était donc celle qu'il avait déjà faite, ou plutôt celle de n'en pas faire du tout; mais le comte s'en contenterait-il?

Il cherchait comment sortir de cette difficulté lorsque le comte insista:

—Eh bien! vous ne répondez pas?

—C'est que je n'ai rien à répondre.

—Ce que je vous demande, c'est un oui ou un non.

—Et justement c'est ce qui me rend hésitant. Que je vous réponde: «Non, je ne suis plus l'homme que j'étais alors,» ma réponse ne paraîtrait-elle pas dictée plutôt par mon amour que par ma conscience? Au contraire, que je vous réponde: «Oui, je suis toujours cet homme,» ne pourrez-vous pas supposer que, me sentant fort de l'aveu que m'a fait celle que j'aime, j'espère violenter votre consentement? De là mon embarras, mon angoisse, monsieur le comte, et jamais je n'en ai supporté de plus douloureuse. Ne m'écoutez pas comme un juge sévère...

—N'en ai-je pas le droit?

—Je me soumets à ce droit, mais cependant j'ose faire appel à l'amitié que vous vouliez bien me témoigner, et ce que je vous demande, c'est de m'écouter comme un ami, comme un père.

De la main M. de la Roche-Odon lui fit signe de parler.

—Ne vous offensez pas de mon premier mot, il faut que je le dise, il faut que je l'affirme: j'aime mademoiselle Bérengère d'un amour tout-puissant. Comment cet amour est né, je ne saurais le dire: à mon insu j'ai été gagné par sa grâce, par sa beauté, par sa bonté, par le charme de son esprit, par les qualités de son coeur, par cette séduction irrésistible qui se dégage d'elle tout naturellement comme le parfum de la fleur, et qui pénètre, qui enivre ceux qui l'approchent. Enfin un jour j'ai constaté que cet amour était dans mon coeur. Je ne m'y suis point abandonné. J'ai voulu l'arracher, car je savais qu'entre elle et moi, ou plus justement entre vous et moi, il y avait un abîme. Je n'ai point réussi et j'ai senti qu'il m'avait envahi tout entier par des racines si nombreuses et si fortes, que je ne les briserais jamais, et que contre lui, raison aussi bien que volonté seraient impuissantes. Je n'ai pu qu'une chose: le cacher, l'enfermer au plus profond de mon coeur et veiller à ce qu'il ne se trahît, aux yeux de celle qui l'avait inspiré, ni par un geste ni par une parole. Sur mon honneur je vous affirme, monsieur le comte, que tout ce qui était humainement possible, je l'ai fait. Je n'ai pas réussi; celle à laquelle je voulais le cacher l'a senti, car entre ceux qui s'aiment il n'est pas besoin de gestes ni de paroles pour se comprendre et s'entendre, et quand le mot d'amour a échappé à nos lèvres, elles n'ont fait que répéter ce que nos coeurs s'étaient dit depuis longtemps. Maintenant je sais que mademoiselle Bérengère m'aime, elle sait que je l'aime; je sais qu'elle consent à être ma femme, je sais qu'elle le désire; je sais qu'il n'y a entre elle et moi qu'un obstacle; eh bien! monsieur le comte, si je ne dis pas le mot qui lèverait cet obstacle, c'est que je ne peux pas le dire. D'un côté il y a mon amour, ma vie, mon bonheur, le bonheur de celle que j'aime; de l'autre il y a l'honneur et la loyauté, et ce n'est pas vous, monsieur le comte, qui me conseillerez de préférer le bonheur à l'honneur. Lorsque nous nous sommes séparés, son dernier mot a été pour me dire: «Je veux être votre femme; agissez en conséquence, mais franchement, loyalement.» C'est à elle que j'obéis en vous répondant comme je le fais.

Le comte se cacha le visage dans ses deux mains, et quelques mots entrecoupés s'échappèrent de ses lèvres frémissantes.

—Oh! mon enfant, ma pauvre enfant!

Puis il resta silencieux, adossé au marbre de la cheminée, la tête inclinée en avant, ses longs cheveux blancs tombant sur ses mains et sur son visage.

Ce ne fut qu'après un temps assez long qu'il releva la tête:

—Monsieur de Gardilane, dit-il, nous sommes dans une situation terrible que je ne puis trancher dans un sens ou dans l'autre. Vous continuerez donc de venir à la Rouvraye, mais à une condition, qui est de me jurer que vous serez avec ma fille ce que vous étiez avant la journée d'hier.

Le capitaine mit la main sur son coeur, et d'une voix ferme:

—Je vous en donne ma parole d'honneur.

XXXII

Bérengère avait entendu son grand-père sortir, et de derrière son rideau elle avait vu, à la pâle clarté de l'aube naissante, qu'il se dirigeait vers la grande avenue.

Il allait donc à Condé.

C'est-à-dire chez Richard.

Elle n'avait pas eu une seconde de doute à ce sujet.

Aussi jusqu'au retour de son grand-père, son anxiété avait-elle été poignante.

Que se serait-il passé entre eux?

Ce que Richard aurait répondu, elle le savait à l'avance, et sa passion lui faisait admettre qu'il aurait assurément tenu le langage qu'il devait tenir; il ne pouvait pas se tromper, il ne pouvait pas faillir, n'avait-il pas toutes les qualités, tous les mérites, toutes les perfections, puisqu'il était aimé.

Ce qui la tourmentait c'était de deviner quelles avaient pu être les exigences de son grand-père.

Sans doute lui aussi était aimé, et d'une ardente tendresse, mais ce n'est pas l'amour filial qui produit le phénomène du mirage avec ses illusions merveilleuses.

Si elle n'avait pas d'inquiétudes au sujet de Richard, elle en avait par contre de fiévreuses et cruelles au sujet de son grand-père.

Qu'avait-il dit?

Qu'avait-il exigé?

Elle s'habilla devant sa fenêtre, ne quittant pas l'avenue des yeux, et quand elle fut habillée, elle resta derrière la vitre, guettant, attendant le retour de son grand-père.

Elle se disait que maintenant qu'il savait qu'elle aimait Richard, il aurait une indulgence qu'il n'aurait pas eue auparavant.

Mais d'autre part, elle se disait aussi qu'il n'y avait qu'un point sur lequel il ne pouvait être indulgent,—la foi,—et que pour tout ce que lui commanderait cette foi, il était homme à obéir, si pénible que lui fût l'obéissance, et dût-elle même aller jusqu'au martyre.

Vingt fois elle crut l'apercevoir, et vingt fois elle dut reconnaître qu'elle s'était trompée.

Enfin elle le vit revenir, marchant à pas lents dans l'avenue, la tête basse, portant de temps en temps la main gauche à son visage et la laissant tout à coup retomber.

Vivement elle descendit pour courir au-devant de lui.

Pendant une grande partie de la nuit, elle s'était demandé comment elle oserait soutenir son regard après l'aveu qu'elle lui avait fait; car si elle avait osé parler de son amour pour Richard, ç'avait été dans un mouvement d'exaltation qu'elle ne retrouverait pas, et elle était bien certaine maintenant de n'éprouver que de l'embarras ou de la confusion.

Mais quand elle l'aperçut revenant de chez Richard, elle ne pensa plus à cet embarras ni à cette confusion, et n'eut qu'une idée: savoir ce qui s'était décidé entre eux—son père et son mari, son Richard.

—Tu viens de Condé? s'écria-t-elle.

—Qui te l'a dit?

—Mon coeur; tu as vu Rich..., M. de Gardilane?

—Je l'ai vu.

—Et...?

J'ai demandé à M. de Gardilane d'être avec toi, ce qu'il avait été avant la journée d'hier, et il m'a donné sa parole d'honneur de se conformer à cette condition. Toi, de ton côté, tu vas me faire la même promesse.

—Oh! grand-papa!

—Si tu veux me jurer de ne pas adresser une parole de tendresse à M. de Gardilane et d'être pour lui ce qu'une jeune fille modeste doit être pour un ami de son père, cela et rien de plus; M. de Gardilane continuera à être reçu ici le jeudi, jusqu'au jour où j'aurai pris une résolution définitive. Peut-être serait-il plus sage à moi de ne plus recevoir M. de Gardilane, cependant je veux avoir encore confiance en vous, en lui comme en toi, si tu me fais le serment que je te demande.

—Mais... grand-papa...

—Je ne veux pas de discussion à ce sujet, comprends-le.

—Cependant...

—Tu jures, il vient; tu refuses de jurer, il ne vient pas. A toi de décider si tu veux le voir.

Bérengère comprit que toute discussion serait inutile.

Elle verrait Richard.

Tout était là, et après les craintes qu'elle venait d'éprouver, c'était un grand point d'obtenu, c'était le triomphe.

Le reste viendrait plus tard.

Une rupture immédiate était possible; puisqu'elle n'avait pas eu lieu, il n'y avait pas à craindre qu'elle se produisit dans la suite; ce serait à elle, ce serait à Richard de l'empêcher, et sans chercher à s'entretenir de leur amour ou de leur mariage, ils arriveraient bien à s'entendre tacitement à ce sujet; leurs coeurs n'étaient-ils pas d'accord?

—Je te jure d'être ce que tu veux que je sois, dit-elle.

—Bien; maintenant qu'il ne soit plus question de M. de Gardilane entre nous, c'est encore une condition que je t'impose.

Vingt ans plus tôt, M. de la Roche-Odon n'eût pas adopté cette ligne de conduite avec le capitaine; il eût dit:

«Vous aimez ma fille, vous voulez l'épouser, c'est bien, convertissez-vous, sinon elle ne sera jamais votre femme, et en attendant cette conversion vous ne mettrez pas les pieds chez moi; à vous de voir si vous êtes pressé de vous marier.»

C'était à peu près ainsi qu'il avait procédé avec son fils lorsque celui-ci était venu lui annoncer qu'il désirait épouser la princesse Sobolewska.

Mais c'était précisément la fermeté qu'il avait eue en cette occasion qui faisait sa faiblesse maintenant; il avait reçu de la passion une terrible leçon qu'il n'avait point oubliée.

Bérengère venait de prouver que le sang de son père coulait dans ses veines; que ferait-elle s'il s'opposait fermement à son amour?

A la pensée de la voir malheureuse, désespérée, malade peut-être, son coeur s'amollissait.

Il n'en venait pas, il est vrai, jusqu'à se dire qu'il donnerait sa fille à un homme qui n'était pas catholique; mais enfin il se disait que si cet homme n'avait pas la foi en ce moment, il n'y avait aucune impossibilité à ce qu'il l'eût plus tard. Pourquoi l'amour ne ferait-il pas ce miracle? Là où il n'avait pas réussi, lui, par insuffisance sans doute, pourquoi Bérengère ne réussirait-elle pas? Dans les nombreux entretiens qu'il avait eus avec le capitaine, rien ne lui avait absolument démontré que ce succès était impossible. Le capitaine s'était toujours défendu, mais par des arguments qui, aux yeux du comte, n'avaient aucune valeur. La foi d'ailleurs n'était-elle pas plutôt un élan du coeur qu'un résultat de savants raisonnements? Ce coeur échauffé par la tendresse ne s'ouvrirait-il pas à la voix de la femme aimée? Que cela se réalisât, c'était non-seulement le bonheur et la sécurité de sa fille qu'il assurait par ce mariage, mais c'était encore le salut de ce brave jeune homme, pour lequel il éprouvait une si vive amitié.

Dans ces conditions, il ne fallait donc pas se décider brusquement; la raison disait qu'il fallait au contraire attendre, voir venir les choses, les étudier, les peser et, dans une situation mauvaise, naviguer de manière à éviter le pire; incontestablement il y avait des dangers à laisser Bérengère et le capitaine se voir chaque semaine, mais n'y en aurait-il pas de plus grands encore à les empêcher de se voir complétement? La démarche à laquelle Bérengère s'était laissé entraîner montrait bien qu'il ne s'agissait pas d'un caprice plus ou moins léger; c'était la passion qui l'avait poussée, et avec la passion tout est possible, même l'impossible.

Ces deux journées avaient été terribles pour lui; lorsque Bérengère l'embrassa le soir, elle remarqua qu'il avait le visage plus coloré qu'à l'ordinaire, mais, comme il ne se plaignait point, elle n'attacha point grande importance à cette remarque: il avait été assez agité pour avoir un peu de fièvre.

Dans le milieu de la nuit, elle se réveilla en sursaut croyant entendre des gémissements; effrayée, elle écouta. La chambre qu'elle occupait était celle que sa grand'mère avait habitée autrefois, et elle n'était séparée de celle du comte que par un grand cabinet sur lequel chaque chambre avait une porte.

Tout d'abord, n'entendant rien, elle crut s'être trompée; mais bientôt elle crut entendre son nom prononcé d'une voix faible et plaintive, avec l'accent de l'appel.

Cette voix venait de la chambre de son grand-père.

En moins de trois secondes elle alluma une lumière, passa un peignoir et arriva dans la chambre de son grand-père.

—Ah! mon Dieu! Bérengère, dit-il d'une voix empâtée, c'est toi?

Elle courut à lui.

—Qu'as-tu? s'écria-t-elle, grand-papa, qu'as-tu?

—Un étourdissement, une congestion; je me suis senti étourdi, puis il m'a semblé qu'une déchirure se faisait dans ma tête; j'ai voulu t'appeler, mais je n'ai pas pu et j'ai perdu connaissance.

—Je vais appeler... un médecin.

—Non, n'appelle pas, il ne faut pas, je te le défends; je sais ce qu'il me faut; j'avais pris mes précautions à l'avance; mets-moi de l'eau froide sur la tête avec une compresse et des sinapismes aux jambes; il y en a dans le tiroir de la table de citronnier; mouille-les et pose-les toi-même; j'ai voulu me lever, je n'ai pas pu.

Sans perdre la tête, malgré son émotion, elle fit vivement ce qui lui était demandé.

—Cache la lumière, dit-il, et ouvre une fenêtre, doucement, sans bruit; il ne faut pas qu'on sache que j'ai eu cette congestion.

—Mais le médecin...

—Non, pas de médecin, je te le défends; cela va mieux, d'ailleurs; je ne pouvais pas remuer le bras tout à l'heure, je le lève maintenant.

Il resta pendant longtemps calme et silencieux; puis, l'appelant:

—Mets-moi une autre compresse, dit-il, et renouvelle-la souvent; qu'elle soit toujours bien froide; tu changeras ensuite les sinapismes de place.

Et de nouveau il garda le silence.

Elle eût voulu appeler, car elle était épouvantée, se demandant avec une horrible anxiété si les soins qu'elle lui donnait étaient bons, et s'il n'y aurait pas mieux à faire; mais devant sa défense nettement formulée et répétée, elle n'osait.

De même, elle n'osait pas non plus le questionner.

Pendant plus de deux heures, elle continua ces soins, encouragée, rassurée par le mieux qui se manifestait peu à peu.

Enfin il déclara qu'il se trouvait tout à fait bien.

—Ce ne sera rien, dit-il, pour cette fois; nous en serons quitte pour la peur; ce n'a été qu'une très-légère attaque; tu vois que j'ai bien fait de te défendre d'appeler.

—Et pourquoi me l'as-tu défendu?

—Parce qu'une attaque est généralement suivie d'une ou deux autres attaques avant la dernière; si l'on savait que j'ai eu la première, il y a une personne qui compterait sur la dernière pour une époque prochaine, et qui, spéculant là-dessus, refuserait son consentement à ton mariage. Il faut donc que tout le monde ignore ce qui s'est passé cette nuit, car une indiscrétion serait assurément commise. Je n'ai pas confiance, pour la discrétion, dans les médecins de Condé. Cependant, comme je veux tout faire pour empêcher ou tout au moins éloigner la seconde attaque, nous irons demain à Paris consulter Carbonneau; je suis sûr que lui ne parlera pas.

XXXIII

Tandis qu'à la Rouvraye les choses semblaient prendre une tournure favorable au mariage de Bérengère et du capitaine de Gardilane,—à Rome elles s'arrangeaient de façon à assurer le succès des combinaisons de madame Prétavoine.

Mais Bérengère et le capitaine ignoraient entièrement comment à Rome ils étaient menacés dans leurs espérances.

Et, de son côté, madame Prétavoine ne savait pas combien la situation qui, en son absence, s'était établie à la Rouvraye, était dangereuse pour elle: les rapports qu'elle recevait l'inquiétaient, il est vrai, mais pas au point cependant de la faire revenir à Condé. Elle était à Rome, elle croyait pouvoir y rester à travailler au triple résultat qu'elle poursuivait: la nomination de l'abbé Guillemittes à l'évêché de Condé-le-Châtel; surtout l'obtention d'un titre de noblesse pour Aurélien; et enfin l'appui et le consentement de la vicomtesse de la Roche-Odon. Cela fait, elle reviendrait à la Rouvraye, et alors elle trouverait bien moyen de combattre l'influence qu'aurait pu gagner ce grand dadais d'officier. Qu'avait-il pour lui? Pas de relations pour le soutenir; pas de roueries, pas de détours, pas de finesse. Le coeur de Bérengère serait peut-être avec lui. Eh bien! on s'arrangerait pour briser ce coeur. Voilà tout. Quand il n'y aurait plus que cela à trouver, on serait bien près du but; c'est chose si délicate et si fragile qu'un coeur de jeune fille!

Obligée d'attendre le modèle de l'église d'Hannebault, que l'abbé Guillemittes faisait fabriquer par sa serrurerie artistique, elle se trouvait frappée d'inaction vis-à-vis du Saint-Père; tout ce qu'elle pouvait, c'était poursuivre son intimité avec Baldassare et préparer la terrain du côté de Lorenzo Picconi, l'aide de chambre du Vatican; c'était continuer ses pieuses visites aux basiliques et aux couvents avec la soeur Sainte-Julienne, enfin c'était mettre en oeuvre les conseils qui lui avaient été donnés par monseigneur de la Hotoie.

Mais cela n'employait ni tout son temps ni toutes ses forces.

De sorte qu'en attendant l'arrivée de ce fameux modèle, elle avait concentré toute son activité sur la vicomtesse de la Roche-Odon, car, s'il était important d'obtenir du Saint-Père un titre de comte ou de baron qui décidât le comte de la Roche-Odon à donner sa petite-fille à Aurélien, il ne l'était pas moins d'obtenir le consentement de la vicomtesse, ces deux points se tenaient étroitement, et il fallait réussir à les enlever l'un et l'autre, non l'un ou l'autre; sans le consentement de la vicomtesse, le titre de comte ne décidait rien; sans le titre de comte, le consentement de la vicomtesse n'avait aucun effet utile; la situation était telle qu'il fallait les obtenir tous les deux en même temps ou presque en même temps, et cela compliquait, singulièrement une entreprise déjà pleine de difficultés de tout genre.

Mais, parce qu'une chose est difficile, il ne s'en suit pas qu'elle est impossible; elle demande seulement plus d'adresse, plus d'application, plus de persévérance.

En se liant avec la vicomtesse et en la voyant sur le pied de l'intimité, elle eût eu de bonnes chances pour arriver à son but; malheureusement cette manière de procéder était impraticable, d'abord parce que la vicomtesse ne paraissait pas du tout disposée à permettre cette intimité, et puis ensuite parce qu'alors même qu'elle l'eût permise, madame Prétavoine n'eût pas pu l'accepter sous peine de compromettre à l'avance la réputation de piété, de sainteté qu'elle était en train de bâtir dans l'opinion publique. Comment admettre qu'une femme pieuse telle que cette madame Prétavoine, qui édifiait la ville de Rome, voyait intimement une femme dissolue telle que cette vicomtesse de la Roche-Odon, qui scandalisait toutes les bonnes âmes? Il y avait là quelque chose de tout à fait incompatible et même d'inexplicable, à moins...

C'était justement cet «à moins» qu'il fallait soigneusement éviter, si grand intérêt qu'il y eût à voir fréquemment la vicomtesse.

Heureusement s'il y avait impossibilité à se lier avec la maîtresse, il n'y avait pas les mêmes dangers à fréquenter la femme de chambre, personne obscure sur laquelle tout le monde n'avait pas les yeux fixés comme sur la vicomtesse.

Et puis, d'autre part, cette façon détournée d'aborder les difficultés était plus dans les goûts et dans les habitudes de madame Prétavoine, qu'une attaque directe et franche. Avec une subalterne elle était certaine de développer tous ses moyens, et elle ne subissait point cette sorte de fascination qu'une haute situation due à la naissance ou à la fortune avait toujours exercée et exerçait même encore sur elle.

Sans doute cette demoiselle Emma paraissait être une fine mouche, d'esprit plus délié que sa maîtresse, mais madame Prétavoine, qui avait confiance dans sa propre finesse pour l'avoir souvent exercée, n'avait pas peur de celle des autres; et elle aimait mieux avoir à lutter contre l'habileté, même contre la rouerie de cette fine mouche que contre l'élégance et les grandes manières de la vicomtesse: un mot, un simple regard de cette femme du monde la paralysaient, tandis qu'avec cette femme de chambre elle était sûre d'elle-même.

Instruite par l'expérience elle n'avait plus tenté d'aller vite avec mademoiselle Emma, ni de l'interroger plus ou moins directement sur le compte de sa maîtresse.

Mais lentement, insensiblement, pas à pas, elle avait cherché à gagner son amitié et à capter sa confiance, puis un beau jour, quand elle avait jugé son acheminement souterrain assez avancé, elle avait risqué une nouvelle attaque.

—J'ai une grâce à vous demander, ma chère demoiselle.

—A moi, madame?

—Oui, ma chère demoiselle.

L'amitié n'avait pas amené la familiarité et c'était toujours avec les formes les plus respectueuses que madame Prétavoine adressait la parole à «cette chère demoiselle.»

—Et à quoi puis-je vous être utile?

—A moi, personnellement, vous ne me seriez pas utile, et cependant la joie que vous me causeriez serait bien douce à mon âme.

—Alors, je suis toute disposée à faire ce que vous désirez.

—C'est que cela peut paraître si étrange, au moins, pour certaines personnes qui... enfin pour des personnes qui ne sont pas pieuses.

—Vous voulez que j'aille à la messe! s'écria Emma en riant.

—Cela, oui, je le voudrais de tout mon coeur, car alors il ne vous manquerait plus rien pour être une personne accomplie, cependant ce n'est pas de vous que je veux parler en ce moment.

—Alors, c'est de madame? demanda Emma avec inquiétude.

Mais madame Prétavoine n'était pas assez simple pour répondre ainsi tout de suite à une question directe posée en ces termes.

—Pour vous, continua-t-elle, je suis rassurée, vous avez votre place dans mes prières et vous êtes une trop digne et trop honnête personne pour que Notre-Seigneur ne m'exauce pas un jour.

—Mais alors?

—Vous ne voudrez pas.

—Avant de vous rien promettre, faut-il que je sache de quoi il s'agit.

—Je voudrais... je n'ose pas.

La curiosité d'Emma étant assez surexcitée, madame Prétavoine se décida enfin à s'expliquer:

—Ce que j'ai à vous demander serait bien simple pour vous et bien facile, il ne faudrait qu'un peu de volonté et l'intention d'être utile à madame la vicomtesse, pour laquelle vous montrez un dévouement si admirable, ce serait...

Elle fit une pause.

—... Ce serait de coudre dans les robes qu'elle porte ordinairement des saintes médailles de notre bonne mère qui est au ciel, que je vous donnerais.

Emma ne fut pas maîtresse de retenir un éclat de rire.

Madame Prétavoine ne se fâcha pas, mais joignant les mains et levant les yeux au ciel en remuant vite les lèvres, elle parut demander pardon à Dieu d'un pareil blasphème.

Puis après un moment reprenant la parole:

—Vous riez parce que vous ne savez pas quels miracles ces médailles peuvent accomplir. Si vous saviez comme moi, et par des exemples vivants, combien leur grâce est efficace, vous seriez la première à m'en demander. Tenez, voici ce que m'a raconté un saint prêtre qui était vicaire dans notre paroisse: le neveu de notre curé était atteint d'une mélancolie qui menaçait de l'envoyer au tombeau, mélancolie causée par un amour sans espoir; M. l'abbé Colombe, c'est le nom de ce saint prêtre, s'entendit avec le domestique de ce jeune homme pour faire coudre une médaille dans la doublure de son gilet; au bout de huit jours le jeune homme était guéri et peu de temps après il épousait, lui qui n'avait rien, la jeune personne qu'il aimait, laquelle avait plusieurs centaines de mille francs de rente.

—Mais madame la vicomtesse n'est pas malade, elle n'a pas besoin d'être guérie.

—Ce n'est pas seulement le corps que ces saintes médailles guérissent, c'est aussi l'âme.

Emma voulut éviter une conversation sur ce sujet.

—Elle ne veut pas non plus se marier, dit-elle en souriant.

—Hélas! C'est justement pour qu'elle le veuille que je vous demande de coudre ces médailles dans ses robes.

Puis tout de suite et avec une volubilité qui ne permettait pas la plus petite interruption, elle continua:

—Vous devez bien penser que depuis que je suis à Rome, je n'ai pas été sans entendre parler de madame la vicomtesse; justement parce que les quelques personnes que je connais, savent qu'elles sont mes relations avec le comte de la Roche-Odon et avec mademoiselle Bérengère, toutes m'ont parlé et reparlé de Madame la vicomtesse. Et ce sont ces propos, confirmés par les voix les plus graves, qui m'ont donné l'idée de m'adresser à vous, ne pouvant m'adresser directement à madame la vicomtesse. Vous devez donc bien penser que je sais tout ce qui a rapport à lord Harley et à ce comédien, à ce chanteur dont je ne veux pas prononcer le nom. Ne voudrez-vous pas m'aider à faire cesser ce scandale? Prêtez-moi votre concours, et j'ai la conviction que la grâce touchera madame la vicomtesse; ce chanteur sera congédié par elle, et elle fera consacrer par les liens sacrés du mariage sa liaison avec lord Harley. Ah! quelle félicité si nous pouvions ainsi rendre une mère à son enfant, à cette chère petite Bérengère que j'aime tant, car c'est pour elle, après Dieu, que j'agis en tout ceci et que je vous demande d'agir vous-même. Pourquoi ce mariage ne se ferait-il pas? madame la vicomtesse est assez belle et assez jeune pour que cet Anglais soit heureux de devenir son mari, et d'ailleurs Dieu ne peut-il pas tout? Quelle satisfaction si j'avais été l'humble instrument de cette réparation!

Si mademoiselle Emma avait mieux connu madame Prétavoine, elle aurait su qu'avec elle la meilleure manière de deviner ce qu'elle voulait obtenir, c'était bien souvent de prendre juste le contre-pied de ce qu'elle demandait.

Dans l'espèce, ce qu'elle demandait était un moyen pour faire le mariage de la vicomtesse de la Roche-odon avec lord Harley; il était donc probable que ce qu'elle cherchait c'était une rupture entre la vicomtesse et son amant.

C'était cela en effet, mais comme il eût été trop naïf à elle de l'avouer, elle avait inventé cette histoire «des saintes médailles de notre bonne mère qui est au ciel» pour tromper mademoiselle Emma.

Comment celle-ci se serait-elle défiée d'une excellente personne qui ne pensait qu'à assurer le bonheur de sa maîtresse?

Il était assez probable qu'elle refuserait de coudre les saintes médailles dans les robes de sa maîtresse, mais madame Prétavoine comptait bien sur ce refus, car ayant vraiment foi dans la vertu de ses médailles, elle eût été fort inquiète de savoir la vicomtesse sous leur protection.

Ce qu'elle avait voulu, c'était de pouvoir dire à mademoiselle Emma, sans que celle-ci l'interrompît ou se fâchât, qu'elle savait parfaitement que madame de la Roche-Odon était la maîtresse de lord Harley et qu'elle aimait le chanteur Cerda, parce que, cela dit, elle pourrait revenir sur ce sujet et tirer de la femme de chambre, sans que celle-ci eût des soupçons, des renseignements utiles au succès de son plan et même à la disposition de ce plan.

Car ce qu'elle savait se bornait à fort peu de chose: à la double liaison de la vicomtesse. Mais cela n'était qu'un fait. Pour tirer parti de ce fait, pour l'exploiter utilement, il importait de le bien connaître dans tous ses détails. Or personne ne pouvait mieux la renseigner, l'instruire et la guider que la confidente obligée de madame de la Roche-Odon, c'est-à-dire sa femme de chambre.

Ce qu'elle avait prévu se réalisa; Emma refusa les médailles, mais elle ne refusa pas de parler de choses qu'elle avait connues.

Elle parla même beaucoup, sinon de sa maîtresse, pendant les premiers jours qui suivirent cette offre des médailles, au moins de Cerda, qu'elle haïssait.

Mademoiselle Emma était une personne de manières distinguées et de goûts aristocratiques, qui n'était restée femme de chambre que parce qu'elle n'avait pas trouvé un mari occupant une situation digne de ses mérites.

Cerda était un ancien garçon d'auberge qu'une belle voix avait fait ténor, et qu'une large poitrine, des reins vigoureux, une encolure de taureau qu'on ne rencontre pas souvent chez les ténors, et une santé que n'affectaient aucune fatigue ni aucun excès, avaient mis à la mode auprès d'un certain public.

Mais, malgré ses succès, Cerda était resté garçon d'auberge; pourquoi aurait-il changé, on l'aimait ainsi; garçon d'auberge pour les manières, pour les goûts, pour l'éducation.

La première fois qu'il était venu chez madame de la Roche-Odon, il avait été reçu par Emma qui, discrètement, obéissant aux instructions qu'elle avait reçues, lui avait ouvert la porte.

Mais Cerda n'allait pas à un rendez-vous et n'entrait pas dans une maison avec les façons du vulgaire.

En trouvant cette cameriste derrière la porte, il avait vivement défait son pardessus et, sans un mot, il le lui avait jeté sur les bras; puis, avec un geste théâtral, il lui avait donné son chapeau et sa canne.

Alors il s'était passé les deux mains dans les cheveux de manière à faire bouffer sa frisure aplatie et collée sur ses tempes, puis la poitrine cambrée, les bras arrondis, la tête renversée en arrière dans la pose de Fernand, d'Edgar ou de Raoul prêt à chanter sa grande scène d'amour, il avait suivi Emma sans prêter plus d'attention à cette confidente que si elle avait été une simple dame des chœurs.

Emma n'était nullement bégueule, elle admettait très-bien qu'une femme eût des caprices; la liaison de sa maîtresse avec lord Harley étant une sorte de mariage, il était parfaitement légitime et tout à fait naturel à ses yeux que la vicomtesse voulût se distraire de la monotonie et de la vulgarité de cette vie conjugale par quelques fantaisies; mais encore fallait-il prendre pour partenaire, dans ces distractions, un homme qui ne fût pas mal élevé, et ce chanteur était un goujat. Pas un mot; ne retirer son chapeau que pour le lui donner à tenir! Elle avait plus d'une fois ouvert ainsi la porte à des gens d'autre volée que ce comédien, et ceux-là avaient été polis avec elle, quelquefois même galants, dans tous les cas généreux.

Bientôt, d'autres griefs plus sérieux encore, s'étaient ajoutés à ceux-là qui à ses yeux étaient déjà bien assez graves, cependant, pour qu'elle détestât et méprisât ce chanteur.

Contrairement au commun usage, elle éprouvait pour sa maîtresse une sincère affection, car la vicomtesse était de ces charmeuses qui se font aimer de tout ce qui les approche; gens et bêtes, égaux ou inférieurs, il fallait qu'elle séduisît, et pour arriver à ce résultat elle déployait un art incomparable, et un charme irrésistible; il est vrai qu'une fois qu'elle avait réussi, elle ne s'occupait de ceux sur lesquels elle avait exercé sa puissance que le jour où ils menaçaient de l'abandonner, et encore fallait-il qu'elle eût intérêt à les retenir; pour ceux qui ne lui étaient pas utiles, elle les laissait aller, satisfaite à leur égard de la victoire qu'elle avait remportée. Comme, de toutes les personnes qui l'entouraient, Emma était précisément celle qui lui rendait les plus grands services, et qui par là lui était indispensable, elle avait continué avec sa femme de chambre son système de séduction, si bien que celle-ci, malgré le nombre des années qui s'étaient écoulées, en était restée à la lune de miel.

En voyant sa maîtresse tombée sous la domination de Cerda, mademoiselle Emma avait éprouvé un véritable chagrin: ce n'était plus en effet le caprice qu'elle permettait, et pour lequel elle avait des explications aussi bien que des excuses, c'était une passion, et elle n'admettait point les passions,—chez la femme, bien entendu, car chez l'homme c'était tout autre chose. Qu'un homme fît des folies ou commît des crimes pour une femme, cela lui paraissait tout naturel; mais qu'une femme s'inquiétât d'un homme, cela lui avait toujours paru invraisemblable; sur ce point le dicton populaire: «Un de perdu, dix de retrouvés,» était le sien.

Comment la vicomtesse, aux pieds de laquelle elle avait vu les hommes les plus remarquables par la position, le talent, la naissance ou la fortune, des princes, des artistes, des financiers, s'était-elle prise d'une belle passion pour ce ténor qui naguère était garçon d'auberge, c'était ce qu'elle ne pouvait pas comprendre.

Que madame de la Roche-Odon eût voulu savoir ce qu'était ce vainqueur qui avait remporté tant de victoires, c'était ce qu'elle s'expliquait facilement; mais pourquoi, la curiosité satisfaite, ne l'avait-elle pas consigné à sa porte?

Un caprice à satisfaire était excusable; une liaison avec un individu de cette espèce était plus qu'un crime, c'était une maladresse et une faute.

Mademoiselle Emma n'était pas seulement la femme de chambre de madame de la Roche-Odon, elle était encore son intendante, son homme de confiance; c'était elle qui payait les fournisseurs et qui discutait avec les créanciers; elle connaissait donc les ressources et les dettes de la vicomtesse mieux que celle-ci ne les connaissait elle-même.

Que deviendrait-on si cette liaison amenait une rupture avec lord Harley?

Ce serait la misère, et une misère honteuse, à moins que, le comte de la Roche-Odon mourant, on pût mettre la main sur la personne et sur la fortune de Bérengère.

Mais on ne pouvait guère compter sur cette mort d'un homme qui avait la bassesse de prendre toutes sortes de lâches précautions pour conserver sa santé, tandis qu'on pouvait compter d'une manière à peu près certaine sur une rupture avec lord Harley.

Que fallait-il pour que cela arrivât? un rien, un hasard malheureux ou l'indiscrétion d'une ennemie.

Sans doute lord Harley aimait la vicomtesse, il l'adorait, mais si cet amour l'avait empêché jusqu'à ce jour d'ouvrir ses oreilles aux insinuations plus ou moins bienveillantes qu'on avait tentées auprès de lui, il n'irait pas jusqu'à fermer ses yeux à l'évidence. Qu'on lui prouvât que celle qu'il aimait le trompait, qu'elle le trahissait avec un comédien, et tout, l'amour blessé, l'orgueil outragé, se réuniraient pour amener une rupture irréparable.

Alors que ferait-on? que deviendrait-on?

Cette question qu'Emma se posait chaque fois que Cerda venait chez la vicomtesse, avait tout naturellement entretenu la haine qu'elle portait au ténor.

Un fait l'exaspéra.

Toujours aux écoutes et aux aguets pour découvrir quelque chose de désagréable sur son compte, elle avait appris en ces derniers temps que, ne se contentant pas de la vicomtesse, il avait pour maîtresse une Transtévérine, une belle, une superbe, mais aussi une vulgaire fille du peuple.

Naturellement, elle s'était empressée de faire part à madame de la Roche-Odon de cette découverte, et naturellement aussi celle-ci avait eu une terrible explication avec son amant; par malheur, les preuves matérielles de cette liaison manquaient, et Cerda avait pu se disculper. Il y avait eu des querelles, des pleurs, des accès de fureur et de désespoir, il n'y avait point eu rupture, et la vicomtesse s'était rejetée d'autant plus ardemment dans sa passion qu'elle l'avait sentie menacée et qu'elle avait craint de perdre celui qui l'inspirait.

Ce fut le récit de cette infidélité qu'Emma dans sa haine pour le ténor, fit à madame Prétavoine, une fois qu'elle eut la preuve qu'elle pouvait parler sans indiscrétion.

D'ailleurs, s'il y avait indiscrétion à raconter les amours de lord Harley avec la vicomtesse ou celles de la vicomtesse avec Cerda, il n'y en avait aucune à parler de celles du ténor avec sa Transtévérine; cela déchargeait son coeur et le soulageait.

—Un garçon d'auberge ne doit-il pas aimer une fille du peuple?

Et dans ces deux mots «garçon d'auberge,» et «fille du peuple,» elle avait mis un mépris superbe.

—Aimer au-dessus de soi, jamais au-dessous, tel avait été son principe.

A l'exposition de ce principe, madame Prétavoine avait doucement répondu que madame la vicomtesse de la Roche-Odon ne l'avait pas mis en pratique; mais Emma n'avait pas répliqué, et l'entretien en était resté sur ce mot pour ce jour-là.

Et madame Prétavoine s'était retirée, désolée de n'avoir pas pu faire accepter «ses médailles de notre bonne mère qui est au ciel.»

XXXIV

C'était beaucoup pour madame Prétavoine d'avoir pu amener mademoiselle Emma à parler des amours et des amants de sa maîtresse, mais ce qu'elle avait obtenu tout d'abord n'avait guère été satisfaisant.

Que lui importait Cerda et sa Transtévérine?

Ce qui l'eut autrement intéressée, c'eût été un récit un peu détaillé des amours de la vicomtesse et de lord Harley.

Mais en réfléchissant à ce qu'elle avait appris de Cerda et de sa Transtévérine, l'idée lui vint que ce qui, au premier abord, lui aurait paru insignifiant, pouvait au contraire devenir plein d'intérêt.

Madame Prétavoine n'était point une femme d'imagination en ce sens qu'elle n'inventait pas; il lui fallait un fait qui lui servit de point de départ; mais une fois ce fait trouvé, elle savait en tirer tout le parti possible.

Lorsque, dans le recueillement de la nuit, elle se rappela l'histoire de Cerda et de Rosa, elle vit que de ce côté il y avait aussi de la tromperie: Cerda trompait sa maîtresse du Transtévère pour madame de la Roche-Odon, comme celle-ci trompait lord Harley pour Cerda.

Ce fut un trait de lumière.

Ce fut le fait qu'elle avait vainement cherché du côté de la vicomtesse, et qui surgissait du côté de la Transtévérine, tout à coup, juste à point, par une grâce de la douce Providence; car dans tout ce qui lui arrivait d'heureux, madame Prétavoine ne manquait jamais de voir la main de la Providence, qui, selon sa croyance, restait toujours étendue vers elle pour la guider, même alors qu'elle marchait à un but que le vulgaire pouvait trouver peu honnête, mais qui pour elle devenait légitime du moment qu'elle réussissait à l'atteindre. Son raisonnement sur ce point était des plus simples: «Je n'entreprends rien qu'avec l'aide de Dieu; comme Dieu est essentiellement juste, si je réussis, c'est que Dieu a trouvé juste que je réussisse.» Avec une pareille force intérieure, elle n'avait pas besoin de prendre souci des lois de la morale vulgaire, elle n'avait à s'inquiéter que du succès, qui pour elle justifiait tout, puisqu'il était l'oeuvre même de Dieu.

Lorsque ce trait de lumière éblouit son esprit, elle sauta à bas de son lit, et se jetant à genoux sur le plancher de sa chambre, elle adressa un chaleureux acte de grâce à la Providence.

Cette inspiration était divine.

Maintenant elle tenait la vicomtesse, ou tout au moins elle la tiendrait à un moment donné, lorsque par de longs détours elle l'aurait circonvenue et enveloppée.

Ce n'était plus qu'une affaire de temps.

Et à la pensée de prendre ces chemins détournés, au lieu de risquer une attaque directe, dans laquelle elle aurait dû s'exposer personnellement, elle se sentait pleine d'espérance.

Ce qu'il y avait à faire était la simplicité même: il s'agissait tout bonnement d'amener la rupture entre la vicomtesse et lord Harley par l'intervention de la maîtresse de Cerda.

Cette femme aimait Cerda; si on lui prouvait que son amant la trompait avec la vicomtesse et surtout qu'il aimait celle-ci, elle voudrait sans doute se venger.

Alors les choses étant amenées à ce point, il n'y aurait qu'à les diriger de façon à ce que cette vengeance fût telle, qu'une rupture entre la vicomtesse et lord Harley en résultât fatalement.

Si cela était simple de conception, au moins pour madame Prétavoine, il semblait au premier examen que l'exécution devait présenter de sérieuses difficultés:

En effet, madame Prétavoine ne connaissait pas cette Transtévérine.

Elle ne savait même pas quel était son nom.

Elle ignorait quel était son caractère, quelle était sa vie.

Et tout cela réuni formait bien des inconnues.

Mais elle savait que Cerda l'aimait et qu'elle aimait Cerda.

Pour le moment c'était assez, car avec les gens passionnés il y a toujours des ressources, ce sont des instruments sur lesquels on peut compter; une fois qu'on les a mis en mouvement, ils agissent tout seuls.

Or, c'était là pour madame Prétavoine un point capital; il fallait que cette Transtévérine vînt disputer son amant à madame de la Roche-Odon, sans que celle-ci pût jamais soupçonner d'où venait le coup qui la frappait.

Dans son plan primitif, c'était même cette difficulté qui avait le plus sérieusement inquiété madame Prétavoine; comment obtenir de mademoiselle Emma les renseignements indispensables à la rupture, sans que cette fine mouche, la rupture accomplie, se doutât du rôle qu'on lui avait fait jouer et avertît la vicomtesse? Que cela se réalisât et c'en était fait des projets de mariage d'Aurélien; jamais madame de la Roche-Odon n'accorderait sa fille au fils de celle qui lui avait enlevé son amant.

Si, au contraire, on pouvait faire porter ce coup par cette femme du Transtévère, il y avait de grandes probabilités pour que ni Emma, ni madame de la Roche-Odon ne découvrissent jamais à quelle instigation elle avait obéi.

Comment avoir l'idée d'accuser de cette rupture, la personne qui précisément proposait «des saintes médailles de notre bonne mère qui est au ciel,» pour amener par cette intervention divine le mariage de lord Harley et de madame la vicomtesse?

C'était à genoux, la tête appuyée sur son lit, que madame Prétavoine avait examiné les chances que lui offrait cette inspiration; elle aimait en effet cette façon de réfléchir, et c'était ainsi qu'elle avait toujours trouvé ses meilleures idées.

Elle se recoucha; depuis qu'elle était à Rome, elle n'avait jamais si bien dormi; il fallut que le matin la soeur Sainte-Julienne la réveillât.

A l'heure à laquelle il y avait des chances pour ne pas trouver la vicomtesse chez elle, elle retourna via Gregoriana, car elle avait besoin de s'entretenir de nouveau avec Emma et de tirer de celle-ci quelques renseignements complémentaires.

Bien entendu, elle ne se présenta pas franchement pour reprendre l'entretien au point où il avait été interrompu, car plus que jamais maintenant il fallait veiller à ne pas provoquer le plus léger soupçon chez Emma.

Mais elle n'était jamais à court de prétextes et savait en approprier à toutes les circonstances.

Elle venait chercher ses saintes médailles.

—Je ne les ai pas prises, répondit Emma.

—Hélas! je ne le sais que trop, mais je les ai laissées sur la table qui était entre nous; j'en suis certaine.

—Je ne les ai pas vues.

—Ah! mon Dieu! s'écria madame Prétavoine en montrant la plus vive inquiétude.

—Il est vrai que je ne les ai pas cherchées et que je n'ai pas regardé sur cette table après votre départ.

—Alors elles sont sûrement restées à la place où je les avais déposées.

Mais on eut beau chercher, on ne les trouva pas.

Jamais femme n'avait manifesté pareille désolation.

—Ces médailles, ces saintes médailles perdues. Quel malheur! Il est vrai qu'elle pouvait en faire venir d'autres, mais enfin c'était un retard.

Cependant, après quelques instants donnés au chagrin, il lui vint cette pensée consolante qu'elles ne pouvaient pas être perdues, qu'elles étaient tombées dans des mains quelconques, et que là où elles étaient, elles accompliraient assurément des miracles.

Puis avec un sourire:

—Est-ce que ce chanteur est venu hier après mon départ? demanda-t-elle.

Emma hésita à répondre à une pareille question.

—Vous ne savez pas pourquoi je vous fais cette question? demanda madame Prétavoine. Eh bien, je me dis que s'il est venu et que si par mégarde ou pour une raison quelconque il a mis ces médailles dans sa poche...

—Cela n'est pas probable.

—Enfin, s'il les avait mises, elles pourraient très bien amener son mariage avec cette Tibérine.

Emma se mit à rire.

—J'ai mal dit? demanda madame Prétavoine.

—C'est non-seulement le mot qui me fait sourire, mais c'est encore, c'est surtout l'idée du mariage.

—Elles ont accompli de plus grands miracles. Mais de quel mauvais mot me suis-je donc servie?

—Ce n'est pas Tibérine, c'est Transtévérine.

—Enfin, une femme qui habite auprès ou au-delà du Tibre, n'est-ce pas? c'est cela que je voulais dire; mais j'avoue que je n'entends rien à tous ces noms romains; ainsi je n'ai même pas retenu le nom de cette femme ou fille qu'aime ce chanteur.

—Rosa Zampi.

—Vous me le diriez vingt fois, que je ne le retiendrais pas; j'ai la mémoire très-mal organisée pour les noms.

—Moi je les retiens facilement.

—A propos de cette femme et de ce chanteur, je me demande comment vous n'avez pas donné à madame la vicomtesse des preuves de leur liaison.

—Parce que ces preuves sont difficiles à obtenir, j'entends des preuves contre lesquelles il n'y ait pas de défense. Ainsi cette Rose Zampi, étant la fille d'un cabaretier de Transtévère, au bout du pont Quatre-Capi, Cerda prétend qu'il n'a été dans ce cabaret que pour boire un certain vin qui ne se trouve que là; enfin il s'en tire avec des raisons pitoyables, mais qui, pour madame, aveuglée par la passion, sont des raisons.

—C'est épouvantable, s'écria madame Prétavoine en joignant les mains.

Puis revenant au sujet de sa visite:

—Je vous en prie, n'est-ce pas, faites encore chercher mes saintes médailles, et si vous les retrouvez, soyez assez bonne pour me prévenir par un mot; surtout ne me les renvoyez pas.

—Je ne crois pas les retrouver.

Cependant, chose extraordinaire, deux heures après le départ de madame Prétavoine, Emma ayant un livre à prendre sur la table où elles avaient si bien cherché les médailles, les trouva. Comment deux heures auparavant, ne les avait-elle pas vues? Elle ne le comprit pas. Mais enfin, il fallait bien se rendre à l'évidence, elles étaient là.

XXXV

Rentrée chez elle, madame Prétavoine attendit avec impatience le retour d'Aurélien, qui était au Vatican.

Elle avait en effet besoin du concours de son fils.

Aurélien n'étant rentré qu'au commencement du dîner, ce fut le soir seulement qu'elle put lui faire part de sa communication.

—Vous irez demain prendre M. de Vaunoise à l'ambassade et vous vous rendrez avec lui dans le Transtévère, au bout du pont Quatro-Capi; là, vous chercherez, vous demanderez où se trouve le cabaret d'un nommé Zampi,— ce Zampi est père d'une belle fille qui s'appelle Rosa.

Aurélien se mit à rire.

—S'agit-il d'une conspiration?

—Il s'agit de votre mariage.

—Avec mademoiselle Rosa Zampi?

—Avec mademoiselle de la Roche-Odon.

—Alors expliquez-vous, ma mère, car je n'y suis pas du tout, et c'est vainement que je cherche quels rapports peuvent exister entre Bérengère et cette cabaretière.

—Vous m'avez promis l'obéissance.

—Encore faut-il que je sache ce que j'ai à faire.

—Rien.

—Alors pourquoi m'envoyez-vous chez cette fille?

—Pour que vous y alliez.

—Et Vaunoise?

—Pour qu'il vous accompagne.

—Il n'a rien à faire non plus?

—Rien.

—Rien à dire?

—Vous direz l'un et l'autre ce que vous voudrez; je ne vous demande la réserve que sur un seul point: il ne faut pas qu'on sache vos noms.

—Mais cela a l'air d'un roman.

—Imaginez que c'en est un, qui, par un chemin détourné, doit vous mener à mademoiselle de la Roche-Odon.

—Vous savez que ma curiosité n'a jamais été plus vivement surexcitée.

—Tant mieux, cela vous donnera le désir de voir cette Rosa Zampi; au reste, vous n'aurez pas à regretter cette visite, c'est à ce qu'il paraît une des plus belles filles de Rome.

—Il paraît? Vous ne la connaissez donc pas?

—Je ne l'ai jamais vue.

—Et vous savez qu'elle peut faire mon mariage avec Bérengère.

—Elle le peut.

—Comment cela?

—Puisqu'il est entendu que vous ne devez pas comprendre, ne m'interrogez pas; je ne vous répondrais pas.

—Mais Vaunoise, qui ne vous a pas juré obéissance et qui d'ailleurs ne désire pas épouser Bérengère, voudra savoir pourquoi nous allons voir mademoiselle Rosa Zampi.

—Vous lui direz la vérité.

—La vérité?

—Celle que vous savez, qui est que vous allez voir cette fille, pour la voir, parce que vous avez entendu dire que c'était une des plus belles filles de Rome, et que vous lui demandez de vous accompagner dans cette visite parce que vous ignorez où se trouve ce cabaret.

—Vous dites au bout du pont de Quatro-Capi?

—Je ne sais pas le nom de la rue, il y aura des renseignements à prendre pour lesquels M. de Vaunoise vous sera utile; de plus, il vous sera utile encore dans ce cabaret où seul vous ne sauriez quelle contenance tenir, et où d'ailleurs vous ne sauriez probablement pas vous faire comprendre.

—Mais il me demandera qui m'a parlé de Rosa Zampi.

—Vous lui répondrez ce qui vous passera par l'idée, en ayant soin seulement de vous rappeler ce que vous lui avez répondu; il est essentiel, vous devez le deviner, qu'on ne sache pas que c'est moi qui vous envoie chez cette fille.

Le lendemain soir Aurélien rendit compte à sa mère de sa visite: ce cabaret était un bouge dans lequel on buvait du mauvais vin et où l'on jouait à la *morra*; mais Rosa Zampi était réellement une superbe fille, un vrai type de Romaine au front bas, aux yeux ardents, une merveille:

—Et maintenant que dois-je faire? dit-il en riant.

—Retourner là demain et après-demain, puis ne plus y aller; le reste me regarde.

Quelques jours après, madame Prétavoine se rendit chez Mgr de la Hotoie, et en chemin elle s'arrêta pour faire—à bon marché—une acquisition de bonbons pour Cecilia.

—Monseigneur n'est pas ici, dit Baldassare en ouvrant la porte.

Mais avant de parler de cette affaire, madame Prétavoine voulut voir Cecilia manger ses bonbons, s'extasiant sur sa gentillesse quand elle croquait le sucre, admirant ses dents, admirant ses yeux brillants de gourmandise, l'embrassant, la caressant et répétant sans cesse:

—Êtes-vous heureux d'avoir une fille.

Puis quand Cecilia fut descendue dans la cour du palais:

—Ah! si j'avais une fille, dit-elle, au lieu d'un fils, vous ne me verriez pas tourmentée comme je le suis.

Et de fait elle paraissait en proie à l'inquiétude et au chagrin.

Poliment Baldassare lui demanda ce qui la tourmentait ainsi.

—C'est précisément pour cela que je viens vous demander service, un grand, un très-grand service.

Mais avant de vous dire ce dont il s'agit, il faut que je vous explique comment l'idée m'est venue de m'adresser à vous. Cette idée m'a été inspirée par la tendresse que vous témoignez à votre petite fille, à cette si jolie, si gracieuse, si charmante, si séduisante Cecilia; pensant à cette tendresse, il m'a semblé qu'un bon père tel que vous devait compatir aux chagrins et aux inquiétudes d'une mère, et même, si cela lui était possible, vouloir les soulager.

—Oh! assurément, madame, et surtout s'il s'agissait d'une personne telle que madame.

—Précisément, il s'agit de moi, et d'avance je vous remercie de vos bonnes dispositions.

—M. Aurélien...

—Mon fils est un bon jeune homme; il a toutes les qualités, toutes les vertus, mais enfin c'est un fils, ce n'est pas une fille; de là le mal, de là mes inquiétudes. On m'a rapporté, et j'ai tout lieu de croire ce renseignement exact, que mon fils s'était laissé toucher par la beauté extraordinaire d'une jeune fille du Transtévère. Ce qu'il y a de certain, c'est qu'on l'a vu chez elle.

Et cela est d'autant plus facile que le père de cette jeune fille tient un cabaret au bout du pont Quatro-Capi.

—M. Aurélien!

—Hélas! oui. Vous voulez dire, n'est-ce pas, que mon fils, dans sa position et avec la fortune dont il jouira un jour, ne doit point se prendre d'amour pour la fille d'un simple cabaretier. Cela est bien juste. Malheureusement cela n'est juste que pour nous; les jeunes gens ne raisonnent pas, ne sentent pas comme les personnes de notre âge, et mon fils s'est laissé toucher par la beauté extraordinaire de cette jeune fille. Quels sentiments ressent-il pour elle? Je l'ignore. Est-ce une amourette? Est-ce un amour véritable? Si c'est une simple amourette, cela n'est pas bien grave, nous quitterons Rome, et il n'en sera plus question; car vous pensez bien que je ne suis pas femme à permettre que mon fils ait une maîtresse.

Baldassare fit un signe d'assentiment à l'énonciation de ces principes.

—Si au contraire c'est un amour véritable, les choses prennent une importance capitale. Si je ne suis pas femme à permettre que mon fils ait une maîtresse, d'autre part je ne suis pas femme non plus à faire son malheur parce que celle qu'il aimerait serait la fille d'un simple cabaretier. Que cette jeune fille soit digne de lui par les qualités morales, par ses vertus, et je ne m'opposerais pas à ce qu'il la prît pour femme, bien que cela ruinât d'autres projets que j'ai en vue. En ce moment mon embarras est donc bien cruel, et voilà pourquoi je m'adresse à vous.

Baldassare laissa paraître une surprise qui disait clairement qu'il ne s'imaginait pas du tout comment il pouvait soulager l'embarras de madame Prétavoine.

Elle poursuivit:

—Ce qu'il me faudrait savoir présentement, c'est si ce que mon fils éprouve pour cette jeune fille est une amourette ou de l'amour; et aussi quelle est cette jeune fille, ce qu'est son éducation, ce que sont ses moeurs, en un mot toute une série de renseignements qui me la fassent connaître. Et c'est là une tâche presque impossible pour moi. Comment aller dans ce cabaret, moi, une femme, moi qui ne sais pas un mot d'italien, enfin moi qui ne dois pas m'exposer à être rencontrée là par mon fils. Sans doute, je pourrais y envoyer une personne de ma connaissance, mais cette personne qui ne sera pas de ce quartier et, d'autre part, qui ne ferait pas partie du monde qui fréquente ordinairement ce cabaret, pourrait éveiller les soupçons de cette jeune fille, et alors les renseignements que nous aurions ainsi seraient faussés.

Elle fit une pause, mais Baldassare ne disant rien, elle dut continuer:

—Voilà pourquoi je m'adresse à vous, à vos sentiments de père, en vous demandant si vous voulez être cette personne.

—Moi, madame!

—Mais sans doute; vous avez de la finesse, de la prudence, vous savez regarder autour de vous, vous savez écouter. De plus vous êtes presque du même quartier que cette jeune fille, puisque vous n'avez que le pont à traverser. Il vous serait donc facile, si vous y consentiez, de me rendre ce grand service. Pour cela, vous n'auriez qu'à aller pendant plusieurs jours vider une bouteille de vin, que je serais heureuse de vous offrir dans ce cabaret, où vous sauriez bien vite tout ce que j'ai un si grand intérêt à apprendre sur cette jeune fille,—qui se nomme Rosa Zampi.

Il était bien difficile à Baldassare de refuser une pareille mission, qui d'ailleurs le flattait dans son amour-propre.

Il promit donc de faire ce que lui était demandé, et en même temps il promit de ne parler à personne de la confidence qu'il venait de recevoir, et à Monseigneur moins encore qu'à tout autre, car c'était surtout à Monseigneur que madame Prétavoine tenait à cacher cette faiblesse de son cher fils: cet orgueil d'une mère n'était-il pas tout naturel?

XXXVI

Quelques jours après cette visite à Baldassare, madame Prétavoine apprit en rentrant chez elle que le domestique de Mgr de la Hotoie s'était présenté en son absence pour la voir; et il avait prié mademoiselle Bonnefoy de dire à madame Prétavoine qu'il avait rempli la mission dont elle l'avait chargé, et que le danger qu'elle redoutait n'existait pas.

—Je regrette de n'avoir pas une communication plus précise à vous faire, dit mademoiselle Bonnefoy, mais c'est tout ce que j'ai pu obtenir de cet homme, il reviendra avant la fin de la semaine.

Ceci se passait le mardi.

Le vendredi, madame Prétavoine se rendit chez Mgr de la Hotoie, sachant que ce jour-là elle trouverait Baldassare seul, l'évêque de Lyda étant retenu au Vatican par les devoirs de sa charge.

Elle n'avait pas hâte de savoir «comment le danger qu'elle redoutait n'existait pas,» puisqu'elle avait ellemême inventé ce danger, et pourvu qu'elle empêchât Baldassare de s'exposer de nouveau à la curiosité des demoiselles Bonnefoy, cela suffisait.

Comme elle avait pour règle de conduite de ne jamais se présenter les mains vides, chez les gens dont elle avait besoin, elle remplaça cette fois les bonbons par un jouet pour Cecilia, et dans sa générosité elle alla jusqu'à le payer cinq lires. Si Baldassare avait bu un litre avec des amis chaque fois qu'il avait été chez le cabaretier Zampi, il n'était vraiment pas juste qu'il supportât ces dépenses; dix litres à 30 centimes, cela faisait trois francs. C'était donc un remboursement ce jouet de cinq lires, et de plus un cadeau. Elle ne lui devait plus que de la reconnaissance,—ce qui heureusement se paye par à-compte. Tout d'abord ces à-compte sont considérables, mais ils vont bien vite en diminuant progressivement d'importance jusqu'au dernier, pour lequel il n'y a que les gens vraiment prodigues qui ne demandent pas qu'on leur rende leur monnaie.

—Si je n'avais pas craint de paraître vouloir vous presser, je serais venue plus tôt, dit madame Prétavoine, tant j'étais inquiète.

—J'avais cependant bien recommandé qu'on vous dit que le danger que vous redoutiez n'existait pas.

—Quel danger?

—Mais celui dont vous m'aviez parlé, que M. Aurélien aime cette Rosa Zampi.

—Que me dites-vous là, mon excellent monsieur Baldassare.

—Je ne dis pas que M. Aurélien n'a pas trouvé que Rosa n'était pas une belle fille, car c'est vraiment une très-belle fille, mais rien n'indique qu'il éprouve véritablement de l'amour pour elle, et quant à l'épouser il n'y à rien à craindre de ce côté. Rosa n'est pas une fille qu'on épouse, et la preuve c'est que ceux qui l'ont aimée ne l'ont pas épousée.

—Mais ce qu'on m'a rapporté...

—Ce qu'on vous a rapporté, c'est que M. Aurélien et un autre Français de ses amis avaient fréquenté le cabaret de Rosa Zampi; cela est vrai.

—Vous voyez bien.

—C'est-à-dire que c'est vrai et que ce n'est pas vrai; pendant plusieurs jours on les a vus chez Zampi, et tout de suite on a dit qu'ils venaient pour sa fille, ce qui est bien possible, car ce *spaccio divino* n'est pas un endroit où vont ordinairement des personnes de la classe de M. Aurélien; mais bien que M. Aurélien ait fréquenté ce débit, cela ne prouve pas qu'il aime Rosa; ce qu'on appelle aimer d'amour, ni surtout qu'il ait eu la pensée de la prendre pour femme. Ceux qui vous ont fait un pareil récit ont commis une grosse exagération.

—Vous en êtes sûr?

—Je vous le jure sur mon salut.

—Ah! mon excellent M. Baldassare, comme vous me rendez heureuse! s'écria madame Prétavoine.

Et dans son effusion de joie, elle leva vers le ciel ses yeux remplis d'une douce extase.

Baldassare n'était pas une nature douce, cependant il fut touché de cette explosion de sentiments maternels: comme elle aimait son fils!

Au bout de quelques instants elle redevint assez maîtresse d'elle-même pour reprendre l'entretien:

—Assurément, je vous crois, dit-elle, et bien que vos paroles soient en complète contradiction avec celles qui m'avaient inspiré ces craintes relativement à mon fils, j'ai pleine confiance en vous; de là cette joie dont je n'ai pas pu modérer l'expression; je vous sais homme sage, prudent, fin et incapable de vous tromper, aussi bien que de vous laisser tromper. Si vous me dites que je n'ai rien à craindre de cette fille, je sens que cela est vrai. Cependant... Mon Dieu, pardonnez-moi d'insister... cependant j'ose vous demander de m'expliquer sur quoi vous établissez votre opinion. En un mot qui vous fait croire que mon fils ne peut pas aimer cette fille; et qui vous donne la conviction qu'il n'y a pas à craindre qu'il la veuille épouser? Puisque vous avez cette conviction, faites-la passer en moi, en me disant comment elle s'est établie en vous.

—Par ce que j'ai vu.

—C'est cela même; dites-moi, si vous le voulez bien, ce que vous avez vu et aussi ce que vous avez entendu.

—Ce n'est pas un beau débit que celui de Zampi, mais une hôtellerie comme il y en a beaucoup dans le quartier; cependant, pour être juste, il faut dire que le vin est bon et pas cher, trois sous.

En entendant cela, madame Prétavoine se dit qu'elle avait été trop loin dans sa générosité, avec un jouet de trois francs, elle eût bien payé les services de Baldassare, puisqu'il n'avait déboursé que trente sous pour le vin et encore il avait bu ce vin.

—Tout d'abord, continua Baldassare, mon premier soin a été de tâcher d'apprendre ce qui avait rapport à M. Aurélien. Cela n'a pas été difficile, et j'ai su presque tout de suite qu'on avait vu deux Français dont l'un était M. Aurélien, (je le reconnus au portrait qu'on m'en fit), qui étaient venus plusieurs fois dans l'*osteria* de Zampi.

—Vous voyez.

—Ce fut ce que je me dis aussi, mais ce que j'appris ensuite me rassura. C'est vrai que Rosa est une belle, très-belle fille, mais elle se l'est laissé dire assez souvent pour qu'un homme tel que M. Aurélien n'ait rien à craindre d'elle.

—Voulez-vous dire qu'elle a eu des amants?

—Elle en a eu, et elle en a présentement, au moins elle en a un dont elle est folle.

—Cela, c'est beaucoup.

—N'est-ce pas? Mais il y a plus, son amant, qui est un chanteur, le ténor Cerda, l'aime comme il est lui-même aimé, et il fait bien.

—Vous trouvez qu'elle mérite cet amour?

—C'est-à-dire qu'elle a des manières de se faire aimer qui doivent donner à réfléchir à ses amants. Ainsi, l'année passée, elle avait pour amant un jeune Français, un peintre de l'académie de France. Vous savez, les peintres sont attirés par la beauté des femmes du Transtévère. Était-ce par la beauté, était-ce par la femme même que celui-là avait été attiré? Je n'en sais rien. Mais ce qu'il a de certain, c'est que Rosa qui l'aimait, s'aperçut qu'il ne lui était pas fidèle et, dans une querelle de jalousie, elle fit un malheur.

—Un malheur?

—Vraiment oui, elle lui donna un coup de couteau dont il faillit mourir et dont il fut malade pendant plusieurs mois.

—Un coup de couteau!

—Chez nous, ce n'est pas comme chez vous, la main est près du coeur.

Baldassare savait mieux que personne la promptitude de la main italienne, aussi madame Prétavoine ne voulant pas le laisser se perdre dans ses réflexions dont elle n'avait que faire, se hâta de parler d'autre chose.

—Et cette fille qui donnait un coup de couteau à son amant infidèle, a pris cette année un nouvel amant qu'elle aime passionnément, dites-vous?

—Je répète ce que m'ont dit ceux qui la connaissent bien.

—Oh! je ne doute pas de vos paroles; et maintenant dites-moi, je vous prie, quelle femme est-ce? car si elle inspire de pareilles passions, elle est bien dangereuse.

—Oh! c'est une belle fille.

—Ce n'est pas cela que je veux dire; est-ce qu'elle a reçu de l'instruction?

—Plus que beaucoup de filles du Transtévère; elle sait lire, écrire.

—Vous croyez?

—Je l'ai vue lire et écrire.

—Ce n'est pas là ce que j'entends par instruction.

—Je crois que c'est tout ce qu'elle sait; ce n'est pas une grande dame, vous devez bien le penser; et voilà pourquoi j'ai été vous dire tout de suite qu'il n'y avait pas de danger pour M. Aurélien, même avant de savoir ce que j'ai appris par la suite.

—Oh! quelle inquiétude vous m'enlevez! Jamais je n'oublierai ce service, mon bon M. Baldassare. Maintenant je n'ai plus qu'un chagrin, c'est d'avoir pu sur les propos qui m'ont été rapportés, juger mon fils capable de s'amouracher d'une pareille femme, lui si honnête, si distingué. Ainsi, je vous en prie, ne parlez jamais, n'est-ce pas, de la mission que je vous ai confiée.

—Soyez tranquille, madame.

—Je ne serai tranquille que si vous me jurez de n'en parler à personne; car vous comprenez que cela pourrait revenir à mon fils et je ne veux pas rougir devant lui.

—Je vous jure de n'en parler à personne.

—Et moi, je vous jure de n'oublier jamais le service que vous m'avez rendu.

Il était considérable en effet, ce service.

Ainsi elle savait que Rosa Zampi était femme à donner un coup de couteau à son amant dans un accès de jalousie. Et elle savait aussi que Rosa était en état de lire une lettre.

C'étaient là deux renseignements précieux pour qui saurait en tirer profit.

Ainsi, que Rosa apprît par une lettre anonyme que son amant était chez la vicomtesse de la Roche-Odon, sa maîtresse, et qu'on lui donnât les moyens de les surprendre dans les bras l'un de l'autre, que ferait-elle?

Avec un pareil caractère on pouvait concevoir et caresser les meilleures espérances.

XXXVII

Madame Prétavoine était une femme prudente et avisée, qui ne se laissait pas éblouir par le succès, pas plus celui qu'elle avait obtenu que celui qu'elle espérait, si bonnes que fussent les cartes qu'elle eût en main.

De ce qu'elle avait des chances pour amener une rupture entre madame de la Roche-Odon et lord Harley, il n'en résultait pas pour elle qu'elle devait se contenter de suivre cette seule piste, en négligeant toutes les autres qui pouvaient se présenter.

Par le prince Michel elle pouvait aussi atteindre le but qu'elle poursuivait.

Il fallait donc envelopper le fils comme la mère avait été enveloppée, de manière à réussir avec celui-ci, si par extraordinaire on échouait avec celle-là, et peut-être même combiner ces deux actions si l'occasion s'en présentait, ou plutôt si l'on était assez heureux pour la faire naître: ceux-là ne doivent-ils pas tout espérer qui marchent sous la protection divine?

En se réservant madame de la Roche-Odon et Emma, madame Prétavoine avait confié Michel à Aurélien.

Elle n'avait pas, en effet, pour surveiller le fils les mêmes facilités que pour surveiller la mère, tandis qu'Aurélien pouvait, en continuant et en resserrant sa liaison avec Michel, arriver à une intimité, qui, avec un peu d'adresse, le lui livrerait pieds et mains liés à un moment donné.

Aurélien, qui n'avait pas besoin qu'on l'invitât à travailler lui-même au succès de son mariage, s'était appliqué avec ardeur à faire la conquête de son futur beau-frère, et Michel, qui ne pouvait pas prévoir dans quel but on le courtisait, s'était livré d'autant plus facilement aux séductions et aux flatteries de son nouvel ami, que par suite de son caractère hargneux, de ses insolences, de son égoïsme et de sa brutalité, il n'était pas habitué à une pareille bonne fortune; un homme de son âge, indépendant par position et par fortune, qui acceptait ses rebuffades, cela était précieux.

Ce qui tout d'abord l'avait séduit dans Aurélien, ç'avait été la complaisance de celui-ci à se faire le confident et le compagnon de ses amours avec «la jeune modiste du Corso qui avait du chien».

Ainsi que cela arrive pour un grand nombre de jeunes gens, le prince Michel était très-fier d'avoir une maîtresse à lui, et ce n'était point pour sa vanité une petite chose que de montrer à un camarade combien il était aimé, et aussi comment il savait se faire aimer.

Aurélien avait joué ce rôle de confident avec un talent véritable, écoutant les forfanteries de Michel, riant aux plaisanteries de sa maîtresse, et n'intervenant entre eux que pour les raccommoder lorsqu'ils se brouillaient, ce qui, à vrai dire, arrivait souvent.

Pour Michel, c'était une joie à nulle autre pareille de pouvoir dire à Aurélien:

—Eh bien! mon cher, vous voyez comme nous nous aimons.

Pour lui, le bonheur était fait pour une bonne part de l'envie et de la jalousie qu'il se flattait d'inspirer aux autres: c'était pour humilier les simples bourgeois qu'il était heureux d'être prince; et ç'aurait été pour les écraser de son luxe qu'il aurait voulu être riche, très-riche, insolemment riche.

Ne pouvant se donner ce luxe, il se donnait au moins celui d'être aimé, et par là le plaisir d'accabler Aurélien de l'amour qu'on lui témoignait. Il n'y avait qu'un homme tel que lui, qu'un prince qu'on pouvait aimer, comme il était aimé, et bien certainement cette fille, «qui avait du chien», n'aurait pas prodigué son amour à un autre; il fallait toutes les qualités, toutes les supériorités dont il était doué pour avoir inspiré une pareille passion; et ce n'était pas qu'il eût rien fait au moins pour provoquer cet amour, ni qu'il fît rien pour le conserver, cela eût été indigne de lui; il s'imposait, il n'avait qu'à se laisser aimer, faisant une grâce à celle qu'il daignait admettre à l'honneur de le rendre heureux.

Ils ne sont pas rares, les confidents qui se laissent mettre en tiers entre deux amants, mais ce qui est rare et merveilleux, c'est que d'un rôle tout d'abord passif, ils ne passent pas bien vite au rôle actif et ne se fassent pas les consolateurs de celui des deux qui n'est pas aimé comme il avait espéré l'être.

Aurélien, qui avait débuté par être confident, était resté simple confident, sans vouloir jouer un autre personnage et sans jamais adresser à la maîtresse de son ami une seule parole ou un seul regard dont l'amant le plus jaloux aurait pu se montrer inquiet; il avait bien autre chose en tête que de chercher à plaire à cette fille; ce n'était pas la conquête de la femme qu'il cherchait, c'était celle de l'homme.

Et, grâce au système de complaisance sans bornes qu'il avait adopté avec l'un et d'extrême réserve qu'il pratiquait avec l'autre, il avait atteint son but.

Michel ne pouvait point se passer de lui.

—Quel dommage que nous ne soyons pas du même cercle, disait-il souvent.

Mais malgré toute l'envie qu'Aurélien avait de ne lui rien refuser et de le suivre partout d'aussi près que possible, ce désir n'était pas réalisable, car il y a un abîme entre le club de la Chasse et celui des Échecs; qui fait partie de l'un, ne fait pas partie de l'autre; et Aurélien, le défenseur de Boniface VIII, ne pouvait pas se souiller au contact des libéraux qui ont travaillé au renversement du pouvoir temporel du pape et qui retardent son rétablissement.

Ce n'était pas seulement pour avoir à ses côtés quelqu'un qu'il pourrait accabler de sa grandeur et tourmenter de ses caprices, que Michel aurait voulu qu'Aurélien fît partie du club de la Chasse, c'était encore, c'était surtout dans un but intéressé.

Tout le temps que Michel ne donnait point à sa maîtresse ou à de longues flâneries dans le Corso, il le passait au club de la Chasse, retenu, cloué sur sa chaise par la passion du jeu, et comme il perdait plus souvent qu'il ne gagnait, il aurait eu grand besoin d'un banquier dans la bourse duquel il aurait pu puiser aux heures terribles de la déveine.

Cela lui aurait été d'autant plus commode qu'Aurélien, sur la question du prêt, s'était montré aussi complaisant, aussi coulant que sur toutes les autres.

Un jour que le prince l'accueillait avec une mine hargneuse et par des paroles désagréables, il l'avait doucement interrogé et peu à peu confessé.

—Si vous aviez perdu ce que j'ai perdu cette nuit, nous verrions si vous seriez de bonne humeur!

—Vous avez beaucoup perdu?

—Qu'est-ce que ça vous fait?

—Cela m'intéresse, et ce qui me touche, surtout, c'est de voir votre mécontentement.

—Voulez-vous que je chante quand je ne sais où me procurer la somme que je dois?

—Comment!

—J'ai fait tant d'emprunts à ma mère en ces derniers temps, que je ne peux plus lui rien demander.

—Pourquoi ne vous adressez-vous pas à vos amis?

—Parce que les amis qui ouvrent leur bourse sont plus rares que ceux qui ouvrent leur coeur.

—Laissez-moi vous dire que ceux qui ferment leur bourse après avoir ouvert leur coeur ne sont pas des amis.

—Vous en connaissez des amis de cette espèce idéale?

—Certes, oui; en tous cas j'en connais un.

—Et où est-il?

—Ici.

—Vous!

—Si vous le voulez bien.

Il y a des gens qui ont la fierté dans les manières et d'autres qui l'ont dans le coeur, ce n'était point dans cet organe que le prince Michel Sobolewski avait placé la sienne.

Il tendit la main à Aurélien avec un mouvement d'effusion.

—Mon cher Prétavoine, vous êtes un bon garçon.

—Un ami.

—Oui, un bon ami, soyez certain que je n'oublierai jamais ce que vous faites pour moi en ce moment.

Il l'avait si peu oublié, qu'au bout de quelques jours, il lui avait adressé une nouvelle demande à laquelle Aurélien avait répondu de la même manière, c'est-à-dire en ouvrant sa bourse ou plus justement son livre de chèques.

—Je vous rendrai tout ensemble, mon cher ami, et dans deux ou trois jours; tenez, samedi prochain sans faute; il est impossible que la déveine me poursuive toujours; je vais me rattraper; et puis d'ailleurs j'ai de l'argent à recevoir.

La déveine l'avait cependant toujours poursuivi, et au lieu de recevoir de l'argent il en avait demandé de nouveau à Aurélien, une fois, dix fois, avec des assurances sans cesse plus formelles, mais qui malheureusement ne se réalisaient pas.

Chaque fois qu'Aurélien faisait ainsi un nouveau prêt, il en parlait bien entendu à sa mère, et toujours celle-ci lui répondait:

—Allez toujours.

—Jusqu'où?

—Jusqu'au jour où il sera bien convaincu que vous êtes le beau-frère qu'il désire,—celui qui possède une grande situation financière et qui est assez bêta, comme il dit, pour se laisser mener par le bout du nez.

—Cela pourra nous entraîner loin.

—Pas plus loin que je ne voudrai; d'ailleurs, en lui faisant reconnaître de temps en temps par une simple lettre ce qu'il vous doit, non pas sous la forme d'un reçu, mais par un mot dit en passant, pour ordre, nous prenons nos précautions, et je vous garantis que tout, avec les intérêts et les intérêts des intérêts nous sera intégralement payé, alors même que vous n'épouseriez pas Bérengère.

—Et comment cela?

—C'est encore un secret qui vous sera expliqué plus tard. Pour que ce que je vous propose se réalise, il ne faut qu'une chose: la conviction chez le prince qu'il n'a qu'à vous demander de l'argent pour l'obtenir, et que l'argent qu'il aura perdu la nuit, il est assuré de le trouver chez vous le matin, de manière à payer dans le délai de l'honneur, puisqu'il y a honneur à cela, sa dette de jeu.

—Cette assurance, il l'a.

—C'est ce qu'il faut; il arrivera un jour où elle vous obtiendra le consentement de madame de la Roche-Odon à votre mariage avec sa fille. Prêtez donc, n'hésitez jamais; qu'il sache bien que vous avez une grosse provision à la Banque de Rome, tout est là.

—Et ce secret est connexe à celui de Rosa Zampi?

—Ils se tiennent; en vous expliquant l'un je vous expliquerai l'autre, ou plutôt ils s'expliqueront tous deux seuls et en même temps.

—Et quand cela arrivera-t-il?

—Bientôt, je l'espère, car il n'y a pas de jour, pas d'heure où je ne travaille au succès de cette double combinaison.

XXXVIII

La grande difficulté de l'entreprise, c'était de faire concorder ces diverses combinaisons de manière à ce qu'elles marchassent de front.

Aussi accablait-elle l'abbé Guillemittes de lettres pour le presser d'envoyer le modèle de son église.

Car, de ce côté, elle se trouvait en retard, et elle voyait arriver le moment où elle pourrait faire sauter les mines creusées sous les pieds de madame de la Roche-Odon et de Michel, sans pouvoir en même temps agir auprès du Vatican.

Enfin l'abbé Guillemittes lui annonça que le modèle allait être achevé, et alors, dans le transport de sa joie, elle télégraphia pour commander qu'on lui envoyât ce modèle par grande vitesse, les frais du port devant être acquittés par elle.

Puis elle s'entendit avec Mgr de la Hotoie pour demander une audience au Saint-Père et les autorisations nécessaires pour disposer à l'avance le modèle de son église.

Elle ne pouvait pas, en effet, prendre sous son bras le modèle de l'église d'Hannebault et s'en aller tout simplement à son audience, pas plus qu'elle ne pouvait mettre dans sa poche les cent cinquante mille francs en or pesant cinquante kilogrammes, qui devaient garnir l'intérieur de sa pièce montée.

D'ailleurs ce n'était pas pour avoir une audience comme le commun des mortels qu'elle avait si longtemps attendu et qu'elle s'était imposée de si grandes dépenses; il lui fallait quelque chose d'extraordinaire qui frappât les esprits et s'imposât aux souvenirs.

Nourrie de l'Écriture sainte, elle avait pensé à la promenade de l'arche autour des murs de Jéricho; quelle gloire pour elle, si elle pouvait faire porter de chez les sœurs Bonnefoy au Vatican le modèle de l'église d'Hannebault par quatre hommes: soutenant un brancard sur lequel serait posé son modèle renfermant dans ses flancs les cent cinquante mille francs en or! Elle marcherait seule derrière ce brancard et en tête du cortège elle aurait trois trompettes qui sonneraient comme l'avaient fait les lévites autour de Jéricho; quel triomphe lorsqu'elle arriverait avec cette pompe au Vatican! la garde suisse lui porterait les armes.

Cependant elle avait renoncé à cette idée, en se disant que la police romaine, dirigée maintenant par les spoliateurs, n'autoriserait sans doute pas ces trompettes, et puis en se disant encore que les cent cinquante mille francs exposés ainsi au grand jour pourraient bien être pillés par la canaille. Que fallait-il pour cela? Au milieu de la foule le brancard porté sur les épaules de ses quatre hommes pouvait être renversé; l'or roulait à terre; et il y avait de grandes probabilités pour qu'elle ne retrouvât pas son compte.

De cette cérémonie imposante elle n'avait gardé que la partie qui ne présentait pas de dangers, la promenade du modèle.

Si une police audacieuse prenait dans la force le droit d'interdire les trompettes, elle ne pouvait pas s'opposer à ce que des porteurs traversassent Rome avec un brancard sur lequel serait exposé le modèle de l'église d'Hannebault: les rues sont libres, même pour les objets religieux.

D'ailleurs, à réduire ainsi sa conception première, elle trouvait un avantage, qui était d'entrer enfin en relations avec cet aide de chambre du Vatican, ce Lorenzo Picconi, ce cousin de Baldassare, employé dans la domesticité du pape.

Pourquoi ne réussirait-elle pas, avec lui et par lui, auprès du Saint-Père, comme elle allait réussir par Emma auprès de madame de la Roche-Odon? Les petits ont du bon, on ne les voit pas agir.

D'ailleurs elle commençait à accuser Mgr de la Hotoie d'indifférence à son égard, et elle était bien aise de chercher un autre point d'appui. Peut-être même n'avait-elle que trop attendu.

Plusieurs fois déjà, elle avait essayé de connaître ce Lorenzo Picconi, mais toujours Baldassare, auquel elle n'avait pas pu adresser ouvertement sa demande, avait feint de ne pas comprendre ce qu'elle désirait.

Mais cette fois l'occasion était telle qu'il lui était permis de parler franchement et que Baldassare ne pouvait la refuser.

Cependant elle avait si peu confiance dans la franchise et elle aimait si peu cette manière de procéder, qu'elle s'arrangea de façon à se faire offrir les services de Lorenzo Picconi par Mgr de la Hotoie.

—Son embarras était extrême; elle aurait besoin au Vatican d'un homme qui pourrait l'aider à placer les 150,000 fr. dans le modèle; il fallait un homme en qui elle pût avoir pleine confiance, et qui parlât français (elle savait par Baldassare que Lorenzo Picconi avait été au service d'un prélat français); sans doute elle pouvait offrir ces 150,000 fr. en billets de banque et en agissant ainsi elle ferait même un joli bénéfice; la pièce d'or valant en ce moment 22 fr., elle pouvait, rien que par l'opération du change, gagner 15,000 fr.; mais elle ne voulait pas se livrer à une pareille opération; plutôt que de faire un bénéfice sur Sa Sainteté, elle aimerait mieux en mettre de nouveau de sa poche; seulement il n'était pas facile à elle de porter ces 150,000 fr., car cette somme fait 7,500 louis, lesquels pèsent près de 50 kilogrammes, ce qui est un poids pour une femme et même pour un homme; enfin une fois que les 150,000 fr. seraient au Vatican, il lui faudrait quelqu'un d'adroit pour l'aider à arranger ces 7,500 louis dans l'intérieur du modèle, car elle serait tellement émue à la pensée de paraître bientôt devant Sa Sainteté qu'elle serait incapable de rien faire ni de rien ordonner; ce quelqu'un était-il introuvable?

Et comme Mgr de la Hotoie allait prononcer un nom, elle se hâta de parler de celui qu'elle voulait qu'on lui proposât.

—Est-ce que Baldassare n'avait pas un parent, un ami, parmi les domestiques du palais? Elle croyait se rappeler vaguement, mais très-vaguement, qu'il avait prononcé le nom de cet ami; mais elle avait oublié ce nom.

—Lorenzo Picconi.

—Peut-être, mais elle ne se rappelait pas.

Le lendemain, Lorenzo Picconi s'était présenté chez les soeurs Bonnefoy, et madame Prétavoine l'avait reçu avec les bonnes grâces qu'elle déployait toujours pour ceux dont elle avait besoin.

Longuement elle lui avait expliqué ce qu'elle attendait de sa complaisance, puis en causant tout bonnement, car elle n'était pas fière, elle lui avait dit dans quel but elle était venue à Rome. Tout d'abord c'était pour offrir cette somme au Saint-Père, et puis c'était pour obtenir un titre de comte en faveur de son fils; assurément, jamais titre n'avait été si bien mérité; cependant elle saurait reconnaître le service que lui rendraient ceux qui, directement ou indirectement, hâteraient le moment où le Saint-Père daignerait leur accorder cette grâce; elle ne voulait pas dès maintenant fixer une somme, mais ce serait une grosse somme que se partageraient les intermédiaires.

Elle n'en avait pas dit davantage, laissant la réflexion et l'intérêt agir.

Enfin le modèle était arrivé, et l'heure si impatiemment attendue par madame Prétavoine avait sonné.

A midi, elle avait quitté la maison des demoiselles Bonnefoy pour se rendre au Vatican.

Une de ses grandes inquiétudes avait été de savoir si le temps serait beau; heureusement l'aimable Providence lui avait été favorable, et elle avait pu réaliser son dessein, c'est-à-dire se rendre au Vatican à pied, marchant dans les rues sans boue et sans poussière avec la soeur Sainte-Julienne derrière ses quatre porteurs chargés du modèle de l'église d'Hannebault, dont les cuivres brillaient dans cette claire lumière de Rome; immédiatement sur ses pas venait une voiture dans laquelle se trouvait Aurélien avec les cent cinquante mille francs.

Ce n'était pas tout à fait la pompe qu'elle avait rêvée; cependant ces quatre porteurs chargés de cette église scintillante, cette femme en noir, la tête couverte du voile bien connu des Romains et qui dit qu'on se rend à une audience du pape; cette voiture marchant au pas, tout cela frappait les passants; et dans les rues où elle passait, la via del Tritone, la place d'Espagne (elle prenait le plus long), la via Condotti, la via della Fontanella, le pont Saint-Ange, le Burgo nuovo, on s'arrêtait pour regarder ce défilé et l'on s'interrogeait curieusement.

L'effet qu'elle avait voulu était produit,—même sans trompettes.

Dans la cour Saint-Damase, elle trouva parmi ceux qui l'attendaient Lorenzo Picconi, et on la conduisit dans la salle Mathilde, où se donnent le plus souvent les audiences particulières; là, ses porteurs ayant été renvoyés, elle put, avec l'aide d'Aurélien et de Picconi placer les 7,500 louis dans l'intérieur du modèle, puis cela fait, elle n'eut plus qu'à attendre.

Depuis longtemps, elle s'était préparée à cette audience, se demandant ce qu'elle dirait, et après avoir pesé le pour et le contre, elle avait décidé, avec Mgr de la Hotoie, de ne rien dire et de laisser celui-ci parler.

A cela il y avait plusieurs avantages.

D'abord, elle ne demandait rien elle-même, ce qui, alors qu'elle apportait une offrande si considérable, eût eu quelque chose de grossier.

Et puis elle pouvait, en gardant le silence, s'abandonner à une émotion qui, selon elle, devait produire un bon effet sur le Saint-Père, le flatter et même le toucher.

Lorsque la porte du salon s'ouvrit devant le pape, qui parut entouré de quelques personnes de sa suite, parmi lesquelles se trouvait l'évêque de Nyda, madame Prétavoine se prosterna sur le tapis.

Comme il avait été convenu à l'avance, ce fut Mgr de la Hotoie qui prit la parole et fit la présentation.

Mais ce fut bien plus celle de l'église de l'abbé Guillemittes et des 150,000 francs que de madame Prétavoine qui, dans son petit discours, ne vint que d'une façon incidente et ne tint qu'une place secondaire, celle qu'on accorde à un intermédiaire, à un commissionnaire. Tout, église, offrande, fut ramené par lui à l'abbé Guillemittes, dont il célébra la piété et surtout le dévouement au Saint-Siége.

—Et moi, et moi! se disait à chaque parole madame Prétavoine.

Mais son tour ne vint pas, il y avait tant de choses à dire sur l'abbé Guillemittes qu'on ne pouvait vraiment point parler d'elle.

Dans sa réponse ce fut aussi de l'abbé Guillemittes que le pape parla.

Faisant à madame Prétavoine l'accueil le plus gracieux par le sourire et par les manières, il examina longuement le modèle de l'église d'Hannebault, déclara que c'était une vraie magnificence, et se tournant vers l'évêque de Nyda, il dit qu'il remercierait directement le curé d'Hannebault, dont il bénissait la paroisse avec la plus paternelle affection.

—Et moi! et moi! se disait madame Prétavoine.

Elle aussi fut bénie; mais elle avait voulu, elle avait espéré, il avait été convenu qu'elle obtiendrait davantage.

XXXIX

Madame Prétavoine sortit du Vatican exaspérée, la rage au coeur.

Les sentiments qu'elle éprouvait étaient de même nature que ceux qui l'avaient enfiévrée après sa première visite à M. de la Roche-Odon, alors que pour la première fois de sa vie, elle avait pensé qu'on pouvait prendre plaisir à guillotiner ces gens-là.

Nobles, prêtres, ils étaient les mêmes.

Il fallait se sacrifier pour eux; cela leur était dû; ils n'avaient pas à vous en remercier.

Cet évêque de Nyda s'était-il bien moqué d'elle! et elle ne s'était douté de rien.

Elle avait eu la simplicité de s'imaginer qu'il serait un instrument entre ses mains, et c'était elle qui en avait été un entre les siennes.

Dupe! Elle dupe!

Elle résolut de s'expliquer avec lui, et le lendemain de l'audience elle se rendit à son palais.

—Eh bien, chère madame, dit Mgr de la Hotoie en prenant les devants, avez-vous été heureuse de voir notre Saint-Père? Jamais accueil n'a été plus affable, plus gracieux!

—Je viens vous adresser mes remerciements en mon nom et au nom de M. l'abbé Guillemittes.

—Je pense qu'il sera satisfait; je l'ai mis en pleine lumière, vous laissant vous même jusqu'à un certain point dans l'ombre; et, en parlant ainsi, j'ai cru aller au-devant de vos désirs; vous avez toujours été si bonne, si dévouée pour ce pauvre Guillemittes; d'ailleurs cette façon d'agir était commandée par la faveur dont jouit ici M. l'abbé Fichon, qui est très-appuyé, très-recommandé par des personnes puissantes: c'est une lutte, entre lui et Guillemittes, pleine d'intérêt; si Guillemittes était battu vous succomberiez, vos causes sont solidaires.

—J'ai senti cela.

—N'est-ce pas? d'ailleurs je n'avais pas besoin que vous me le disiez, je n'en ai pas douté un instant; averti au dernier moment qu'on venait de faire une tentative en faveur du vicaire général de Condé, je n'ai pas pu vous prévenir, mais j'ai pensé qu'en me voyant appuyer Guillemittes si chaudement, vous devineriez que j'avais une raison impérieuse pour le faire; je vois que mon pressentiment ne m'avait pas trompé. Si nous réussissons pour Guillemittes, votre succès est assuré; l'un entraînera l'autre. Nos adversaires battus n'oseront rien contre vous. Au contraire, si nous avions commencé par vous, cela eût éveillé leur défiance et nous aurions échoué sur toute la ligne, aussi bien de votre côté que de celui de Guillemittes.

—Est-ce curieux! les raisons que vous me donnez en ce moment sont précisément celles que j'imaginais en venant vous remercier, car c'est une visite de remerciement que je vous fais.

—Je ne la reçois pas; dans quelque temps ce sera différent.

Il était impossible de mettre plus d'affabilité, plus de courtoisie dans les paroles et dans les manières qu'ils n'en déployaient l'un et l'autre dans cet entretien, mais les mots qu'ils murmuraient tout bas au fond du coeur n'étaient pas les mêmes que ceux que leurs lèvres prononçaient avec de gracieux sourires.

—Essayez donc de vous fâcher, disait l'évêque de Nyda.

—Vous me payerez tout cela plus tard, répliquait madame Prétavoine.

Et ils continuaient à se sourire, madame Prétavoine appuyant de plus en plus fort sur sa gratitude, Mgr de la Hotoie se refusant de plus en plus à l'accepter.

—Non, disait-il, pas dans ces termes, je vous prie; plus tard.

—Alors à plus tard, dit madame Prétavoine de guerre lasse.

Et ce fut sur ce mot qu'ils se séparèrent.

Mgr de la Hotoie souriant toujours.

Madame Prétavoine se confondant en respects et en génuflexions.

Mais de son éducation première, au temps où elle courait les rues d'Hannebault avec les gamins de son âge, il lui était resté des façons de penser et de s'exprimer qui, malgré la tenue qu'elle s'imposait maintenant, l'emportaient quelquefois.

A peine avait-elle descendu une dizaine de marches de l'escalier qu'elle se retourna vers la porte fermée, et, lui montrant le poing:

—Canaille! murmura-t-elle, canaille!

Et elle continua son chemin en proie à une colère furieuse, qui de temps en temps lui arrachait des cris étouffés.

Sur son chemin, les gens de son quartier, qui vivent en grand nombre assis ou accroupis devant leur porte, la regardaient passer, et se demandaient si cette femme noire était une folle ou si ce n'était pas le diable.

Elle ne retrouva un peu de calme qu'en pensant à Lorenzo Picconi.

Ah! comme elle avait eu bonne idée de s'adresser à cet aide de chambre.

Celui-là n'était point un personnage, c'était un simple domestique; mais il savait calculer, il savait voir où était son intérêt, et, par cela seul qu'en la servant il se servirait lui-même, il y avait tout lieu de croire qu'il agirait.

D'ailleurs, elle le stimulerait.

Elle lui avait donné rendez-vous pour le lendemain, afin de pouvoir le remercier du service qu'il lui avait rendu.

Il fut exact, et la rémunération qu'il reçut le disposa à l'épanchement.

—Relativement à l'affaire dont on l'avait entretenu, il en avait parlé à quelqu'un, qui l'avait communiqué à une personne, qui l'avait recommandé à un personnage en situation de la faire réussir. On connaissait le nom de madame Prétavoine; on savait quelle était sa piété, et l'on était au courant des charités qu'elle distribuait mystérieusement. Malgré tout le soin qu'elle prenait de se cacher, ces charités étaient connues, car Rome est une ville où tout se sait, le bien comme le mal. Ce personnage avait promis de s'intéresser à cette affaire. Seulement...

Et il s'était arrêté, mais madame Prétavoine lui avait rendu la parole en lui disant que s'il s'agissait d'argent il ne devait pas être embarrassé, attendu que, comme elle le lui avait déjà expliqué, elle était disposée à reconnaître très-largement le service qu'on lui aurait rendu, et à le reconnaître pour tous ceux qui y auraient travaillé.

Ainsi encouragé, il avait continué:

—C'était précisément d'argent qu'il s'agissait, et il en faudrait beaucoup, non pour le personnage en question, il était incapable de recevoir de l'argent, mais pour son entourage qui n'avait pas les mêmes scrupules que lui.

—Je donnerai ce qu'il faudra.

—Il serait fâcheux que madame pût croire qu'à Rome les choses justes ne s'obtiennent qu'avec de l'argent, mais depuis la spoliation des Piémontais la misère est grande.

Et alors il avait longuement expliqué qu'avant cette spoliation il y avait des personnages qui subvenaient aux besoins de leur maison avec les produits des hautes charges qu'ils occupaient. Mais, depuis la spoliation, ces produits avaient été supprimés et les personnages qui n'avaient pas voulu renvoyer de vieux serviteurs s'étaient trouvés bien embarrassés pour les payer. C'était leur charité, leur bonté qui faisait leur gêne. Fallait-il blâmer des serviteurs qui tâchaient de soulager leur détresse?

Assurément ce n'était pas madame Prétavoine qui porterait un pareil blâme: cette détresse arrangeait trop bien ses affaires pour qu'elle ne trouvât pas toutes naturelles les exigences de ceux qui voulaient la soulager.

Car ses idées avaient changé depuis qu'elle avait quitté Condé, et maintenant qu'elle était dans la Ville éternelle, elle ne la voyait plus avec cette auréole de la sainteté devant laquelle pendant si longtemps elle s'était inclinée de loin, respectueusement.

Le respect s'en était allé.

Elle avait vu que dans ce monde de prêtres et de cardinaux on était en proie à l'envie, à la jalousie, à la haine ni plus ni moins que dans le monde profane.

Elle avait constaté que ce n'était point du tout le royaume de la paix et qu'on y vivait dans un état de guerre intestine, se déchirant, se calomniant, s'assassinant pour de mesquines querelles aussi bien que pour de hautes rivalités.

Elle avait entendu raconter des histoires scandaleuses sur certains cardinaux, non par des profanes, non par des ennemis de l'Église, mais par des prêtres, même par des cardinaux médisant de leurs amis, calomniant leurs ennemis.— Celui-ci était de moeurs peu austères et le pape riait lui-même en lisant les entrefilets de la *Capitale* dans lesquels on disait: «Hier le cardinal ***** est entré au numéro **** du Corso, à deux heures, il n'en est sorti qu'à cinq heures; qu'a-t-il pu faire pendant ces trois heures? trois heures!!!»—Celui-là passait son temps à faire la cuisine et on le trouvait chez lui le bonnet de coton blanc sur la tête, en place de la calotte rouge;—l'un a fait une fortune honteuse dans les spéculations des chemins de fer;—l'autre a des intelligences avec le roi et trahit la papauté.

De même sur la *famiglia nobile*, c'est-à-dire sur les personnages qui composent la maison particulière du pape, elle avait réuni toutes sortes de renseignements fort peu édifiants: l'un était d'une rapacité féroce;—l'autre était une nullité;—auprès de celui-ci on réussissait par les femmes;—auprès de celui-là en gagnant l'un de ses domestiques auquel il ne refusait rien.

C'était d'après ces observations, ces récits, ces renseignements qu'elle avait bâti son plan de conduite à l'égard de l'aide de chambre du Vatican.

Que la détresse dont il parlait fût vraie ou fausse, qu'elle fût une excuse valable ou un simple prétexte, peu importait; elle permettait de demander et de recevoir, cela suffisait.

Arrivant seule à Rome et sans la recommandation de l'abbé Guillemittes pour Mgr de la Hotoie, elle n'eût pas eu l'idée de s'adresser à un cardinal ou à un prélat de la *Famiglia pontificia*, mais elle eût cherché à entrer en relations avec le domestique d'un de ces prélats, et elle eût trouvé, secrétaire, cuisinier ou valet de chambre, celui qui pouvait inscrire Aurélien sur le livre de la noblesse pontificale.

Avec ses belles paroles, Mgr de la Hotoie lui avait fait perdre un temps précieux, que Picconi par bonheur allait regagner.

Si elle n'avait pas osé s'expliquer franchement avec l'évêque de Nyda, elle n'eut pas la même retenue avec l'abbé Guillemittes.

Elle lui écrivit une lettre à coeur ouvert,—au moins elle le disait,—et lui expliqua comment Mgr de la Hotoie l'avait sacrifiée; sans doute elle avait été, elle était heureuse de pouvoir contribuer à son élévation, et il savait trop combien elle lui était dévouée pour insister là-dessus, mais enfin elle avait des devoirs à remplir envers son fils et elle le priait de lui faciliter cette tâche.

Qu'il mît en oeuvre tous les moyens dont il disposait pour presser maintenant la démission de Mgr Hyacinthe, et il y avait tout lieu d'espérer qu'il serait préféré à M. l'abbé Fichon.

Aussitôt nommé au siége épiscopal de Condé, il serait bon qu'il organisât un pèlerinage national de Condéens à Rome, et qu'il vînt lui-même à la tête de ce pèlerinage présenter ses remerciements à Sa Sainteté.

Elle espérait bien qu'à cette époque, elle aurait enfin obtenu l'insigne faveur qu'elle demandait; mais enfin, si par extraordinaire elle avait été encore retardée, il pourrait l'aider personnellement.

Car maintenant, c'était son aide personnelle qu'elle réclamait, qu'elle implorait, et non des recommandations auxquelles on répondait obligeamment, gracieusement, mais qui restaient sans effet.

Quelle satisfaction pour elle de le voir alors à la tête de ce pèlerinage!

Tout cela était assez décousu; mais c'était l'habitude de madame Prétavoine, qui avait à un si haut point l'esprit de suite dans les idées, d'écrire avec incohérence; c'était chez elle un système auquel elle trouvait l'avantage de rendre sa vraie pensée plus difficile à saisir.

Or, dans le cas présent, elle avait une pensée, une espérance qu'elle ne voulait pas dire à son confident: c'était, si ce pèlerinage avait lieu, qu'il tournât non à la gloire de l'abbé Guillemittes, mais à celle d'Aurélien.

Quel prestige pour celui-ci, si on pouvait le montrer aux personnes les plus notables du diocèse de Condé, comme le protégé du Saint-Père.

XL

Les choses étant ainsi disposées de ce côté, madame Prétavoine put revenir à madame de la Roche-Odon, à Cerda et à Rosa Zampi.

Il n'y avait pas de temps à perdre avec ces marionnettes, dont elle tenait les fils dans sa main.

En effet, Rosa Zampi pouvait se brouiller avec son amant.

De son côté, la vicomtesse pouvait se fâcher avec Cerda.

Et si l'un ou l'autre de ces résultats se produisait, c'en était fait de toutes ses combinaisons; il fallait trouver autre chose pour amener une rupture entre madame de la Roche-Odon et lord Harley.

Il y avait donc urgence à agir, ou plus justement à faire agir mademoiselle Rosa Zampi, principal personnage de la pièce qui allait se jouer.

Madame Prétavoine avait longuement réfléchi à la façon dont elle devait imprimer l'impulsion à cette marionnette.

Sans doute, la chose en soi ne présentait pas de grandes difficultés.

En écrivant à Rosa Zampi une lettre anonyme que copierait le premier écrivain public venu, et en disant dans cette lettre que Cerda était l'amant de madame de la Roche-Odon, il était bien certain que la jalousie de cette Transtévérine, prompte aux coups de couteau, lui ferait faire quelque éclat.

Ce qu'il fallait à madame Prétavoine, ce n'était pas un coup de couteau donné dans le *spaccio di vino* de M. Zampi père; que lui importait en effet que Cerda reçût ou ne reçût pas des coups de couteau?

Pour elle, pour ses intérêts, il n'y avait qu'une chose utile, c'était que le scandale, si scandale il y avait, ou le coup de couteau (ce qui était meilleur), eussent pour théâtre l'appartement même de madame de la Roche-Odon, de telle sorte que lord Harley ne pût pas conserver le moindre doute ni la plus légère illusion sur ce qui se serait passé.

Mais comment ouvrir l'appartement de la vicomtesse à mademoiselle Rosa Zampi?

Là était la difficulté,—le point délicat,—l'inconnue à dégager et à trouver.

Tout d'abord il était évident qu'une seule personne pouvait ouvrir cet appartement, et cette personne c'était mademoiselle Emma.

En dehors d'elle, ce qu'on chercherait serait peu pratique ou dangereux, et madame Prétavoine était de caractère aussi prudent que peu romanesque; sa règle étant de s'avancer, par un chemin sûr, vers un but qu'elle apercevait dès le départ, et que, dans sa route, elle ne voulait pas perdre de vue.

Puisque c'était Emma qui devait être l'instrument de la rupture entre la vicomtesse et lord Harley, c'était par Emma qu'il fallait mettre Rosa Zampi en action.

Une fois arrêtée à cette idée, madame Prétavoine ne perdit pas de temps pour entreprendre cette négociation.

Elle avait un prétexte pour se présenter, ses médailles, car prévenue par Emma que ces saintes médailles n'étaient pas perdues et qu'elles avaient été retrouvées sur la table même où elles avaient inutilement fureté ensemble, elle n'avait eu garde d'aller les reprendre, réservant cette occasion pour un moment favorable.

—Eh bien, dit Emma en la recevant, vous n'avez guère mis d'empressement à venir chercher ces médailles, et je vous les aurais renvoyées si vous ne m'aviez tant recommandé de ne les confier à personne.

—Savez-vous pourquoi j'ai tardé ainsi?

—Non.

—Vous ne devinez pas?

—Vous avez été occupée par votre réception au Vatican.

—Ah! vous avez su?

—Nous avons vu cela dans les journaux.

—Et qu'a dit madame la vicomtesse?

—Que vouliez-vous qu'elle dit!

—C'est juste; je pensais à Condé en parlant ainsi, mais madame la vicomtesse ne s'intéresse pas à notre cher diocèse. Je vous demandais donc si vous ne deviniez pas pourquoi je n'étais pas venue chercher mes médailles.

—Eh bien, non, je ne devine pas.

—C'était parce que j'espérais que mes prières seraient exaucées et qu'alors vous vous décideriez enfin à coudre ces médailles dans les robes de madame la vicomtesse.

Emma se mit à rire comme elle l'avait fait la première fois que madame Prétavoine lui avait communiqué sa pieuse idée.

—Est-ce que mes saintes médailles seraient inutiles aujourd'hui? demanda madame Prétavoine.

—Elles n'auraient jamais été plus utiles, au contraire.

A de pareilles paroles, il n'y avait qu'à répondre: «Eh bien! prenez-les alors.» Et c'eût été ce que madame Prétavoine eût répondu si elle avait sincèrement voulu les voir cousues dans les robes de madame de la Roche-Odon, mais tel n'était pas son but.

—Alors cela dure toujours? dit-elle.

—Plus que jamais.

—Et l'idée ne vous est pas venue de tenter quelque chose pour rompre cette liaison et rendre la liberté à cette pauvre vicomtesse?

—Oh! si, bien des fois!

—C'est ce que je me disais en pensant à cette malheureuse situation. Il est impossible qu'un jour ou l'autre mademoiselle Emma, qui est si bonne pour madame de la Roche-Odon, ne la sauve pas.

—C'est bien difficile.

—Tout est difficile; seulement, j'ai toujours vu qu'avec de l'adresse et de la persévérance on réussissait ce qu'on voulait fermement.

—J'hésite.

—Ah! je comprends cela; cependant il y a un moment où l'hésitation devient une sorte de complicité.

—C'est ce que je me dis.

—Votre idée, n'est-ce pas, l'idée que sûrement vous avez eue, c'est de faire surprendre ce chanteur auprès de madame la vicomtesse, par cette fille d'au-delà du Tibre, cette... j'ai oublié le nom.

—C'est là justement qu'est la difficulté.

—Est-ce que ce chanteur ne vient pas ici?

—Il n'y vient que trop.

—Est-ce qu'il ne reste pas quelquefois... la nuit?

Emma ne voulut pas répondre, mais elle fit un signe affirmatif.

—Et vous ne savez jamais à l'avance quand il doit venir, quand il doit rester?

—Oui, quelquefois; ainsi je suis certaine qu'il viendra d'aujourd'hui en huit et qu'il restera, c'est sa fête, et madame veut la lui souhaiter; en sortant de son théâtre il se rendra ici pour souper.

—Eh bien! alors?

—Certainement je n'aurais qu'à faire prévenir cette Rosa Zampi, et la constatation de l'infidélité de son amant serait facile pour elle; mais ce n'est pas pour cette fille que cette constatation est utile, c'est pour madame.

—Je ne comprends pas.

—Que m'importe que Rosa Zampi se fâche avec Cerda; ce que je voudrais, ce serait que madame se fâchât avec Cerda.

—Comment, vous croyez que si par une lettre anonyme vous préveniez cette fille que, dans huit jours, c'est-à-dire lundi, n'est-ce pas, à minuit, elle pourra surprendre son amant auprès d'une dame et dans une position à ne laisser aucun doute sur leur intimité; que pour cette surprise elle n'aura qu'à monter au premier étage d'une maison via Gregoriana, n° 81; à sonner, à écarter vivement le jeune domestique qui viendra lui ouvrir et à entrer; vous croyez qu'après que madame la vicomtesse aurait vu cette fille faire une scène à son amant, ce serait seulement une rupture entre la Transtévérine et le chanteur qui se produirait?

—Évidemment non, si les choses se passaient ainsi; mais il me paraît bien difficile, pour ne pas dire impossible, que toutes ces prévisions se réalisent.

—Et pourquoi cela? Il est certain, n'est-ce pas, que cette fille, en recevant votre lettre écrite par un écrivain public, accourt ici. Il est certain, n'est-ce pas, qu'elle peut facilement repousser votre petit domestique. Alors est-ce qu'il n'est pas tout naturel qu'en entendant ce bruit, vous qui êtes occupée à servir le souper des deux coupables, vous ouvriez la porte de la pièce où ils sont; et alors, est-ce qu'il n'est pas tout naturel aussi que cette fille se précipite par cette porte? Ce qui vous paraît difficile me paraît, à moi, aller tout seul. Il est vrai que je n'entends rien à ces intrigues. Cependant il y a une chose certaine que je vois, c'est la liberté de madame la vicomtesse.

—Cela, oui.

—Ce que je vois encore, c'est que c'est vous, vous seule qui la sauvez, et dans des conditions telles que personne ne peut découvrir quel a été votre rôle, et même si vous en avez joué un; car ouvrir une porte en entendant un bruit insolite ne constitue pas une intervention.

Madame Prétavoine n'ajouta pas un mot, car elle avait dit l'essentiel; la réflexion compléterait ce qu'elle avait indiqué.

Se levant, elle mit les médailles dans sa poche.

—Maintenant je vois que je puis les emporter, c'est vous qui ferez le miracle que j'attendais d'elles.

Puis, arrivée à la porte elle s'arrêta.

—Voulez-vous me permettre une question; tout ce que vous me dites est si extraordinaire et s'écarte tellement de nos moeurs bourgeoises, que je n'y comprends rien; comment se fait-il que madame la vicomtesse reçoive ainsi ce chanteur chez elle; lord Harley peut revenir à l'improviste, il me semble.

—Jamais sans prévenir.

—Alors il n'a pas de clef?

—Si; mais lord Harley est un gentleman qui pousse à l'extrême la délicatesse; il ne se présenterait pas ici sans se faire annoncer.

—C'est superbe, cela.

—Ah! madame l'a bien élevé.

XLI

Madame Prétavoine avait obtenu beaucoup plus qu'elle n'avait tout d'abord espéré et imaginé.

Il était bien certain que mademoiselle Emma écrirait la lettre dont elle venait de lui inspirer l'idée.

Il était certain que le lundi suivant Rosa Zampi, pénétrant au n° 81 de la via Gregoriana, surprendrait son amant soupant en tête-à-tête avec madame de la Roche-Odon.

Et il était certain encore que de cette surprise résulterait une scène terrible, dans laquelle se diraient et se feraient toutes sortes de choses dramatiques.

Enfin il était non moins certain que cette scène ne resterait pas circonscrite aux seuls acteurs qui la joueraient: il y aurait du bruit, du scandale, peut-être même des blessures, et lord Harley serait sûrement informé de ce qui, en son absence, se serait passé chez celle qu'il aimait.

Tout cela c'était ce que madame Prétavoine avait prévu et arrangé en expliquant à Emma l'idée que celle-ci «avait sûrement eue.»

Mais l'entretien qu'elle avait dirigé, avait si heureusement tourné qu'elle pouvait maintenant pousser ses avantages beaucoup plus loin.

Ce n'était plus d'informer lord Harley de ce qui se serait passé en son absence chez sa maîtresse, qu'il s'agissait, c'était de le rendre témoin de ce qui s'y passerait sous ses yeux, c'était de lui faire entendre ce qui s'y dirait.

Tout se trouvait changé et, par bonheur, dans un sens favorable à ses desseins.

Sachant ce qu'elle savait maintenant, elle pourrait même se passer du concours de Rosa Zampi; en effet, il suffisait que lord Harley, arrivant dans la nuit, trouvât Cerda et madame de la Roche-Odon en tête-à-tête, soupant galamment, pour rompre avec sa maîtresse infidèle.

Mais il n'y avait aucun inconvénient à aller au delà du simple suffisant.

Bien qu'elle se connût mal aux choses de l'amour, elle savait cependant que les amants sont faibles et que qui dit amoureux dit aveugle et sourd de parti pris, aveugle à ne pas voir ce qui crève les yeux, sourd à ne pas entendre ce qui déchire les oreilles.

Elle était habile, la vicomtesse; qu'elle fût surprise à table avec Cerda, et elle était femme à trouver une explication à ce tête-à-tête; tandis que si lord Harley survenait au moment où Rosa Zampi reprocherait à la vicomtesse de lui avoir enlevé son amant, ou bien arracherait les yeux à Cerda, toutes les explications du monde ne prévaudraient pas contre cette scène qui se passerait devant lui; ce que son amour crédule admettrait, son orgueil justement exaspéré le repousserait; un homme comme lord Harley méprise la femme assez faible pour vous donner comme rival un comédien et pour s'exposer aux injures d'une fille du Transtévère; il y avait là une promiscuité à soulever le coeur le moins délicat.

Il était donc important, puisque les circonstances le permettaient, que lord Harley, Rosa Zampi et Cerda se rencontrassent tous les trois au même moment chez la vicomtesse.

Pour Cerda il n'y a pas à s'en occuper, ce serait madame de la Roche-Odon qui l'inviterait elle-même.

Pour Rosa Zampi, il n'y avait qu'à laisser mademoiselle Emma agir; si une catastrophe arrivait et si la scène ne se renfermant pas dans les paroles dégénérait en actes de violence qui amenassent des recherches judiciaires, Emma seule serait compromise; n'était-ce pas elle qui seule avait eu l'idée de débarrasser sa maîtresse de Cerda; n'était-ce pas elle qui avait fait écrire la lettre de Rosa; ne serait-ce pas elle enfin qui aurait ouvert la porte par laquelle la Transtévérine en fureur aurait pénétré auprès de madame de la Roche-Odon? Emma, Emma seule, aurait tout conçu; Emma seule aurait tout exécuté. Où voir une autre main? Où lui trouver une complice?

Pour lord Harley, au contraire, il fallait se décider à intervenir directement et personnellement.

Assurément cela était fâcheux, et il eût été grandement à souhaiter qu'elle eût établi, soit par elle-même, soit par Aurélien, des relations avec cet Anglais, car alors elle eût pu manoeuvrer avec lui, comme elle venait de le faire avec madame de la Roche-Odon, se tenant dans la coulisse, et mettant en avant des intermédiaires inconscients du rôle qu'on leur donnait à jouer; mais enfin, puisque cela n'avait pas été préparé en temps, il était trop tard maintenant; ce n'était pas en huit jours qu'on pouvait trouver des amis complaisants qui se chargeraient de prévenir lord Harley qu'il était trompé et que pour avoir la preuve de cette tromperie il n'avait qu'à pénétrer chez sa maîtresse le lundi suivant, à minuit, en se servant pour la première fois de sa clef.

Dans ces conditions, il n'y avait donc qu'à agir soi-même, et cela sans perdre de temps.

Le seul moyen qui lui parût sûr était celui qu'elle employait déjà avec Rosa Zampi, une lettre anonyme, que la poste se chargerait de remettre sans inquiétude de savoir ce qu'elle portait.

Mais un embarras se présentait pour madame Prétavoine, qui, ne sachant ni l'italien ni l'anglais, ne pouvait écrire sa lettre qu'en français; or se servir de cette langue à Rome en parlant à un Anglais était une grosse imprudence, qui tout d'abord restreignait les recherches à un petit nombre de personnes.

Il était donc d'une importance capitale que cette lettre fût en anglais ou en italien, et qu'elle fût écrite par quelqu'un qu'on ne pût pas trouver, si on se livrait à des recherches.

Cela réalisé, on n'aurait plus qu'une mauvaise chance de son côté; celle résultant de l'étonnement d'Emma en voyant surgir lord Harley; mais contre celle-là, il n'y avait rien à faire au moins préventivement; si plus tard Emma demandait comment lord Harley avait été prévenu, on se défendrait, et cela serait d'autant plus facile qu'on la tiendrait par la lettre qu'elle aurait écrite elle-même à Rosa.

C'était en revenant de la via Gregoriana chez les soeurs Bonnefoy que madame Prétavoine avait ainsi examiné la situation; arrivée dans sa chambre, elle se mit à sa table et vivement elle atteignit ce qui lui était nécessaire pour écrire: son plan était arrêté, elle avait trouvé celui qui écrirait cette lettre en anglais, sans qu'on pût jamais le découvrir.

C'était un vieil employé qu'elle avait eu pendant vingt ans dans sa maison de banque, où il faisait la correspondance anglaise; elle avait pleine confiance en lui, le sachant incapable d'une indiscrétion, si légère qu'elle fût, et, en mettant les choses au pire, il n'était pas possible d'admettre qu'on allât le chercher jamais à Hannebault pour l'interroger.

«Mon cher Duvau,

«Je vous prie de me rendre le service que voici: vous me traduirez en anglais la lettre ci-jointe, en écrivant votre traduction sur une feuille de papier ordinaire ne portant aucun signe, soit comme en-tête, soit dans la pâte; puis vous mettrez cette lettre dans une enveloppe, sur laquelle vous écrirez: Mylord Harley, Ardea, et vous me l'enverrez dans une seconde enveloppe plus grande; vous me répondrez poste pour poste; l'affaire est importante, de plus elle demande une grande discrétion; je vous l'expliquerais si je n'étais moi-même en tout ceci qu'un simple intermédiaire; et c'est justement cette qualité d'intermédiaire qui fait que je vous prie de me renvoyer cette lettre et celle à traduire, afin que je puisse les remettre à la personne que cette affaire intéresse, laquelle ne connaissant pas, comme moi, vos hautes qualités de probité et de discrétion, ne sera rassurée qu'en détruisant elle-même ces deux lettres.

«Recevez mes remerciements et croyez à mon affection dévouée.

«Veuve PRÉTAVOINE.»

A cette lettre était jointe celle que Duvau devait traduire.

«Mylord,

«Un ami à qui vous avez dix fois fermé la bouche lorsqu'il a cherché à aborder un sujet délicat, vous écrit pour vous donner un avertissement qui vous touche dans votre honneur et dans vos sentiments les plus chers; ne vous en prenez qu'à vous, si au lieu de vous donner cet avertissement de vive voix il est contraint de recourir à une lettre.

«Revenez lundi d'Ardea sans prévenir personne et sans qu'on puisse soupçonner votre intention de retour; allez via Gregoriana; pénétrez avec votre clef deux minutes après minuit dans la chambre de celle que je ne veux pas nommer, et vous verrez si votre honneur n'est pas gravement compromis.

«Si vous voulez savoir qui vous donne cet avis, cherchez parmi vos amis celui qui vous est le plus dévoué, qui vous aime le plus, et vous trouverez. Au reste venez à lui, lorsque les choses seront accomplies, dites-lui un mot, un seul de cette lettre, et il s'en reconnaîtra aussitôt l'auteur; s'il ne la termine pas par son nom c'est pour que vous ne la repoussiez pas, comme déjà tant de fois vous avez repoussé ses avertissements.»

Le samedi matin, par la première distribution, elle reçut la réponse qu'elle attendait.

Avec sa régularité habituelle, Duvau s'était conformé aux instructions qu'il avait reçues: sous la même enveloppe se trouvaient la lettre à lord Harley et celles de madame Prétavoine.

La lettre adressée à lord Harley n'étant pas cachetée, madame Prétavoine l'ouvrit, mais sans pouvoir la lire, puisqu'elle ne savait pas l'anglais; cependant, en l'examinant et en la tournant entre ses doigts, elle remarqua que Duvau avait écrit mylord en deux mots: My Lord; et sur l'adresse elle remarqua aussi un changement; au lieu de mylord Harley: il y avait The Right hon. Lord Harley.

Et alors elle s'applaudit d'avoir eu recours à Duvau, car pleine de confiance en lui, elle se dit que c'était ainsi sans doute que les choses devaient se faire. Sa lettre paraîtrait écrite par un Anglais, et avec la précaution qu'elle avait eu le soin de prendre, de parler au nom de l'amitié, il n'y avait guère à craindre que les soupçons arrivassent jusqu'à elle. Lord Harley chercherait parmi ses amis celui qui aurait pu lui écrire cette lettre, et jamais l'idée ne viendrait à personne que c'était elle, madame Prétavoine. Pourquoi l'eût-elle écrite? Dans quel but! On ne le connaissait pas, ce but. Comment supposer qu'il y avait quelqu'un qui avait intérêt à amener une rupture entre lord Harley et madame de la Roche-Odon, afin d'obtenir de celle-ci, réduite à la misère, de consentir au mariage de sa fille? On n'imagine pas facilement des combinaisons si compliquées; on va au plus près; et dans ces circonstances, le plus près c'était quelque rivalité, quelque jalousie de femme à propos de ce chanteur.

Persuadée qu'Emma écrirait à Rosa Zampi, madame Prétavoine n'avait eu garde de retourner chez la vicomtesse; malgré tout le désir et toute l'impatience qu'elle avait d'être fixée à ce sujet, il fallait éviter qu'on pût constater qu'elle avait cherché à savoir si Rosa avait été prévenue.

D'ailleurs, alors même que celle-ci ne l'aurait pas été, ce qui n'était guère probable, cela n'empêcherait pas lord Harley de surprendre Cerda en tête-à-tête avec madame de la Roche-Odon, et c'était déjà un assez bon résultat pour qu'on lui envoyât la lettre de Duvau.

Elle cacheta donc cette lettre, et elle la porta elle-même à la poste de la piazza Colonna; si lord Harley ne la recevait pas le soir, il la recevrait au moins le lendemain dimanche, et il aurait tout le temps nécessaire pour venir à Rome le lundi soir.

Elle attendit le lundi soir avec une fiévreuse impatience, et de bonne heure elle se retira dans sa chambre disant à la soeur Sainte-Julienne, ainsi qu'à Aurélien, qu'elle désirait se coucher.

Mais au lieu de se coucher, elle atteignit un grand manteau noir à capuchon et l'ayant disposé sur une table, elle souffla la lumière.

Puis cela fait, elle s'installa dans un fauteuil et resta là immobile, comptant les heures de sa pendule qui résonnaient dans le silence de la nuit.

Lorsque la demie sonna après onze heures, elle endossa vivement son manteau mais sans faire de bruit, et sortant à pas glissés elle descendit, au grand étonnement de mademoiselle Bonnefoy la jeune, qui n'était point encore couchée.

—Êtes-vous donc indisposée? demanda mademoiselle Bonnefoy.

La question n'était peut-être pas en situation, car si madame Prétavoine avait été indisposée, elle ne serait pas sortie à onze heures et demie; mais comme mademoiselle Bonnefoy n'osait pas demander franchement: «Où allez-vous en pareille heure?» elle se servait de la question qui s'offrait à son esprit.

—Non, pas du tout; je vous remercie, répondit madame Prétavoine.

Et, sans en dire davantage, elle sortit vivement.

De la place Barberini à la via Gregoriana, la course n'est pas longue; en peu de minutes, madame Prétavoine arriva devant la maison de madame de la Roche-Odon.

Les fenêtres de l'appartement de la vicomtesse étaient éclairées, et par les fentes des rideaux on apercevait des jets de lumière; c'était là un signe favorable: évidemment Cerda était attendu.

Comme madame Prétavoine ne pouvait pas s'établir en faction devant cette maison, elle s'éloigna de quelques pas, marchant le long des murs, enveloppée dans son manteau, la tête si bien cachée dans son capuchon qu'il aurait fallu braquer une lanterne en plein visage pour la reconnaître.

La rue d'ailleurs était déserte, et comme il n'y avait pas de lune au ciel, elle se trouvait assez mal éclairée par le gaz qui laissait çà et là des places dans l'ombre; c'était dans cette ombre que se tenait madame Prétavoine, ralentissant alors le pas et ne l'allongeant que lorsqu'elle recevait en plein la lumière.

Une autre femme eût pu avoir peur dans cette rue silencieuse et déserte, mais c'était un sentiment que madame Prétavoine ne connaissait pas quand elle n'avait pas des grosses sommes d'argent ou des valeurs sur elle.

C'était même parce qu'elle était bien certaine à l'avance de n'avoir pas peur, qu'elle n'avait pas pris une voiture pour venir s'embusquer devant la maison de la vicomtesse: cette voiture aurait eu un cocher, et ce cocher, surpris de cette étrange station aurait pu devenir un témoin gênant; mieux valait être seule dans la rue.

Il y avait à peine dix minutes qu'elle était arrivée, lorsqu'elle vit venir à elle un homme qui marchait avec nonchalance et sans se presser. Lorsqu'il ne fut plus qu'à quelques pas d'elle et sous la lumière du bec de gaz, elle reconnut en lui le jeune homme qu'elle avait vu chez madame de la Roche-Odon la première fois qu'elle s'y était présentée, c'est-à-dire Cerda.

Il passa près d'elle, sans même la regarder; puis, arrivé à la porte de la vicomtesse, il sonna et entra.

Madame Prétavoine allait revenir sur ses pas lorsqu'elle aperçut au loin dans l'ombre une forme confuse qui s'avançait rapidement en rasant les murs.

Alors elle continua lentement son chemin.

La forme confuse s'était nettement dessinée, c'était une femme; sa tête était couverte d'un châle brun; elle passa si vite près de madame Prétavoine que celle-ci ne put voir son visage; elle entendit seulement sa respiration, qui était haletante.

Mais elle n'avait pas besoin de la voir, elle savait que c'était Rosa Zampi.

Arrivée devant le n° 81, celle-ci s'arrêta un moment.

Qu'allait-elle faire?

Les gens du peuple, à Rome, ne sont pas habitués à avoir affaire aux concierges, qui sont rares dans cette ville et ne se rencontrent guère que dans les maisons louées aux étrangers: sans doute Rosa se demandait comment entrer; mais son hésitation ne fut pas longue; elle tira la sonnette; la porte s'ouvrit et se referma; elle était entrée.

Madame Prétavoine, qui s'était arrêtée, revint vivement sur ses pas, et, traversant la rue, se blottit dans l'ombre d'une grande porte, vis-à-vis la maison de la vicomtesse; puis, elle resta là immobile, épiant, regardant, écoutant comme le chasseur à l'affût.

Et de fait, le gibier qu'elle poursuivait n'était-il pas tombé dans son embuscade?

L'heure sonna et frappa sur le coeur de madame Prétavoine.

C'était beaucoup d'avoir amené Cerda et Rosa chez madame de la Roche-Odon, mais maintenant il fallait que lord Harley arrivât.

Si son angoisse fut vive, elle ne fut pas de longue durée; un bruit de pas retentit sur les dalles sonores.

Un homme se montra, il marchait à pas incertains, et de temps en temps il portait la main à son front; arrivé devant la maison de la vicomtesse, il s'arrêta et étendit le bras vers la sonnette; mais au lieu de sonner, il resta le bras suspendu.

Son geste n'avait pas besoin d'être traduit pour madame Prétavoine; c'était celui de l'hésitation.

N'allait-il pas entrer?

Il laissa retomber sa main sans sonner et s'éloigna de quelques pas.

—Le lâche! murmura madame Prétavoine, il n'ose pas.

De nouveau il s'arrêta, l'irrésolution, la perplexité et l'angoisse se trahissaient dans ses mouvements incohérents.

Tout à coup il traversa vivement la rue et se trouva presque face à face avec madame Prétavoine.

Mais il ne prit pas garde à elle; se retournant il regarda les fenêtres de la vicomtesse; des ombres fantastiques simulant des grands bras et des mouvements violents se dessinaient sur les rideaux; en même temps on entendit des éclats de voix.

D'un bond lord Harley sauta la rue et ayant sonné, il entra vivement.

Enfin, enfin!

Ils étaient donc en présence les uns des autres, et si de son affût elle ne voyait point et n'entendait point ce qui se passait et se disait entre-eux, elle pouvait cependant, par les ombres qui se dessinaient sur les rideaux et par les éclats de voix qui retentissaient dans le silence de la nuit, suivre assez clairement la scène pour deviner ce qu'elle était.

Terrible sans doute; mais cela n'épouvantait pas madame Prétavoine, bien au contraire.

Il n'y avait que quelques minutes que la porte s'était refermée sur lord Harley quand elle se rouvrit devant lui; il s'arrêta un moment sur le trottoir comme si tout à coup la nuit s'était faite devant ses yeux.

Poussée par la curiosité, madame Prétavoine avait quitté l'embrasure de la porte dans laquelle elle se cachait, et elle avait avancé de deux pas, le cou tendu.

Brusquement, lord Harley traversa la rue et venant à elle, il lui dit d'une voix furieuse deux ou trois mots en anglais qu'elle ne comprit pas.

Elle se garda de répondre.

Alors il se pencha sur elle pour la regarder, mais dans l'ombre il ne put pas voir son visage qu'elle avait d'ailleurs détourné.

Avant qu'elle eût pu se défendre, il la saisit par le bras et l'entraîna au milieu de la rue, sous la lumière du bec de gaz, et la tenant solidement d'une main malgré les efforts qu'elle faisait pour se dégager, de l'autre il abaissa le capuchon dans lequel elle se cachait.

Puis se penchant de nouveau sur elle, il la regarda.

Mais presque instantanément il lui abandonna le bras, et sans un mot il s'éloigna.

Bien qu'elle ne fût pas peureuse, son saisissement avait été si vif, qu'elle resta un moment sans trop savoir où elle était, après que lord Harley se fut éloigné.

Mais elle n'avait pas l'habitude de s'abandonner à ses émotions pas plus qu'à l'ébranlement de ses nerfs.

Elle réagit vivement et vigoureusement contre la surprise qui, durant quelques secondes, l'avait paralysée, et se dit qu'elle avait été bien bête de se laisser surprendre ainsi.

L'action de lord Harley, incompréhensible tout d'abord, s'expliquait facilement en l'examinant: malgré sa préoccupation, il l'avait vue, lorsque traversant la rue avant de sonner, il s'était presque jeté sur elle, et lorsqu'en sortant il l'avait retrouvée à la même place, l'idée lui était venue qu'elle était là pour l'observer; donc puisqu'elle savait qu'il allait arriver, c'était elle qui devait avoir écrit la lettre anonyme.

Cela se déduisait logiquement, et le reste était tout aussi clair.

S'il l'avait ainsi brusquement entraînée sous le bec de gaz, c'était dans l'espérance de la reconnaître, et s'il s'était éloigné avec un geste de fureur, c'était parce que le visage qu'il avait vu ne lui avait rien dit.

Mais ayant échappé à ce danger, il était imprudent de s'exposer à un autre: Cerda et Rosa, qui, eux aussi, pouvaient l'avoir vue en passant, allaient peut-être venir à elle en la retrouvant là lorsqu'ils descendraient, et il n'était pas du tout certain qu'ils se contenteraient du geste de fureur de lord Harley: les italiens ont le sang plus bouillant que les Anglais, et leur main est prompte au couteau.

Elle s'éloigna donc, si vive que fût son envie de voir la fin de cette scène, qui avait si bien commencé.

Ce qu'elle avait vu, d'ailleurs, était pour elle le point essentiel, celui-là même qu'elle avait désiré et poursuivi,—c'est-à-dire le départ de lord Harley.

Le reste était affaire de simple curiosité. Ce n'était pas la querelle de Cerda avec madame de la Roche-Odon ou de Rosa avec Cerda, qui devait faire le mariage d'Aurélien; c'était celle de lord Harley avec la vicomtesse.

Et pour celle-là, elle était fixée.

Sans avoir vu comment les choses s'étaient passées, elle pouvait sûrement reconstituer leur marche.

En pénétrant chez la vicomtesse, lord Harley avait entendu et vu la scène que Rosa faisait à Cerda, et, aux premiers mots, il avait tout compris. Alors, sans faire lui-même une scène à sa maîtresse, il était sorti.

Cela résultait jusqu'à l'évidence du peu de temps qu'il avait passé dans la maison. Bien certainement il s'était contenté de ce qu'il avait vu et entendu, et s'il avait dit un mot, ç'avait été un seul: «Tout est fini!»

Et, pour madame Prétavoine, ce mot suffisait. Quant au reste, elle n'avait pas à en prendre souci.

La seule question inquiétante qui se présentait, était de savoir si, après être ainsi sorti sous l'impulsion d'une juste fureur, lord Harley ne reviendrait pas ramené par la lâcheté de la passion.

Mais c'était là une question insoluble et même insondable pour le présent; l'avenir seul pouvait la décider.

Et, rentrée dans sa chambre, madame Prétavoine se coucha avec la douce satisfaction d'avoir bien employé sa soirée.

Le lendemain matin, de bonne heure, elle entra dans la chambre d'Aurélien avant que celui-ci fût éveillé, et ce fut le bruit de sa porte qui lui fit ouvrir les yeux.

—Je désire que vous vous arrangiez pour voir le prince Michel aujourd'hui; dit-elle.

—Ah! et pourquoi?

—Pour le voir.

—Et c'est tout?

—C'est le principal, surtout si vous l'observez bien.

—Dans quel sens?

Madame Prétavoine n'aimait point à parler de ce qu'elle avait entrepris, avant de l'avoir mené à bonne fin; mais, dans le cas présent, elle était obligée de manquer à cette règle de conduite, et de s'ouvrir jusqu'à un certain point à son fils, si elle voulait que celui-ci lui vint en aide d'une manière efficace.

—J'ai tout lieu de supposer, dit-elle, que lord Harley a rompu avec madame de la Roche-Odon.

—C'est impossible! Il y a trois jours encore ils étaient au mieux, je puis vous l'assurer.

—Trois jours, c'est bien loin.

—Et quand aurait eu lieu cette rupture, alors?

—Cette nuit à minuit.

—Vous êtes sortie déjà ce matin?

—Non.

—Vous avez vu quelqu'un?

—Personne, ce matin.

—Cependant...

—Vous savez que je ne parle jamais à la légère; je suis sortie hier à minuit, et j'ai appris ce que je viens de vous dire.

Aurélien regarda sa mère avec stupéfaction.

—Et pourquoi voulez-vous que j'observe Michel? demanda-t-il.

—Pour voir l'effet que cette rupture a produit sur lui.

—Je ne peux pas l'interroger?

—Assurément, non; d'ailleurs, interroger les gens est un mauvais moyen pour apprendre ce qu'ils ont intérêt à cacher; je suis certaine de la rupture, mais j'ignore, bien entendu, si elle ne sera pas suivie d'un rapprochement; voilà pourquoi je vous demande d'observer attentivement le prince Michel; si la rupture persiste, elle se traduira dans sa mauvaise humeur; si au contraire un rapprochement se produit, cette mauvaise humeur disparaîtra.

—Michel est toujours de mauvaise humeur.

—Plus ou moins, c'est pour vous, qui devez maintenant le bien connaître, une affaire de mesure; de plus, je vous demande de ne pas lui donner d'argent s'il veut vous en emprunter.

—Cela serait difficile avec les habitudes que je lui ai laissé prendre.

—Vous direz que vous êtes à court.

—Il me demandera de lui donner un chèque sur la banque de Rome.

—Vous répondrez que votre crédit est épuisé; au reste, il s'agit de lui faire tirer la langue pendant quelques jours seulement; c'est un moyen pour moi plus sûr qu'un interrogatoire de savoir où en sont les choses; dans quelques jours vous mettrez de nouveau notre bourse à sa disposition et plus largement que jamais, de façon qu'il soit bien certain à l'avance d'obtenir de vous tout ce qu'il voudra, et qu'il compte sur vous comme sur son banquier, s'il en avait un.

—Comme il a déjà cette confiance, c'est ce qui rend un refus difficile; mais il sera fait ainsi que vous désirez.

—Tout en fréquentant le prince Michel, le plus qu'il vous sera possible aujourd'hui et pendant quelques jours encore, vous verrez aussi votre ami, M. de Vaunoise, et vous écouterez attentivement tout ce qu'il vous racontera; enfin vous écouterez de la même façon tous ceux avec qui vous êtes en relations; il est impossible que la rupture de lord Harley avec la vicomtesse de la Roche-Odon ne soulève pas un scandale dans Rome, et il est impossible que la rupture de Corda avec la vicomtesse d'une part, et d'autre part avec Rosa Zampi...

—Cerda, Rosa Zampi, la vicomtesse!...

—Oui, dit madame Prétavoine en souriant, c'était une échéance.

Et enchantée de sa plaisanterie, elle se mit à rire d'un petit rire sec, en se frottant doucement les deux paumes des mains l'une contre l'autre.

Puis reprenant la parole:

—Vous comprenez, n'est-ce pas, que tout cela va soulever un beau tapage et dans la société étrangère et dans le monde du théâtre; ce que je vous demande, c'est de recueillir avec soin tout ce qui aura rapport à ces divers personnages; seulement, si vous devez écouter, vous ne devez pas parler. Vous ne savez rien, et vous ne saurez que ce qu'on vous aura raconté dix fois. Si vous commettiez aujourd'hui une indiscrétion, ou même si vous laissiez paraître sur votre visage quelque chose qui pût donner à croire que vous connaissez les événements de cette nuit, nous serions exposés à perdre les avantages de cette rupture, et ces avantages seront considérables, puisqu'ils vous feront obtenir le consentement de madame de la Roche-Odon à votre mariage avec Bérengère.

—Un mot seulement, une question?... cette rupture, c'est vous qui...

—Moi!

—Mais...

—Croyez-vous donc que Dieu ne fait rien pour ceux qui sont les siens? Cette rupture est l'oeuvre de la Providence.

—Sans doute, mais...

—C'est le ciel, mon cher enfant, qui veut votre mariage, et rien de ce que nous entreprenons ne réussirait si le ciel n'était pas avec nous; comment voulez-vous que moi, étrangère dans cette ville; qui ne connais pas le chanteur Cerda, qui ne connais pas Rosa Zampi, qui ne connais pas lord Harley, qui connais à peine la vicomtesse de la Roche-Odon, comment voulez-vous que j'aie accompli ces ruptures? C'est à Dieu que nous devons adresser nos remerciements, et pendant que vous allez vous promener dans la ville pour recueillir les fruits de la grâce qui nous est accordée, je vais avec la bonne soeur Sainte-Julienne allumer un cierge pour vous et un pour moi à Saint-Jean de Latran, à Sainte-Marie Majeure, à Saint-Paul, à Saint-Sébastien, à Saint-Laurent et à Sainte-Croix de Jérusalem.

XLII

Madame Prétavoine ne s'était pas trompée en disant que ce qui venait de se passer chez la vicomtesse de la Roche-Odon, allait soulever dans Rome du scandale et du tapage.

Après avoir quitté sa mère, Aurélien se rendit, comme tous les matins, au Gesu pour y entendre la messe.

Au moment où il arrivait devant la grande porte de cette église, il rencontra un de ses amis du cercle des Échecs.

Ils s'arrêtèrent et se serrèrent la main.

—Vous savez la nouvelle? demanda le jeune Italien.

—Quelle nouvelle?

—Un grand scandale.

—Au Quirinal?

—Non, là il est à perpétuité.

—Alors?...

—Alors si vous ne savez rien, je ne puis rien vous dire.

—Si je savais quelque chose il me semble que ce serait justement le cas de ne rien me dire, répliqua Aurélien en souriant.

—Je n'ai pas vu, je ne sais que vaguement, par ouï-dire; je ne peux pas me faire le porte-voix d'un scandale, qui peut-être ne repose sur rien de fondé; et puis, d'autre part, comme il s'agit d'un grand nom de la noblesse française, le cas demande des ménagements particuliers.

—Cela est très-juste, répliqua Aurélien; au reste, je crois que je ne pourrais pas entendre votre récit, sans nous exposer à être en retard pour la messe.

Et sans un mot de plus, ils entrèrent tous les deux dans l'église, et ils allèrent s'agenouiller devant la statue en argent du bienheureux saint Ignace.

Aurélien ne tenait pas du tout aux renseignements de son discret ami, il suffisait que celui-ci lui eût parlé d'une grande nouvelle et d'un scandale, pour que dans la journée il pût aborder les gens de connaissance qu'il rencontrerait en leur disant:

—Le comte Algardi m'a parlé tout à l'heure d'un scandale sans vouloir me le conter; de quoi donc et de qui s'agit-t-il?

Puisque ce scandale était connu du comte Algardi, il devait l'être d'autres personnes.

Ce raisonnement était juste; Aurélien ne tarda pas à rencontrer des gens moins timorés que le comte Algardi.

Dans le Corso on n'entendait que les noms de Cerda, de la vicomtesse de la Roche-Odon et de lord Harley, chacun racontant l'histoire de la nuit à sa manière.

Avant deux heures de l'après-midi, Aurélien avait plus de dix versions de cette histoire, quelques-unes entièrement contradictoires.

Selon la recommandation de sa mère il écoutait tout sans rien dire, ou, s'il se permettait un mot, c'était pour poser une question:

—Et lord Harley?

—Et madame de la Roche-Odon?

—Et Rosa Zampi?

A ces questions, chacun, bien entendu, avait sa réponse.

—Lord Harley avait quitté Rome.—Il était retourné à Ardea.—Il attendait la nuit pour rentrer chez la vicomtesse et lui demander pardon.—Rosa avait donné un coup de couteau à Cerda.

Et nombreux étaient les gens qui terminaient la conversation en disant:

—Je ne manquerai pas demain la représentation de Cerda... s'il chante.

Vers deux heures, Aurélien s'en alla à l'ambassade.

—Eh bien! s'écria Vaunoise dès qu'il l'aperçut, Rosa nous trompait tous les deux.

—Est-ce que c'est vrai?

—Comment, si c'est vrai; rien n'est plus vrai.

Et à son tour Vaunoise raconta l'histoire de la nuit, qu'Aurélien écouta comme s'il l'entendait pour la première fois.

Ce fut seulement à la fin qu'il se permit quelques questions:

—Enfin, comment tout cela est-il arrivé? Ce n'est pas le hasard qui a amené en même temps lord Harley et Rosa Zampi chez la vicomtesse.

—A minuit, cela n'est pas probable.

—Alors?

—Alors madame de la Roche-Odon a des ennemies intimes.

—Je comprends cela; mais ce que je ne comprends pas, c'est cette concordance dans l'arrivée de Rosa et de lord Harley, juste au moment où Cerda se trouvait à souper avec madame de la Roche-Odon.

—Ni moi non plus, mais enfin cela s'est passé ainsi.

—Et la suite?

—Lord Harley a quitté Rome.

—Pour retourner à Ardea?

—Pour aller à Naples; on l'a vu prendre le train de neuf heures et demander un billet pour Naples.

—Alors, c'est une vrai rupture?

—Cela l'indique; mais lord Harley aime si passionnément la vicomtesse qu'il n'a peut-être pas été plus loin qu'Albano; ce ne serait pas le premier qui aurait voulu s'éloigner d'une femme méprisable et qui ne l'aurait pas pu.

—Ce serait une lâcheté.

—Peut-être; mais n'en commet pas qui veut.

—Et Cerda?

—Cerda est rentré chez lui avec pas mal de cheveux en moins et les ongles de mademoiselle Rosa imprimés sur la figure.

—Cela vaut mieux qu'un coup de couteau.

—A son premier amant, Rose a joué du couteau; au second, des ongles; au troisième, elle prendra les choses avec une douce philosophie.

—Et madame de la Roche-Odon, comment-va-telle prendre les choses? On disait qu'elle était folle de Cerda.

—J'avoue que ce qui m'intrigue le plus, c'est de savoir comment Michel Berceau va les prendre: il était bien certain que c'était lord Harley, qui lui fournissait l'argent nécessaire à ses pertes de jeu, non pas en le lui donnant directement, mais par les mains de la vicomtesse; comment va-t-il jouer maintenant?

—Tu sais que je ne croirai jamais cela? dit Aurélien, voulant prendre la défense de celle qui serait bientôt sa belle-mère.

—Qu'est-ce que tu ne veux pas croire?

—Que la vicomtesse acceptait de l'argent de lord Harley.

—Alors d'où lui venaient les deux ou trois cent mille francs qu'elle dépensait chaque année?

—Cela, je n'en sais, rien; mais jamais, je n'admettrai qu'une femme telle que la vicomtesse a accepté une pareille existence.

—Crois ce que tu voudras, et si tu as tant d'estime pour elle va la consoler.

De cet entretien avec son ami Vaunoise, il résultait que lord Harley était parti pour Naples, et c'était là un renseignement d'une grande importance.

Voulant en obtenir d'autres encore, et poursuivre son enquête, Aurélien retourna dans le Corso, où il était sûr de rencontrer vingt personnes qui lui parleraient de cette aventure.

Un peu avant d'arriver à la place Colonna, il aperçut Michel; qui se tenait devant l'entrée du club de la *Caccia*, la tête haute, toisant avec un air d'insolence et de défi les gens qui le regardaient.

Il alla à lui et l'aborda comme à l'ordinaire:

—Comment allez-vous, mon cher prince?

—Pourquoi me demandez-vous cela? répliqua Michel, plus rogue et plus brutal qu'il ne l'avait jamais été.

Sans se fâcher; Aurélien lui prit le bras:

—Voulez-vous que nous fassions un tour dans le Corso?

—Si vous voulez.

Au fond Michel était heureux du secours qui lui arrivait, car il se sentait isolé et perdu au milieu des regards curieux qui de tous côtés se fixaient sur lui, mais il ne convenait pas à sa fierté ni à sa honte d'être sensible à l'offre d'Aurélien: de là son air rogue, de là sa réponse brutale.

Mais eût-elle été plus grossière encore, cette réponse, Aurélien ne s'en serait pas fâché; en effet jamais moment plus favorable ne s'était présenté pour gagner le coeur de son futur beau-frère, au cas où celui-ci aurait un coeur, ce qui était assez problématique, en tous cas pour plaire à son orgueil blessé.

Ils se mirent donc à marcher côte à côte dans le Corso, Aurélien causant joyeusement de choses sans importance; Michel répondant de temps en temps par un oui ou par un non.

Jamais il n'avait porté la tête plus haut, les yeux à quinze pas, le nez au vent, le chapeau légèrement incliné sur le côté, en tout l'attitude provocante de ceux qui se croient méprisés et qui espèrent s'imposer par l'intimidation.

De temps en temps Aurélien, qui le tenait par le bras, sentait ce bras frémir; c'était le regard, c'était le sourire d'un passant, c'était le salut d'un homme de son monde qui avait provoqué ce frémissement.

Ils allèrent ainsi jusqu'à la place du Peuple sans que personne les arrêtât pour leur adresser la parole; on les regardait, quelquefois on les saluait, d'autres fois on détournait la tête comme si on ne les avait pas vus, mais personne ne leur parlait.

Et cependant c'était l'heure où le monde de Rome se trouve dans le Corso, se rendant au Pincio et à la villa Borghèse, ou bien en revenant.

Aurélien avait cru que Michel s'arrêterait à la place du Peuple et qu'ils se sépareraient là; il commençait à être inquiet du rôle qu'il jouait, car il suffisait d'un sourire ou d'un mot pour que Michel souffletât celui qui se serait permis cette marque de mépris, et la perspective d'être témoin dans un pareil duel n'était pas faite pour le rassurer.

Mais Michel voulait se montrer au Pincio et il était trop heureux d'avoir un second pour l'abandonner ainsi.

—Montons au Pincio, dit-il.

Au Pincio l'attitude de Michel fut la même que dans le Corso, avec quelque chose de plus provoquant encore, car la réunion d'un grand nombre de personnes dans cet emplacement restreint rendait l'échange des saluts plus fréquent.

Comme ils étaient arrêtés pour regarder le défilé des voitures qui tournaient autour de la musique, ils aperçurent madame de la Roche-Odon seule dans sa calèche.
Elle se tenait à demi renversée et elle promenait sur la foule des yeux dans lesquels il n'y avait pas de regard: ceux qui ne savaient rien de l'aventure de la nuit précédente pouvaient croire à son indifférence et à son calme; mais ceux qui étaient au courant de cette histoire devinaient qu'elle s'était mis un masque sur la figure de même qu'elle avait mis du rouge sur ses joues et sur son front.
—Voici ma mère, dit Michel, il faut que je vous présente à elle; liés comme nous le sommes, il est ridicule que vous ne soyez pas reçu chez elle.
Et de la main faisant un signe au cocher, il arrêta la voiture.
A la présentation faite par son fils, madame de la Roche-Odon qui avait tout d'abord paru sortir d'un rêve, répondit en invitant Aurélien à la venir voir bientôt.
—Où vas-tu? demanda Michel en s'adressant à sa mère.
—A la villa Borghèse.
—Veux-tu nous donner place dans ta voiture, nous irons avec toi, et tu nous ramèneras.
—Mais avec plaisir.

XLIII

Quand madame de la Roche-Odon ramena Aurélien à la porte des demoiselles Bonnefoy, madame Prétavoine, suivie de la soeur Sainte-Julienne, marchant derrière elle comme son ombre; rentrait justement de ses stations dans les saintes basiliques où elle avait été allumer des cierges pour remercier le bon Dieu et la très-sainte Vierge du succès qu'elle avait obtenu.

Venant en sens contraire de la calèche, elle arriva en même temps qu'elle devant la madone des soeurs Bonnefoy.

—Aurélien dans la calèche de la vicomtesse! Quel était ce miracle?

Mais ce n'était point l'habitude de madame Prétavoine de se laisser aller à la surprise.

Elle avait mieux à faire pour le moment d'ailleurs; vivement elle s'avança pour saluer madame de la Roche-Odon et s'informer de sa santé.

—Mère, c'est madame Prétavoine, dit Michel.

Et de nouveau la vicomtesse, qui n'avait guère parlé pendant la promenade, parut sortir de son rêve; sa figure contractée s'anima, ses yeux eurent un éclair, ses lèvres eurent un sourire; on eût dit d'une comédienne avertie par le régisseur que c'était à elle d'entrer en scène, et qui se faisait rapidement la tête de son rôle.

Avec la meilleure grâce du monde elle reprocha à madame Prétavoine de ne pas l'avoir vue plus souvent, et elle exprima l'espérance que désormais elle voudrait bien accompagner son fils dans ses visites.

Puis, cela dit en aussi peu de mots que possible, elle fit signe à Michel d'avertir le cocher de continuer son chemin.

Et avant que les chevaux se fussent remis en route, elle reprit sa physionomie accablée, son regard morne.

Aussitôt madame Prétavoine se tourna vers son fils:

—Vous montez?

—Assurément.

—Alors je vous suis.

Mais avant de rejoindre son fils, qui avait pris les devants, madame Prétavoine fut arrêtée en chemin.

En son absence, mademoiselle Emma était venue pour la voir; elle reviendrait dans la soirée.

La vicomtesse d'un côté, Emma de l'autre, la situation se dessinait; mais avant de se préoccuper de la femme de chambre et de sa visite, il fallait vider la question de la maîtresse.

—Eh bien, demanda madame Prétavoine lorsqu'elle se fut enfermée avec Aurélien, ne m'expliquerez-vous pas comment je vous retrouve dans la voiture de madame de la Roche-Odon?

Aurélien donna ces explications longues, détaillées, complètes; en racontant tout ce qu'il avait fait et tout ce qu'il avait entendu dans sa journée, sans que sa mère l'interrompît une seule fois, sans même qu'elle fît un signe d'approbation ou de blâme.

Lorsqu'il fut arrivé au bout de son récit, elle garda le silence.

Alors les craintes d'Aurélien lui revinrent, et la question qu'il s'était posée souvent en donnant le bras à Michel ou en s'asseyant à côté de la vicomtesse se représenta à son esprit.

—Ai-je eu tort?

Madame Prétavoine le regarda un moment sans rien dire, puis tout à coup se levant et lui prenant la tête dans ses deux mains, elle l'embrassa sur le front.

—Le bon Dieu est avec nous, dit-elle, Bérengère sera votre femme.

—Alors j'ai bien fait d'accompagner Michel?

—N'est-il pas déjà votre beau-frère; non-seulement vous avez bien fait de l'accompagner, mais maintenant il faut le défendre partout, ainsi que la vicomtesse qui est la mère de votre femme; on peut croire d'étrangers ce qu'on ne croit pas des siens; maintenant il me paraît très-possible que madame de la Roche-Odon soit une pauvre calomniée par la malignité publique.

—C'est ce que j'ai déjà répondu à Vaunoise.

—Ah! mon cher fils, comme nous nous entendons; rien n'est plus doux pour mon coeur que cette entente.

Maintenant ce qui inquiétait madame Prétavoine, c'était la visite de mademoiselle Emma. Pourquoi la femme de chambre de mademoiselle de la Roche-Odon voulait-elle la voir? Avait-elle des soupçons?

Ce fut à neuf heures que mademoiselle Emma arriva: madame Prétavoine l'attendait seule dans sa chambre, Aurélien était sorti et la soeur Sainte-Julienne s'était retirée chez elle.

Au premier coup d'oeil, madame Prétavoine vit que l'entretien allait être sérieux, et ce fut une raison pour elle de redoubler de politesse et d'affabilité, mais avec une nuance de tristesse.

—Vous savez ce qui s'est passé? dit mademoiselle Emma.

—Lorsque je suis rentrée ce soir, mon fils m'a parlé de certains bruits qui couraient dans Rome; seraient-ils vrais?

—Quels bruits?

—Une scène aurait eu lieu chez madame la vicomtesse, entre ce chanteur et cette fille; lorsque j'ai appris cela, je n'ai été qu'à moitié surprise, pensant que vous aviez sans doute exécuté votre idée. J'avoue cependant que je ne croyais pas que vous vous y décideriez, car s'il y avait de bonnes raisons pour faire écrire cette lettre, il y en avait tant d'autres pour ne pas l'envoyer! Mais ce qui m'a stupéfiée, c'est ce qu'on m'a dit au sujet de lord Harley. Comment lord Harley se trouve-t-il mêlé à cette affaire? Je n'y comprends absolument rien.

—Ni moi non plus, répondit Emma en regardant madame Prétavoine dans les yeux.

—Ne m'aviez-vous pas dit qu'il ne revenait jamais d'Ardéa sans prévenir madame la vicomtesse?

—Il n'était jamais revenu.

—Alors il avait donc des soupçons?

—Il faut croire.

—Comment lui étaient-ils venus?

—C'est justement ce que je cherche.

—Supposez-vous qu'il ait été prévenu par quelqu'un?

—J'en suis sûre.

—Par qui?

Il y avait tant de simplicité, tant d'ignorance, tant de candeur, tant de bonne foi dans le ton de madame Prétavoine que mademoiselle Emma fut un moment déconcertée.

Mais bientôt elle reprit:

—Une seule personne savait avec moi que cette Rosa Zampi devait se rencontrer hier, à minuit, chez madame la vicomtesse avec Cerda.

—Cela est grave.

—N'est-ce pas?

—J'entends si cette personne avait intérêt à prévenir lord Harley; connaissez-vous cet intérêt?

—Je le cherche.

—Est-ce que cette personne pouvait être ou était une rivale?

—Non.

—Alors ce serait une vengeance.

Emma resta un moment sans répondre; puis, tout à coup, comme si elle prenait son élan pour se jeter au milieu d'un danger:

—Il vaut mieux, s'écria-t-elle, que je vous nomme tout de suite cette personne.

—Je la connais?

—Mais, c'est vous, madame!

—Moi! s'écria madame Prétavoine.

—Vous seule saviez que je devais faire écrire à Rosa Zampi de venir surprendre Cerda chez madame.

Madame Prétavoine joignit les deux mains et levant ses bras vers une madone qui était accrochée vis-à-vis d'elle:

—O sainte Vierge! s'écria-t-elle; ô Marie conçue sans péché!

Et elle resta ainsi assez longtemps, semblant demander une inspiration à cette madone.

Sans doute la madone répondit, car bientôt, se levant, madame Prétavoine vint se placer devant mademoiselle Emma.

—Savez-vous ce que mon fils et moi nous sommes venus faire à Rome? dit-elle.

Emma fit un signe négatif.

—Non, n'est-ce pas; eh bien, je vais vous l'expliquer; mais avant il faut que je vous confie un secret. Vous savez, n'est-ce pas, que nous sommes de l'intimité du vieux comte de la Roche-Odon. Dans cette intimité mon fils n'a pu voir mademoiselle Bérengère sans l'aimer, et il a conçu pour elle une véritable passion. Quand j'ai connu cet amour, j'en ai tout d'abord été malheureuse, car il y a entre mademoiselle Bérengère et mon fils l'obstacle de la naissance; mais, comme la fortune de mon fils est supérieure à celle que mademoiselle Bérengère aura un jour, j'ai pensé que cet obstacle de la naissance pouvait être aplani, et alors nous sommes venus à Rome. Dans quel but, ne le devinez-vous point?

—Non, madame.

—Dans le but de demander à madame la vicomtesse de la Roche-Odon de consentir au mariage de sa fille avec mon fils. Et voilà pourquoi j'ai cherché à me rapprocher d'elle. Voilà pourquoi, froidement accueillie, j'ai cherché à me créer des relations qui me missent en rapport avec elle. Enfin, voilà pourquoi j'ai si vivement insisté auprès de vous pour amener un mariage entre lord Harley et madame la vicomtesse de la Roche-Odon, mais qui était la belle-mère de mon fils. Ce mariage faisait cesser un état que, comme chrétienne, je déplorais, et que comme parente je ne pouvais tolérer. Comprenez-vous maintenant?

—Ce que vous vouliez s'est réalisé; cet état a cessé.

—Il est vrai, et en même temps qu'il prenait fin, notre projet a pris fin aussi. Cet amour, je vous l'ai dit, était le bonheur pour mon fils, c'était l'espérance de sa vie. Mais mon fils et moi nous sommes avant tout chrétiens. Après le scandale épouvantable qui vient de se produire, nous renonçons à ce mariage. Je ne sais si mon fils se consolera jamais de la grande douleur qui vient de le frapper; mais, dut-il en mourir, il offrirait sa vie en sacrifice, plutôt que se laisser entraîner dans l'abîme de honte que ce scandale vient d'ouvrir. Les paroles que je prononce en ce moment sont celles-là mêmes que j'ai fait entendre à mon fils quand il m'a parlé de cette catastrophe. Tout d'abord son cœur s'est révolté; mais j'espère qu'avec la grâce de Dieu, il trouvera des consolations dans notre sainte religion. Voilà, quant à nous, ce qu'a fait l'indiscrétion de cette personne que vous cherchez: notre malheur, la vie de mon fils brisée.

—Madame...

—Oh! je ne vous adresse pas de reproches, je ne me plains même pas; l'excès du malheur rend injustes les âmes qui ne sont point éclairées par la foi; et le vôtre aussi bien que celui de votre maîtresse que vous aimez et servez avec tant de dévouement, est si grand qu'il explique les injustices les plus invraisemblables. Continuez donc vos recherches. Mais si j'ai un conseil à vous donner, que ce soit avec discrétion. Car vous pouvez ne pas toujours tomber sur une femme qui, comme moi, ait fait du pardon des injures, la règle de sa vie. Que serait-il arrivé si je m'étais abandonnée à la colère? Une seule chose, il me semble. J'aurais été trouver madame de la Roche-Odon et je lui aurais dit la vérité. Mon Dieu, je sais bien que vous n'avez agi que dans l'intérêt de madame la vicomtesse. Mais enfin, croyez-vous que celle-ci vous pardonnerait jamais, surtout après ce qui s'est passé, votre intervention dans ses affaires, intervention qui devait la sauver et qui l'a perdue! irrémissiblement perdue.

Et sur ces mots, madame Prétavoine fit un pas vers la porte.

XLIV

Débarrassée de mademoiselle Emma, madame Prétavoine n'était cependant pas à l'abri de tout danger, puisque lord Harley avait vu son visage.

Comment expliquerait-elle sa présence dans la via Gregoriana, à minuit, si lord Harley venait à parler de la personne vêtue de noir qui semblait faire le guet devant les fenêtres de madame de la Roche-Odon?

Assurément elle trouverait une explication, mais la faire admettre serait bien difficile.

Heureusement elle n'eut point cette difficulté à vaincre; après avoir passé cinq jours dans l'inquiétude, elle apprit par Aurélien, qui le tenait de M. de Vaunoise, toujours bien informé, que le soir même de son arrivée à Naples, lord Harley s'était embarqué sur un paquebot de la compagnie Rubatino, allant de Gênes à Bombay.

Quel soulagement!

Si lord Harley partait pour les Indes, c'était que la rupture était définitive; et qu'il voulait fuir sa maîtresse; avant qu'il revînt à Rome, s'il y revenait jamais, elle avait dix fois; cent fois plus de temps qu'il ne lui en fallait pour arracher à madame de la Roche-Odon le consentement qui devait donner Bérangère à Aurélien.

Pendant ces cinq jours, Aurélien avait mis en pratique, avec le prince Michel, la ligne de conduite qui lui avait été recommandée par sa mère, c'est-à-dire qu'il avait refusé de lui prêter de l'argent.

—Il n'en avait pas pour le moment; ses fonds déposés à la Banque de Rome étaient épuisés; dans quelques jours il serait tout à sa disposition, mais présentement c'était impossible.

Si Michel était ordinairement rogue, insolent et brutal, il savait se faire insinuant et gracieux avec les gens dont il avait besoin; alors aucune câlinerie, aucune bassesse ne lui coûtait.

Or, il n'avait jamais eu autant besoin de la bourse d'Aurélien qu'en ce moment; car pour soutenir l'attitude hautaine et provocante qu'il avait prise, il fallait qu'il ne changeât rien à ses habitudes, et qu'on le vît jouer chaque jour comme il jouait depuis qu'il était à Rome.

Et justement il n'y avait qu'Aurélien qui pouvait lui fournir cet argent de jeu; le soir où s'était passée la scène préparée par madame Prétavoine, il était resté au club jusqu'au petit matin, et il s'était retiré devant une assez grosse somme à ses adversaires.

Cette somme il l'avait demandée à sa mère en la grossissant d'un quart, selon ses habitude, et madame de la Roche-Odon la lui avait donnée, avec la superbe indifférence qu'elle avait pour l'argent, aussi bien celui qu'elle recevait, que celui qu'elle dépensait.

Mais cette réserve n'avait pas duré dans les mains de Michel; le lendemain elle était dépensée.

Il était alors revenu à sa mère; celle-ci, sans un mot de reproche ou sans une observation, avait passé la revue de tous ses tiroirs; mais ne trouvant rien par cette excellente raison qu'elle les avait déjà visités et vidés la veille, elle l'avait renvoyé à Emma, qui était sa caissière.

Mais celle-ci n'avait pas pour le fils l'amitié et le dévouement qu'elle avait pour la mère, et même, à dire vrai, elle haïssait du plus profond de son coeur le jeune prince, qui ne l'avait jamais traitée qu'avec grossièreté. Leurs querelles, où les gros mots n'étaient épargnés de part ni d'autre, avaient plus d'une fois troublé la maison.

—Vous ruinez votre mère et vous la ferez mourir de chagrin, dans la misère, disait la fidèle femme de chambre.

—Si ma mère n'avait pas gaspillé ce qui m'appartenait, je ne lui demanderais rien aujourd'hui, répliquait Michel.

C'était pour ne pas recourir à Emma, qui, il le savait d'avance, ne lui donnerait rien, qu'il s'était adressé à Aurélien.

Mais, malgré ses câlineries, Aurélien avait tenu bon.

—Je n'en ai pas, mon cher prince.

—Eh bien! vous avez du crédit, vous qui êtes un homme rangé; usez-en pour moi, et vous m'aurez rendu un service que je n'oublierai jamais.

—Cela est absolument impossible: vous savez que ma mère, qui ne peut pas se reposer et qui a le génie des affaires, voudrait qu'on fondât à Rome une grande banque catholique, qui, centralisant tous les capitaux, serait un puissant moyen d'influence pour la papauté. Comment voulez-vous que, dans ces conditions, moi, son fils, j'aille emprunter quelques milliers de francs: ce serait compromettre son crédit et surtout son autorité. Attendez quelques jours, et je vous promets de mettre à votre disposition les fonds dont vous avez besoin; il ne s'agit que de quelques jours.

Mais précisément Michel ne pouvait pas attendre ces quelques jours, car il se disait que, s'il cessait de paraître à son club et d'y jouer, on ne manquerait pas de murmurer tout bas, peut-être même de crier tout haut que c'était parce que la source qui alimentait ses dépenses venait de se tarir, et, à cette pensée, il était pris d'une rage folle, cherchant parmi ses amis ceux qui les premiers parleraient ainsi de lui, et regrettant de ne pas pouvoir leur loger une balle dans la tête ou six pouces de fer dans le coeur.

—Il s'était alors retourné vers Emma, mais il avait reçu de celle-ci l'accueil qu'il attendait.

—Je n'ai rien, et si j'avais quelque chose, je ne vous le donnerais pas; je le garderais pour votre mère qui ne va pas tarder à se trouver dans un terrible embarras; au lieu de perdre votre temps à jouer, vous feriez mieux de chercher un mari à votre soeur.

—Je n'ai que faire de vos avis.

—Je vais vous en donner un cependant: ne cherchez pas les bijoux et les diamants de madame pour les vendre; je les ai mis en place chez quelqu'un qui ne vous les donnerait pas.

Pendant dix jours, Michel n'avait pas paru à son cercle.

Enfin, au bout de ces dix jours, Aurélien lui avait annoncé qu'il avait un nouveau compte ouvert à la Banque de Rome, et qu'il pouvait mettre à sa disposition les quelques milliers de francs qu'il lui avait fait l'honneur et le plaisir de lui demander.

Dix minutes après, Michel s'asseyait dans le petit salon du fond du club de la Chasse, et la tête haute, le regard dédaigneux, il reprenait la place qu'il avait dû abandonner pendant ces dix jours.

La chance l'avait favorisé, il avait gagné, et le matin il s'était retiré avec une assez grosse somme.

Bien entendu, Aurélien ne l'avait pas revu, mais par des amis communs il avait appris la veine du prince.

Cette veine avait continué pendant plusieurs jours, puis la mauvaise fortune était revenue d'autant plus obstinée que Michel avait joué comme les joueurs malheureux qui, au lieu de calculer et de raisonner, se laissent entraîner par la fièvre de la perte.

Les sommes gagnées avaient disparu et aussi les quelques mille francs prêtés par Aurélien.

Michel s'était dit qu'on l'attendait là pour voir s'il continuerait de jouer, car telle était la situation qu'il s'était faite, que s'il voulait la soutenir il était obligé de jouer bien plus pour perdre que pour gagner et prouver ainsi qu'il pouvait perdre maintenant comme il avait perdu quelques semaines auparavant.

Ne plus jouer c'était avouer qu'il était sans ressources.

Et faire cet aveu, c'était avouer en même temps d'où lui venaient celles qui lui permettaient de jouer intrépidement quelques semaines auparavant.

Il fallait qu'il jouât.

S'il gagnait, c'était bien, il était sauvé!

S'il perdrait, il fallait qu'il continuât de jouer, et fît taire ainsi les interprétations malignes dont il se sentait enveloppé.

De même qu'Aurélien avait connu sa veine, de même il avait appris sa déveine; on ne joue pas à Rome comme à Paris, et il ne s'y établit pas de ces différences considérables qui chez nous, sont telles qu'elles font de temps en temps demander qu'on en revienne aux jeux publics; à Rome, une perte d'une somme assez minime est connue le lendemain de toute la ville; c'est un sujet de conversation et par là une distraction.

Aurélien, qui avait intérêt à savoir ce que faisait Michel, recueillait avidement tous ces bruits, et, jour par jour, heure par heure pour ainsi dire, il était tenu au courant des phases par lesquelles passait la fortune de son futur beau-frère.

Et par lui, madame Prétavoine, soigneusement renseignée, notait les pertes et les bénéfices qui lui étaient annoncés, de manière à faire chaque jour la balance de la situation du prince.

Les bénéfices l'avaient contrariée, mais sans l'inquiéter cependant, car elle avait très-bien deviné les vrais sentiments de Michel.

—Il joue et il jouera, avait-elle dit à Aurélien, non-seulement parce qu'il est joueur, mais parce qu'il tient à démontrer qu'il ne profitait pas de l'argent de lord Harley; et s'il joue il perdra à un moment donné, et par là nous le tiendrons.

—Je n'ose vous demander comment et par quel moyen.

—Il vaut mieux, en effet, que vous ne me fassiez pas cette demande; cependant je veux bien vous dire le moyen que je compte employer et sur quelle espérance il repose, tant cette espérance me paraît maintenant d'une réalisation certaine. La voici: j'espère qu'un de ces jours, et il ne peut pas tarder maintenant, le prince fera une grosse perte, et comme il est à bout de ressources il s'adressera de nouveau à vous.

—Voulez-vous donc que nous nous engagions dans de nouveaux prêts?

—Je veux que le prince soit convaincu que vous ne le refuserez pas et qu'il peut compter sur vous, de manière à jouer sur cette conviction. Quand il aura perdu, il viendra pour vous emprunter la somme qui lui sera indispensable. Il faut qu'à ce moment il ne vous trouve pas. Et cela est à arranger entre moi et les demoiselles Bonnefoy, qui au lieu de le laisser monter à votre appartement comme il en a l'habitude, l'arrêteront en bas en lui disant que vous êtes sorti.

—Et alors?

—Alors j'interviendrai et je n'aurai plus qu'à agir, il sera à nous. Seulement pour faciliter ma tâche, arrangez-vous pour savoir exactement ce qu'il perd comme ce qu'il gagne, et autant que possible pour le savoir au moment même où les choses se passent, ou en tout cas peu de temps après qu'elles se sont passées; et puis le jour où il aura fait la forte perte sur laquelle je compte, arrangez-vous aussi pour qu'il ne vous rencontre pas; si par malheur il vous rencontrait, ne lui donnez rien et remettez-le à quelques heures plus tard.

XLV

Aurélien avait trouvé un moyen sûr d'être exactement informé des pertes comme des gains du prince Michel.

Avec deux membres du club de la Chasse, il avait parié que le prince ne changerait rien à ses habitudes et qu'il continuerait de jouer maintenant comme il avait toujours joué depuis son installation à Rome.

Dans ces conditions, il pouvait interroger tous ceux qui savaient ce qui se passait au club,—il s'agissait de son pari.

Et, de plus, il prenait ostensiblement la défense de madame de la Roche-Odon et de Michel, ce qui était une utile précaution en vue de l'avenir.— N'ayant jamais cru aux infamies qu'on répétait, il était assez naturel qu'il n'eût pas de répugnance à devenir le gendre de la vicomtesse.

Ainsi que madame Prétavoine l'avait prévu et annoncé, Michel retourna au jeu, et comme il n'avait pas pu trouver d'argent auprès d'Emma, ce fut à Aurélien que de nouveau il s'adressa.

Seulement, comme il commençait à être assez embarrassé pour faire ses emprunts, il adopta une nouvelle formule.

—Prêtez donc moi mille francs jusqu'à demain, dit-il à Aurélien, j'en ai besoin pour vingt-quatre heures seulement; je vous promets de vous les reporter chez vous demain dans la matinée, avant onze heures.

A une pareille demande, il était difficile de répondre par un refus; Aurélien avait donc lâché les mille francs, et Michel s'était empressé d'aller les risquer sur le tapis vert du club de la Chasse.

Tout d'abord il avait commencé par gagner, et à six heures du soir Aurélien, passant dans le Corso pour rentrer chez les demoiselles Bonnefoy dîner avec sa mère, avait appris que son ami venait de faire une rafle de trois mille francs sur le baron Kanitz, un jeune Autrichien contre lequel il jouait le plus souvent.

Aurélien avait tout de suite porté cette nouvelle à sa mère, mais celle-ci ne s'en était pas tourmentée.

—Nous n'avons qu'à attendre, avait-elle répondu.

D'ailleurs elle n'était pas en disposition de s'inquiéter ou de se désoler: elle venait de recevoir une dépêche lui annonçant que l'abbé Guillemittes était nommé à l'évêché de Condé, et que le premier acte du nouvel évêque serait d'organiser un pèlerinage à Rome.

—Le Dieu tout-puissant est avec nous, avait-elle dit en terminant son récit, et si le Saint-Esprit nous protége en France, il est impossible que la sainte Vierge nous abandonne à Rome.

La sainte Vierge ne les avait pas abandonnés: dans la soirée Aurélien avait rencontré un des deux amis contre lesquels il avait parié, et celui-ci lui avait raconté que le prince Michel Sobolewski venait de perdre neuf mille francs sur parole; lesquels neuf mille francs, il devait payer le lendemain au baron Kanitz.

—Vous voyez bien qu'il joue, dit Aurélien.

—Je vois bien qu'il a joué, mais je ne vois pas qu'il ait payé.

—Vous le verrez demain.

—J'en doute.

Aurélien s'était empressé de rentrer pour prévenir sa mère.

Aux premiers mots, madame Prétavoine l'avait abandonné et s'était précipitée dans les escaliers comme si le feu était à la maison.

—Si on vient demander mon fils, dit-elle à la femme qui remplissait les fonctions de portier, vous répondrez qu'il n'est pas rentré.

Et cette précaution prise, elle était remontée près d'Aurélien.

—Dieu est avec nous, dit-elle, le prince ne nous échappera pas; il doit venir vous rendre demain les mille francs que vous lui avez prêtés, n'est-ce pas?

—Il m'a promis de venir demain matin avant onze heures.

—Il viendra certainement et, je crois, avant onze heures; seulement ce ne sera pas pour vous rendre vos mille francs, ce sera pour vous en emprunter neuf mille; les choses tournent mieux que nous ne pouvions raisonnablement l'espérer; ce qui vous prouve bien que la Providence vous protège. Bien entendu vous ne serez pas ici.

—Où voulez-vous que j'aille?

—A Naples, et vous allez partir tout de suite.

—Il n'y a plus de train.

—Peu importe; vous quittez cette maison immédiatement, vous allez coucher dans un hôtel auprès de la gare et demain matin vous prenez le premier train; pendant que vous vous promènerez dans Naples j'agirai ici; quand vous reviendrez nous aurons le consentement de madame de la Roche-Odon.

—Je vous admire.

—Ce qu'il faut, c'est m'obéir sans retard; pendant que je vais vous préparer un sac de nuit, mettez-vous à cette table et écrivez au prince.

—Que voulez-vous que j'écrive?

—Quelques lignes pour lui dire que vous partez ce soir pour Naples, d'où vous ne reviendrez que dans cinq ou six jours, et qu'en conséquence vous le priez de retarder jusque-là le remboursement qu'il devait vous faire demain.

Pendant qu'Aurélien écrivait cette lettre, madame Prétavoine entassait dans un sac le linge et les objets de toilette qui pouvaient être nécessaires à son fils pour ce court voyage.

Comme Aurélien, ayant achevé sa lettre, allait se lever de devant le bureau sur lequel il l'avait écrite, sa mère s'approcha de lui.

—A propos, dit-elle, donnez-moi votre cahier de chèques.

Il la regarda avec surprise, car, bien qu'il n'eût jamais fait d'affaires de banque, il connaissait assez ces sortes d'affaires pour savoir qu'un cahier de chèques ne peut servir qu'à la personne à laquelle il appartient, puisque c'est cette personne seule qui doit remplir le chèque et le signer.

—J'en ai besoin, dit-elle.

Il ouvrit les lèvres pour prononcer le mot «pourquoi?» mais il les referma sans avoir dit ce mot.

Il baissa même les yeux sous le regard de sa mère, et ouvrant les tiroirs de son bureau, il lui donna le cahier qu'elle demandait. Sans deviner ce qu'elle en voulait faire, il sentait vaguement qu'il valait mieux ne pas la questionner à ce sujet.

—Que devons-nous faire de cette lettre? demanda-t-il.

—Je me charge de faire tout ce qui sera nécessaire, dit-elle sans répondre directement à la demande de son fils.

Le sac fut bientôt terminé, et Aurélien ayant revêtu un costume de voyage se trouva prêt à partir.

—A Naples, vous descendrez à l'hôtel de Rome, dit-elle, et vous voudrez bien y revenir plusieurs fois par jour, car il est possible que j'aie besoin de vous télégraphier et qu'il faille que votre réponse ne soit pas retardée.

Ils n'avaient plus qu'à descendre, mais madame Prétavoine n'avait pas encore pris toutes ses précautions.

—Comme nous pourrions rencontrer le prince en descendant, dit-elle...

—Cela n'est guère probable.

—Enfin cela est possible; pour éviter cette rencontre qui ruinerait toutes mes combinaisons, je vais envoyer chercher une voiture, elle stationnera à la porte, vous vous jetterez dedans, et vous vous ferez conduire à la gare; puis de la gare vous vous ferez ramener à l'hôtel le plus proche.

Bientôt la voiture fut devant la porte, et pour conjurer tout danger, madame Prétavoine se mit elle-même en faction sur le trottoir, regardant à droite et à gauche à la lueur des deux lampes carcel brûlant devant la madone, si elle n'apercevait point Michel.

Alors elle appela Aurélien qui était resté dans le vestibule, et l'ayant installé vivement dans la voiture, elle l'embrassa rapidement.

—Remerciez le bon Dieu, dit-elle.

Puis la voiture se mit en route du côté de la place Barberini, et madame Prétavoine referma elle-même la porte d'entrée.

Mais avant de remonter chez elle, elle appela la portière.

—Il est possible que le prince Sobolewski vienne demain matin pour voir mon fils, dit-elle; vous lui répondrez que M. Aurélien est sorti et qu'il a laissé une lettre pour lui.

La portière tendit la main, mais madame Prétavoine ne lui donna pas la lettre dont elle parlait.

—Vous prierez le prince de monter dans la chambre de mon fils, et vous lui direz qu'il trouvera cette lettre sur son bureau.

Et comme la portière la regardait surprise de cette façon de procéder:

—Comme le prince aura probablement à répondre à mon fils, il trouvera là ce qui lui sera nécessaire pour écrire, et cela sera plus commode.

Puis, sans en dire davantage, elle monta à son appartement.

Mais elle ne se coucha point.

Étant entrée dans la chambre de son fils, elle mit en belle place sur le bureau, de façon à frapper la vue, la lettre qu'Aurélien avait écrite au prince, puis à côté elle plaça le cahier de chèques tout ouvert, comme si Aurélien avant de partir l'avait oublié là.

Cela fait, elle disposa une lumière sur le bureau, et allant à la porte, elle joua le jeu d'une personne qui entre et qui cherche quelque chose.

Elle fut satisfaite de ses dispositions: la lettre tirait bien l'oeil et il était impossible de la prendre sans remarquer le cahier de chèques.

Alors seulement elle se coucha, après avoir fait une longue prière, pour remercier le bon Dieu des grâces qu'il lui accordait: l'abbé Guillemittes, évêque de Condé, Michel endetté de neuf mille francs, la journée avait été heureuse, Bérengère épouserait Aurélien et serait comtesse Prétavoine.

Le lendemain matin, au jour naissant, elle se leva, et allant trouver la chère soeur Sainte-Julienne, elle la chargea de commencer pour elle des neuvaines dans cinq ou six églises aux quatre coins de Rome, de telle sorte que la chère soeur, qui devait faire toutes ces courses à pieds, ne pouvait être de retour qu'après midi.

Pour elle, se trouvant souffrante, elle ne quittait pas sa chambre, et comme elle ne voulait pas être dérangée, elle priait la portière de dire aux personnes qui pourraient la demander, qu'elle était sortie.

Et quand la soeur Sainte-Julienne fut partie, elle ferma toutes ses portes en dedans, celle qui ouvrait sur le vestibule, et celle qui communiquait avec l'appartement d'Aurélien.

Puis contre cette porte qui, à sa partie supérieure était terminée par une imposte vitrée, elle plaça sa malle, et sur cette malle elle déposa une boîte assez haute qu'elle recouvrit d'un tapis.

XLVI

Comme tous les joueurs, Michel s'était trouvé entraîné malgré lui.

Après avoir perdu son gain et les mille francs prêtés par Aurélien, il avait voulu s'arrêter.

Un mot de son adversaire l'avait retenu sur sa chaise.

—Comment, vous ne jouez plus?

—Je suis décavé.

—Je jouerai avec vous sur parole tant que vous voudrez.

Dans son apparente courtoisie le mot était un défi et une insolence; au moins Michel l'avait compris ainsi.

—Alors continuons, avait-il dit, les dents serrées et les lèvres pâlies par la rage.

Ils avaient continué, et Michel avait d'autant plus perdu qu'il voulait plus ardemment gagner, car au jeu le succès est à celui des adversaires qui domine les autres par le sang-froid, la raison et le calcul.

Michel, hors de lui, pouvait avoir quelques coups heureux, mais finalement il devait être battu.

Il le fut, et il sortit du club, devant neuf mille francs au baron Kanitz.

Comment les payer le lendemain?

Il n'avait qu'une ressource, celle qu'il trouverait près de cet imbécile de Prétavoine.

Était-il idiot ce grand dadais de Normand! Et l'on disait que les Normands étaient rusés! Quelle blague! où était-elle la ruse de celui-là, où était sa finesse?

Et Michel s'alla coucher assez tranquille quant à son échéance, exaspéré seulement d'avoir perdu, et contre cette brute de Kanitz encore.

Car, devant lui, tous ceux qu'il fréquentait, amis ou simples connaissances, étaient des imbéciles ou des idiots, des individus d'une espèce inférieure à la sienne, pour lesquels il professait le plus profond mépris.

Cependant, malgré cette tranquillité relative, il s'éveilla de bonne heure, car il faudrait peut-être un certain temps à cet imbécile de Prétavoine pour qu'il trouvât ses neuf mille francs.

La somme était grosse pour un crétin de bourgeois; il pousserait des holà, des hélas, et dans ces conditions il était sage de prendre ses précautions à l'avance.

Quelle tête il allait faire quand, au lieu de recevoir les méchants mille francs sur lesquels il comptait, il serait obligé d'en prêter à nouveau neuf mille.

Heureusement il était riche, très-riche même, disait-on; au moins sa mère l'était; quel malheur qu'il ne fût pas titré, car on pourrait alors en faire un mari pour Bérengère; il était assez bête pour être un bon mari, surtout un excellent beau-frère, et le titre disposerait ce vieux gâteux de comte de la Roche-Odon à lâcher une bonne dot; mais ce titre il ne le possédait pas. Madame Prétavoine! On ne s'appelle pas madame Prétavoine; c'est honteux! pour lui il ne pourrait se résigner à dire: «Je vous présente M. Aurélien Prétavoine, mon beau-frère», ah! non, par exemple.

Et cependant il avait du bon le Prétavoine, et dans les circonstances présentes, il était politique d'être aimable avec lui.

Où trouver ces neuf mille francs s'il ne les donnait pas? Nulle part. Les demander à cette rosse d'Emma était inutile: elle ne se laisserait toucher par aucune raison, et puisque sa mère était assez bête pour se laisser mener par cette voleuse, il n'y avait rien à espérer de ce côté.

Si le Prétavoine ne lâchait pas les neuf mille francs, il serait impossible de payer cette brute de Kanitz.

Et alors?

Alors c'était l'expulsion du club; c'était la honte; c'était l'aveu que les soupçons de toutes ces canailles d'Italiens étaient fondés.

Et pendant un grand quart d'heure, M. le prince Michel Sobolewski, qui avait été élevé dans l'intimité des cochers et des palefreniers de sa mère, égrena tout son chapelet de jurons.

Puis il se calma, en se disant qu'il était impossible que la vanité de cet imbécile de Prétavoine ne fût pas glorieuse de lui prêter ces neuf mille francs.

Et ce fut sur cette idée consolante qu'il quitta la via Gregoriana.

Grande fut sa surprise quand la portière des demoiselles Bonnefoy l'arrêta au passage pour lui dire que M. Aurélien Prétavoine était sorti.

—Comment! sorti le Prétavoine, au lieu de m'attendre, quand je lui ai donné rendez-vous! qu'est-ce que cela signifie?

La portière, se conformant à la consigne qu'elle avait reçue, ajouta que M. Aurélien Prétavoine avait laissé dans sa chambre une lettre pour le prince Sobolewski, au cas où celui-ci viendrait pour le voir.

—Pourquoi ne vous l'a-t-il pas donnée?

—Cela, je n'en sais rien.

—Quand doit-il revenir?

—Je ne sais pas; la lettre le dit sans doute, et c'est peut-être pour que M. le prince puisse attendre que cette lettre est dans la chambre de M. Prétavoine.

C'était là une raison, et jusqu'à un certain point rassurante.

—Il va rentrer, se dit Michel en montant l'escalier, et j'aurai tout simplement l'ennui de l'attendre; c'est égal, il ne se gêne pas avec moi cet imbécile-là; il a besoin d'être remis à sa place; demain je lui réglerai son affaire.

Et pour commencer ce règlement, Michel se promit de lui demander dix mille francs au lieu de neuf mille; neuf mille francs, cela ne faisait pas un compte; et ce n'était pas trop que mille francs pour payer son attente.

En entrant dans la chambre d'Aurélien et dès la porte, il aperçut la lettre telle qu'elle avait été disposée par madame Prétavoine; et pour la prendre il fut obligé de déranger le cahier de chèques.

Que pouvait bien lui dire cet imbécile-là pour s'excuser: quelque messe, quelque cérémonie religieuse sans doute.

Et tout en décachetant la lettre, il haussait les épaules par un geste de pitié.

Mais à la première ligne qu'il lut, il devint singulièrement attentif et ne haussa plus les épaules.

«Mon cher prince,

«Forcé de partir pour Naples, à l'improviste, je ne puis vous faire prévenir de ne pas vous déranger demain. Et comme je ne sais où vous envoyer ce mot (passerez-vous la nuit via Gregoriana ou au Corso), je prends le parti de le laisser ici pour vous prier d'agréer mes excuses.»

—Stupide bête! s'écria le prince, je m'en fiche bien de tes excuses.

Mais sans se laisser emporter par la colère, il continua sa lecture.

«Quand je serai de retour, j'aurai le plaisir d'aller vous faire ma visite et nous réglerons alors l'affaire pour laquelle je suis désolé que vous ayez pris la peine de vous déranger aujourd'hui; et si par malheur vous n'avez pas été sage, eh bien! nous attendrons.

«Encore une fois pardonnez-moi et, avec mes regrets, agréez l'assurance de mes sentiments dévoués.

«Aurélien PRÉTAVOINE.»

Michel resta un moment abasourdi.

Parti pour Naples!

Et instinctivement il chercha au bas de la lettre l'adresse «de cet imbécile.»

Mais il ne la trouva pas.

D'ailleurs qu'en eût-il fait?

Il faut huit ou dix heures, selon les trains, de Rome à Naples: dix heures pour aller, dix heures pour revenir, cela faisait déjà vingt heures en admettant que le Prétavoine se trouverait en descendant de chemin de fer; or, c'était ce jour même qu'il devait payer ces neuf mille francs «à cette brute de Kanitz».

Maintenant où les trouver, ces neuf mille francs?

Il fallait qu'il les trouvât, qu'il se les procurât n'importe comment, n'importe à quel prix.

Il était resté devant le bureau d'Aurélien, tenant sa lettre dans sa main; ses yeux tombèrent sur ce bureau et virent le cahier de chèques grand ouvert.

Si cet imbécile avait été là, comme il devait y être, il n'aurait eu qu'à remplir un de ces chèques et les neuf mille francs étaient trouvés; Kanitz était payé, quel triomphe!

Tandis que, parce que cette triple brute avait eu la fantaisie d'aller se promener à Naples, ce serait une chute honteuse qui se produirait au lieu de ce triomphe.

Évidemment si ce bon garçon était là, il ne refuserait pas de mettre sa signature au bas d'un de ces petits morceaux de papier.

Car enfin si c'était un imbécile, c'était aussi un bon garçon; assurément il avait des qualités.

Que fallait-il pour que ce petit morceau de papier devînt le salut? trois mots: «neuf mille francs» et une signature.

Il étendit la main vers le cahier de chèques.

Mais comme il allait le prendre, un craquement ébranla la muraille.

Michel fit un bond en arrière et regarda autour de lui avec épouvante.

Il ne vit rien.

Personne n'était entré dans la chambre, la porte qu'il avait refermée lui-même était restée close.

D'ailleurs ce n'était pas de ce côté qu'avait éclaté ce craquement, mais du côté opposé à la porte d'entrée; au moins il l'avait cru.

Mais il avait dû se tromper, car après avoir écouté en retenant sa respiration et les battements de son coeur, il n'avait plus rien entendu; la porte qui ouvrait dans cette muraille était close aussi.

Pour plus de sûreté, il tourna le bouton: elle était fermée en dehors, à clef ou à verrou.

C'était le bois qui avait produit ce craquement.

Et alors il haussa les épaules.

—Suis-je bête! dit-il à mi-voix.

Et, revenant au bureau d'un pas assuré, il déchira un des feuillets du cahier, enlevant la souche avec le chèque.

Puis l'ayant plié en quatre, il le mit dans sa poche et sortit.

Cependant, s'il s'était retourné, et si au lieu de promener son regard autour de lui à la hauteur d'un homme, comme il l'avait fait lorsqu'il avait cherché d'où pouvait venir le bruit qui l'avait surpris et épouvanté, il l'avait levé vers le plafond, il aurait vu à travers le carreau de l'imposte qui terminait la porte dont il avait tourné le bouton, deux yeux ardents qui suivaient tous ses mouvements,—les yeux de madame Prétavoine.

XLVII

Quand le prince fut parti, madame Prétavoine dégringola rapidement de dessus son échafaud de malles et de boîtes.

Elle était fort peu à son aise ainsi perchée, et c'était la fatigue autant que l'émotion qui l'avait fait s'appuyer contre l'imposte au moment où Michel avait étendu la main vers le cahier de chèques.

De là ce craquement qui avait failli tout compromettre.

En un tour de main, elle eut remis toutes choses en place et vivement elle regagna son lit.

Si par extraordinaire on forçait sa porte, on la trouverait couchée, malade.

Et, si on la laissait tranquille, ce qu'elle espérait, elle pourrait réfléchir à tête reposée à ce qui venait de se passer.

Il ne fallait pas une grande perspicacité pour deviner comment Michel allait utiliser son chèque; sur la ligne laissée en blanc, il écrirait la somme dont il avait besoin, au dessous il apposerait la signature d'Aurélien, ce qui lui serait d'autant plus facile qu'il avait aux mains une lettre dans laquelle il trouverait le modèle de cette signature, et cela fait il se présenterait à la caisse de la banque de Rome.

Madame Prétavoine avait le don, comme quelques romanciers et quelques auteurs dramatiques, de voir agir les personnages auxquels elle pensait: de son lit, elle aperçut Michel enfermé dans sa chambre, s'appliquant à imiter la signature d'Aurélien posée devant lui; des gouttes de sueur coulaient sur sa grosse face blonde et glissant le long de sa peau imberbe, tombaient sur son papier; enfin, étant arrivé à une imitation suffisante, il prenait le chèque et après un court moment d'hésitation, il se décidait à écrire dessus. La somme, madame Prétavoine ne la voyait pas distinctement et comme dans nos rêves, où les choses que nous ne connaissons pas s'enveloppent d'un brouillard propice, cette somme n'apparaissait pas avec netteté, tandis que la signature, au contraire, éclatait en traits éblouissants sur le papier teinté de rose.

Ce que madame Prétavoine ne devinait pas non plus avec certitude, c'était l'heure à laquelle Michel présenterait ce chèque à la banque de Rome; cependant il était vraisemblable que dans sa hâte à s'acquitter il ne tarderait pas à faire cette présentation.

Malgré cette quasi-certitude, madame Prétavoine ne quitta son lit qu'à trois heures pour se rendre à la banque de Rome.

Elle n'était pas assez simple, on le comprend, pour demander tout de suite ce qu'elle avait tant à coeur de savoir et pour parler du prince Sobolewski.

Si elle venait à la banque, malgré une indisposition qui l'avait retenue au lit toute la journée, c'était pour prendre un chèque sur Naples et l'envoyer à son fils, qui se trouvait dans cette ville depuis la veille et qui était parti si précipitamment qu'il n'avait pas pu se munir d'argent.

C'était à l'un des directeurs de la banque qu'elle adressait ce petit discours.

Lorsque celui-ci entendit dire que le fils de sa cliente, M. Aurélien Prétavoine, était à Naples depuis la veille, il laissa échapper un geste de surprise.

—Comment monsieur votre fils n'est pas à Rome en ce moment? demanda-t-il.

Madame Prétavoine se mit à sourire d'un air bonasse.

—C'est sérieusement que je vous parle, madame.

—Si mon fils était à Rome, je ne lui enverrais pas d'argent à Naples; il a son compte ouvert chez vous, il viendrait prendre lui-même ce dont il aurait besoin.

—Et il est à Naples depuis hier, dites-vous? s'écria le banquier en insistant.

—Il m'a quittée hier soir, partant pour Naples.

Plus le banquier mettait d'insistance dans ses demandes, plus madame Prétavoine mettait de simplicité dans ses réponses.

—Qu'a donc de surprenant ce que je vous dis? demanda-t-elle.

Sans répondre, le banquier se leva et passa dans une pièce voisine dont la porte était ouverte.

Presqu'aussitôt il revint, tenant dans sa main un carré de papier plié.

Madame Prétavoine n'eut pas besoin de voir ce papier pour deviner que c'était le chèque d'Aurélien ou plus justement du prince Michel.

—Monsieur votre fils est habitué à la régularité, n'est-ce pas? demanda le banquier.

—Je ne vous comprend pas bien.

—Je veux dire qu'il ne se tromperait pas de date par étourderie.

—Mon fils n'a jamais été étourdi; il apporte en toutes choses de l'ordre et de la méthode. Mais toutes ces questions m'inquiètent réellement. Tout à l'heure je vous ai demandé ce que mes paroles avaient d'étonnant, vous ne m'avez pas répondu; je vous en prie, calmez d'un mot les inquiétudes que vous avez fait naître. Que se passe-t-il?

—Eh bien, on a présenté à la caisse un chèque de dix mille francs signé par Aurélien Prétavoine et daté d'aujourd'hui.

—Un chèque de dix mille francs!

—Daté d'aujourd'hui.

—Hélas! mon cher monsieur, vous avez été volé.

—La signature...

—La signature, la date, tout est faux; je n'ai pas besoin de voir la pièce; mon fils ne tire pas des chèques de dix mille francs.

Bien qu'elle n'eut pas besoin de voir la pièce, elle avait tendu la main pour la prendre.

Pendant quelques secondes elle l'examina attentivement:

—L'écriture est bien imitée, dit-elle, et je comprends que votre caissier ait pu se tromper; cependant il y a dans cette écriture et surtout dans la signature des hésitations qui trahissent la main d'un faussaire.

—C'est le porteur du chèque plutôt que la signature qui a empêché le caissier d'avoir des soupçons.

Alors madame Prétavoine poussa un cri comme si elle découvrait à l'instant le nom de ce porteur.

—Le prince Michel Sobolewski, quelle catastrophe!

Mais tout de suite elle se reprit:

—C'est impossible, le chèque doit être bon, la signature doit être vraie.

Et de nouveau elle examina l'écriture et la signature.

—Eh bien?

—Eh bien, il y a quelque chose que je ne comprends pas: la signature est fausse.

—La chose est claire, le prince Michel Sobolewski s'est procuré un chèque en blanc, détaché du cahier de monsieur votre fils, car vous voyez que c'est bien le numéro du compte de celui-ci, et il l'a rempli et signé ni plus ni moins que s'il était M. Aurélien Prétavoine; puis il est venu le toucher. Nous allons envoyer M. le prince Sobolewski aux galères, voilà tout.

—Vous ne ferez pas cela.

—Ma plainte sera déposée dans cinq minutes, et si le prince est encore à Rome, il sera arrêté avant une heure.

—Mon cher monsieur, vous ne ferez pas cela.

—Et nos dix mille francs.

—On vous les payera.

—Qui?

—La mère du prince.

—Il faudrait qu'elle le pût.

—Une mère ne laisse pas déshonorer son fils pour une affaire d'argent; elle paye.

—Encore faut-il qu'elle puisse payer; et je ne crois pas que la vicomtesse de la Roche-Odon puisse maintenant nous payer ces dix mille francs. D'ailleurs il y a un faux.

—Sans doute, c'est horrible, mais ce faux ne porte préjudice à personne qu'à celui qui a eu le malheur de le commettre. Songez donc que cet infortuné jeune homme appartient à une grande famille.

—Il n'en est que plus coupable.

—Sans doute; mais sa famille, elle, n'est pas coupable, et cependant elle portera le poids de cette culpabilité.

—Je crois madame de la Roche-Odon capable de porter plusieurs poids de ce genre sans en être écrasée.

—Ce n'est pas seulement de madame de la Roche-Odon que je parle, bien que je la plaigne de tout mon coeur d'avoir à supporter cet affreux chagrin après toutes les calomnies dont on l'a abreuvée, c'est encore de mademoiselle Bérengère de la Roche-Odon, la soeur du prince, une jeune personne accomplie, un modèle de toutes les grâces et de toutes les vertus, que nous aimons tendrement, et qui va être victime de l'égarement, je veux dire du crime de son malheureux frère.

—Sans doute tout cela est terrible, mais nous n'y pouvons rien.

—Si je vous ai parlé de cette famille infortunée, je veux vous parler maintenant de nous, mon cher monsieur, de moi, de mon fils. Mon fils a été lié avec ce malheureux jeune homme; bien que leurs habitudes, comme leurs fréquentations ne fussent pas les mêmes, il n'en est pas moins vrai qu'ils ont été en relations assez intimes. Croyez-vous que je verrais sans souffrir, sans rougir, ces relations livrées au grand jour de la publicité par un procès en cour d'assises? Ce procès serait des plus fâcheux pour nous, et j'ajoute que pour vous il pourrait devenir regrettable.

—Pour nous?

—J'ai comme vous dirigé une maison de banque, j'ai comme vous été victime de vols; je ne les ai jamais dénoncés. Savez-vous ce que j'ai gagné à ce silence? c'est d'avoir été peu volée et rarement, tandis que d'autres maisons l'étaient fréquemment et pour des sommes considérables. Celles-là se plaignaient; on voyait que le vol était facile chez elles, et on le pratiquait; tandis qu'on le croyait impossible chez moi, et on ne le risquait pas.

—Nous ne pouvons pas perdre ces dix mille francs.

—Vous ai-je demandé de les perdre; non, n'est-ce pas? ce que je vous demande, c'est de renoncer à la plainte dont vous me parliez. Tenez, chargez-moi de cette affaire.

—Mais, madame...

—Vous avez peur de perdre vos dix mille francs; je les prends à ma charge si vous me remettez ce chèque; ce n'est pas un grand risque que je cours, car je suis certaine qu'il me sera remboursé ce soir, seulement j'aurai la satisfaction de sauver un grand nom du déshonneur et de nous épargner à tous bien des chagrins.

XLVIII

A cinq heures la négociation était terminée, et madame Prétavoine, sortant de la banque de Rome, se dirigeait vers la maison de madame de la Roche-Odon, ayant dans les profondeurs de la longue poche de sa robe, le chèque fabriqué par le prince Michel.

Ce fut Emma qui lui ouvrit la porte:

—Madame la vicomtesse est sortie.

—J'attendrai son retour.

—Je ne sais quand elle rentrera.

—L'affaire est de telle importance que je ne puis la remettre à demain.

Ces quelques mots s'étaient échangés rapidement, mademoiselle Emma parlant d'un ton sec et raide, madame Prétavoine répondant avec sa douceur ordinaire.

Depuis la visite qu'Emma lui avait faite, madame Prétavoine n'était pas venue chez madame de la Roche-Odon, et cette première entrevue était significative.

Elle disait clairement quels étaient les sentiments de la femme de chambre de la vicomtesse pour celle qu'elle accusait toujours, ou tout au moins qu'elle soupçonnait d'avoir perdu sa maîtresse.

Mais présentement madame Prétavoine n'avait pas à prendre souci de cette hostilité; l'arme qu'elle avait aux mains étant assez puissante pour vaincre toutes les résistances.

Emma, il est vrai, pouvait avoir répété à sa maîtresse l'histoire qu'elle lui avait contée, c'est-à-dire l'amour d'Aurélien pour Bérengère, son projet de mariage et l'abandon de ce projet à la suite du scandale causé par le départ de lord Harley; mais si ce récit avait été fait, et si la vicomtesse s'étonnait qu'on vînt lui demander son consentement au mariage de sa fille quelques jours après qu'on avait annoncé très haut qu'on ne voulait plus de ce mariage, il n'y aurait qu'à légitimer ce changement par quelque bonne explication, et cette explication ne serait nullement impossible à trouver.

Et madame Prétavoine s'installa seule, mademoiselle Emma ne daignant pas lui tenir compagnie, dans le petit salon, où, à son arrivée à Rome, on l'avait fait entrer pour attendre madame la vicomtesse de la Roche-Odon.

Que les temps étaient changés!

Alors pour être reçue elle n'avait à présenter timidement, humblement, qu'une lettre de recommandation d'un petit avoué de province.

Tandis que maintenant elle tenait dans sa poche un talisman qu'elle n'avait qu'à montrer pour qu'on se prosternât à ses pieds.

Qui l'avait obtenu, ce talisman?

A cette pensée, un mouvement d'orgueil soulevait sa poitrine, et la légitimité des moyens qu'elle employait lui paraissait d'autant plus évidente, que le succès jusqu'alors avait récompensé ses efforts: Dieu la protégeait et la guidait.

Mais si l'orgueil était dans son coeur, il ne se manifestait pas au dehors dans son attitude ou dans ses paroles.

En pénétrant dans cette maison pour la première fois et en s'installant dans ce salon, elle avait tiré de sa poche un petit livre de prières, et discrètement, osant à peine s'asseoir sur le fauteuil qu'on lui avait avancé, elle avait commencé à lire dans ce petit livre relié en chagrin noir.

Pouvant se présenter maintenant en maîtresse, elle garda la même attitude et de nouveau elle tira de sa poche le même petit livre; seulement avant de commencer sa lecture, elle retira de dedans ce livre un petit morceau de papier plié en quatre qui pouvait mettre le feu à cette maison, et la faire sauter; puis cela fait elle se recueillit dans sa pieuse lecture.

Ce fut à six heures seulement que madame de la Roche-Odon rentra.

Madame Prétavoine qui avait l'oreille fine, entendit qu'un colloque s'engageait à mi-voix dans l'antichambre entre la vicomtesse et Emma, mais toutes les paroles de ce colloque n'arrivèrent pas jusqu'à elle.

—Je vais la congédier, disait Emma.

—Non, il faut la recevoir, mais vous auriez bien dû m'éviter ce supplice.

Madame de la Roche-Odon entra dans le petit salon le sourire sur les lèvres.

—Que je suis heureuse de vous voir, chère madame.

Mais madame Prétavoine, qui avait pris sa figure du vendredi saint, arrêta net l'épanouissement de ce sourire.

—Madame, je voudrais vous entretenir en particulier.

—Nous sommes seules.

D'un coup d'oeil madame Prétavoine montra les portes.

—Ce que j'ai à vous dire est d'une extrême gravité.

—Mais, madame...

—Il s'agit de l'honneur de monsieur votre fils.

Madame de la Roche-Odon laissa échapper un geste d'effroi.

—Voulez-vous prendre la peine d'entrer dans ma chambre.

Madame Prétavoine voulait bien entrer dans cette chambre, mais elle ne consentit pas à passer la première.

—Je vous écoute, madame, dit sa vicomtesse, lorsque la porte fut refermée.

—Vous savez, madame, que monsieur votre fils et le mien se sont liés assez intimement; de cette intimité il est résulté différents prêts d'argent faits par mon fils.

—Je ne m'occupe pas des affaires d'argent de mon fils, qui est émancipé, dit la vicomtesse avec un certain dédain.

—Vous avez sans doute vos raisons pour agir ainsi; cependant je vous demande la permission d'insister, et de vous dire que les emprunts contractés ainsi par le prince Michel s'élèvent aujourd'hui à une somme totale de 17,000 fr.

—Madame, c'est à mon fils de payer ses dettes; il va rentrer bientôt; vous lui présenterez votre demande. En attendant, je vous serais reconnaissante, si vous le voulez bien, de parler d'autre chose.

—C'est que cette dette est le point de départ de l'affaire grave qui m'amène près de vous.

—Ce qui me paraît grave dans cette affaire, c'est le montant de cette dette; ne trouvez-vous pas que c'est la facilité du prêteur qui a fait l'exigence de l'emprunteur?

—Mon Dieu, madame, comment vouliez-vous que le prêteur refusât quelque chose à l'emprunteur, alors qu'il trouvait en celui-ci un jeune homme vers lequel il était attiré, non-seulement par une vive sympathie, mais encore par un sentiment... plus puissant.

—Quel sentiment?

Madame Prétavoine, qui paraissait en proie à une vive émotion, ne disait pas un mot qui ne fût préparé, qui ne fût pesé, et qui ne conduisît l'entretien à un but qu'elle visait; cette question de la vicomtesse, elle l'attendait donc.

Alors elle expliqua ces sentiments par l'amour que son fils avait conçu pour mademoiselle Bérengère, amour profond, passionné, qui dominait sa vie et qui lui avait fait voir dans le prince Michel le frère de celle qu'il adorait.

La surprise avec laquelle la vicomtesse accueillit cette confession, surprise qui par plus d'un point touchait au dédain et au mépris, montra à madame

Prétavoine que mademoiselle Emma n'avait pas parlé, et alors elle se trouva plus libre pour continuer.

Elle put ainsi improviser une fin à sa confidence, appropriée aux besoins du moment.

—Ce serait vous tromper que de vous dire que j'étais favorable à ce mariage; bien des raisons, dans le détail desquelles il est inutile d'entrer, m'y rendaient au contraire hostile, et c'était pour empêcher mon fils de vous adresser sa demande que je l'avais accompagné à Rome.

—Ah! vraiment?

—Mon Dieu, madame, je vous parle avec une entière franchise, je suis une femme d'argent, je ne trouvais pas que la fortune que mademoiselle Bérengère recueillerait un jour fût en rapport avec celle dont mon fils jouira. D'autre part je suis une femme chrétienne, profondément chrétienne, et de ce côté j'avais aussi des motifs pour ne pas désirer cette union. Enfin je fis tant, qu'aidée par la protection divine, j'empêchai mon fils de vous entretenir de son amour et de vous demander la main de mademoiselle votre fille. J'espérais avoir réussi et j'avais vu mon fils partir pour Naples, persuadée qu'il avait renoncé à ce projet de mariage, quand ce matin j'ai reçu de lui une lettre mise à la poste à Rome avant son départ, et dans laquelle il me signifie qu'il ne s'éloigne que pour me faire connaître plus librement ses intentions. Tenez,—elle fouilla dans sa poche, puis tout à coup elle retira sa main,—mais non, je ne puis pas vous la lire, j'ai tant pleuré que, si je la lisais de nouveau, je serais incapable de garder ma raison. Enfin il me dit que ce mariage est sa vie, et que s'il ne devient pas le mari de mademoiselle Bérengère, il est décidé à aller en Chine se faire le disciple et le serviteur des pieux missionnaires qui prêchent notre foi dans ce pays où si souvent ils trouvent le martyre.

Elle se cacha le visage entre ses mains comme pour ne pas voir la croix sur laquelle son fils serait crucifié un jour.

Puis après ce moment de faiblesse donné à la douleur maternelle, qui malgré les efforts apparents qu'elle faisait pour se contenir, l'avait domptée, elle reprit:

—Mais ce n'est pas pour nous entretenir de mon fils que je suis venue, c'est pour vous parler du vôtre, car si grand que soit mon malheur il est cependant au-dessous de celui qui vous frappe.

—Que voulez-vous dire, madame?

—Ce que je viens de vous expliquer n'avait qu'un but, vous faire comprendre comment des affaires d'argent avaient pu s'établir entre nos deux enfants; mon fils voyant dans le prince un frère, aurait partagé avec lui sa fortune entière. Mon fils n'a pas été élevé comme moi à l'école du travail et de l'économie, c'est la générosité même, sa main est toujours ouverte pour ses amis, et il partagerait avec bonheur tout ce qu'il possède entre ses parents; avec lui il n'y a qu'à demander.

—Mon fils... interrompit la vicomtesse, impatientée par tous ces détails.

Mais madame Prétavoine ne parlait pas à la légère, chaque mot qui tombait de ses lèvres était une semence qui devait produire un fruit; il importait à son plan que la vicomtesse crût à la générosité d'Aurélien.

—Monsieur votre fils emprunta donc de l'argent au mien qui ne refusa jamais, et c'est ainsi que fut créée cette dette de 17,500 francs. Mon fils, je vous le répète, aurait partagé sa fortune avec celui qu'il regardait comme un frère, et le prince comptait si bien sur lui que, toutes les fois qu'il avait besoin d'argent, il venait en chercher. Les choses étaient ainsi lorsque mon fils partit pour Naples comme je vous l'ai expliqué tout à l'heure. La nuit dernière le prince perdit au jeu une grosse somme et pour la payer il vint le matin s'adresser à mon fils, qu'il ne trouva pas, bien entendu. Il monta néanmoins à son appartement...

Ici madame Prétavoine s'arrêta étouffée par l'émotion; sa voix tremblait.

—Eh bien! s'écria la vicomtesse.

—Ah! madame, laissez-moi demander à Dieu la force de continuer et le moyen d'adoucir la violence du coup que je vais vous porter.

Et elle joignit les mains comme si elle s'adressait à Dieu.

—Parlez, mais parlez donc, madame!

—Arrivé dans l'appartement, le prince ne trouva pas mon fils, mais sur le bureau de celui-ci il trouva, oublié, un carnet de chèques; mon fils est, en effet, tellement confiant, qu'il laisse à découvert son argent et les choses les plus précieuses. Le prince déchira un de ces chèques...

—Madame!

—Déchira un de ces chèques, continua madame Prétavoine d'une voix assurée, l'emporta, y inscrivit la somme de dix mille francs, et le signa du nom d'Aurélien Prétavoine.

—C'est impossible.

—Non-seulement il fit cela, mais il présenta ce chèque à la banque de Rome et toucha les dix mille francs.

—Non, non, mille fois non; c'est une infâme calomnie.

—Direz-vous non à ce carnet,—elle tira le cahier de sa poche—dont une feuille, vous le voyez, a été enlevée avec la souche; direz-vous non au caissier de la banque qui a payé les dix mille francs entre les mains du prince; direz-vous non à ce chèque dont la signature est fausse?

Elle mit le chèque sous les yeux de la vicomtesse, mais en le tenant de loin solidement à deux mains, de peur qu'on le lui enlevât.

La précaution était superflue, car madame de la Roche-Odon paraissait atterrée et disposée plutôt à fermer les yeux qu'à les ouvrir, à laisser tomber plutôt ses mains ballantes qu'à les étendre.

—Je dois vous dire, continua madame Prétavoine, comment ces faits sont venus à ma connaissance, vous verrez alors qu'ils ne sont malheureusement que trop vrais. Ayant gardé la chambre pendant toute la matinée, malade de chagrin à la lettre de mon fils, je suis allée à la Banque de Rome vers quatre heures, pour une affaire que j'avais à traiter avec le directeur. En parlant celui-ci m'a appris qu'il avait le matin payé un chèque de dix mille francs tiré par mon fils, c'était assez pour me révéler un faux; mon fils ne tire pas des chèques de cette importance sans que j'en sois informée. De plus, la date confirmait ma certitude, puisque mon fils était à Naples, il ne pouvait pas dater un chèque de Rome. On me montra la pièce. Je prouvai qu'elle était fausse. Alors le directeur me dit qu'il allait déposer une plainte pour faire arrêter celui qui avait touché ce chèque et qui l'avait fabriqué,—le prince Michel Sobolewski. Comme vous, madame, mon premier mouvement fut de m'écrier: c'est impossible! Je dus me rendre à l'évidence. Alors je suppliai le directeur de ne pas déposer sa plainte. Je lui demandai de me charger de cette affaire. J'eus le plus grand mal à le décider. Enfin il me confia cette pièce. Avant de venir vous trouver, je rentrai chez moi pour voir le carnet de chèques de mon fils. Je le trouvai sur son bureau, avec cette feuille manquant. De plus, on me dit que le prince était venu le matin et qu'il était monté chez mon fils. Voilà les faits.

Madame de la Roche-Odon resta sans parler, accablée, écrasée sous ce coup, car ce n'était pas une mère pleine de confiance en son fils qui venait de le recevoir, c'était au contraire une mère qui connaissait ce fils, et mieux que personne savait de quoi il était capable.

Pour madame Prétavoine, elle n'avait plus rien à dire, au moins pour le moment; elle n'avait qu'à voir venir sa victime.

Comme elles restaient ainsi en face l'une de l'autre sans se regarder, un bruit de pas retentit dans le salon, et la porte de la chambre s'ouvrit, brusquement poussée: c'était Michel qui rentrait et qui venait débarrasser sa mère de cette «vieille sorcière» dont on lui avait annoncé la présence, afin de dîner au plus vite.

Mais un coup d'oeil lui suffit pour voir que tout était découvert, et il s'arrêta.

Madame Prétavoine avait baissé les yeux et les tenait attachés sur une fleur du tapis; madame de la Roche-Odon, au contraire, les avait levés, et elle regardait son fils, qui restait immobile, le front contracté, les lèvres serrées, les paupières abaissées et mi-closes, regardant en-dessous, avouant son crime par son attitude et l'expression de son visage.

—Alors, cette chose horrible est donc vraie? s'écria la vicomtesse.

Il releva la tête, et, regardant sa mère en face, il haussa les épaules:

—Voilà de bien grands mots, dit-il, pour une chose en réalité toute simple.

—Simple! s'écria madame de la Roche-Odon.

Madame Prétavoine ne dit rien, mais elle joignit les mains et leva les yeux au ciel.

—Je comptais sur Prétavoine, continua Michel, je ne l'ai pas trouvé, son carnet de chèques était sur son bureau, j'en ai pris un, je l'ai rempli et j'ai touché la somme dont j'avais besoin: voilà tout.

—Et tu en conviens ainsi!

—Parbleu! il n'y a pas à nier.

—Une plainte va être déposée.

—Prétavoine ne fera pas une pareille bêtise; j'allais d'ailleurs lui écrire pour le prévenir.

—Ce n'est pas mon fils qui doit déposer cette plainte, dit madame Prétavoine intervenant, c'est la banque de Rome, car c'est elle qui a été...

Elle s'arrêta.

—Volée, acheva la vicomtesse.

—Encore les grands mots; il n'y a vol que quand il y a préjudice, et Prétavoine sera remboursé.

—Et le faux, qui l'effacera? demanda madame de la Roche-Odon, pâle et frémissante; toi, toi, tu as pu faire un faux!

De nouveau Michel haussa les épaules, mais cette fois avec colère; puis il fit quelques pas à travers la chambre, et, venant se camper devant sa mère, les bras croisés, la tête haute:

—Il ne faudrait pas cependant, s'écria-t-il, m'obliger à dire ce que je ne veux pas dire: j'avais besoin de cette somme.

—Il ne fallait pas jouer.

—Il me fallait au contraire jouer, et, ayant perdu, il me fallait payer, ceci devrait être compris et non demandé.

Il lança ces quelques paroles à la face de sa mère; puis, continuant avec une violence qui à chaque mot allait croissant:

—Si j'avais eu mon patrimoine, j'aurais pris dessus l'argent nécessaire pour soutenir cette lutte. Mais qu'est-il devenu? A qui la faute si j'ai fait arme de tout? Donc, pas de reproches.

—Des reproches!

—Pas d'accusation; chacun a ses vices, et ce n'est que justice d'être indulgent les uns pour les autres.

Madame de la Roche-Odon s'était affaissée dans son fauteuil, car chacune de ces paroles l'avait atteinte en plein corps.

Dans leur forme vague elles étaient pour elle d'une terrible précision, et il n'était rien de ce qu'il avait voulu dire, qu'elle n'eut compris.

Ce justicier c'était son fils, son fils faussaire, rejetant sur elle une part de son crime.

—Pourquoi ai-je joué?

—Pour qui?

—Pourquoi n'ai-je pas payé?

Les réponses à ces horribles questions elle les trouvait en elle.

Elle leva ses deux mains pour cacher son visage, mais dans ce moment ses yeux rencontrèrent le visage extatique de madame Prétavoine.

Elle avait oublié qu'ils n'étaient pas seuls; il fallait s'observer devant elle et contre elle se défendre.

Dans sa vie agitée madame de la Roche-Odon s'était trouvée plus d'une fois au milieu de situations difficiles et douloureuses, jamais plus horribles cependant, jamais plus cruelles que celle au milieu de laquelle elle venait d'être précipitée par la main de son fils; ce n'était pas seulement le présent, c'était encore le passé qui accablaient, qui écrasaient la femme et la mère.

Sans répondre à son fils, elle se tourna vers madame Prétavoine:

—Madame, vous aviez un but en venant me dénoncer ce... faux?

—Empêcher le prince de passer en cour d'assises.

—Madame! s'écria Michel menaçant.

Mais on n'intimidait pas madame Prétavoine; sans se troubler, elle répondit:

—C'est la cour d'assises qui juge les faussaires, et c'est l'intention des directeurs de la banque de Rome de déposer leur plainte pour que vous soyez poursuivi.

Sans en avoir l'air elle appuyait sur les mots terribles.

—Et comment comprenez-vous qu'on puisse empêcher ce procès, madame? demanda la vicomtesse; pour cela je suis prête à tout; ce qu'on demandera je le donnerai, ce qu'on exigera je le ferai.

—Il n'y a qu'à payer, dit Michel.

—Vous croyez? demanda madame Prétavoine.

—Parbleu!

—Le faux est-il effacé par la réparation du préjudice causé?

—C'est la plainte qui constatera... ce que vous appelez un faux et ce qui est tout simplement un emprunt.

—Et qui empêchera le dépôt de cette plainte?

Michel ne répondit pas.

—Eh bien, continua madame Prétavoine, vous voyez que les choses ne sont pas aussi simples que vous dites; aussi, comme vous ne paraissez pas vouloir comprendre leur gravité, je vous demande de me laisser traiter cette question avec madame votre mère, qui, elle, en sent toute la gravité.

—Oh! comme vous voudrez, dit Michel en se dirigeant vers la porte.

Mais d'un geste, madame Prétavoine l'arrêta.

—Je ne sais quelles sont vos vraies intentions, dit-elle, seulement je vous préviens qu'au cas où vous voudriez quitter Rome, ce serait une grosse imprudence qui vous exposerait à y être ramené malgré vous.

XLIX

Pendant que le prince Michel sortait de la chambre, madame Prétavoine eut une tentation.

Les choses avaient si bien marché qu'elles avaient dépassé ses espérances.

Pourquoi ne profiterait-elle pas de ses avantages?

Pourquoi ne ferait-elle point payer à madame de la Roche-Odon et les 17,500 fr., montant de la dette contractée par ce jeune coquin au profit d'Aurélien, et les 10,000 francs, montant du chèque faux?

En réalité, il avait indûment touché 27,500 francs; et c'est une belle somme, agréable à recouvrer.

Que fallait-il pour cela?

Un peu d'habileté, et la vicomtesse payait ces 27,500 francs.

Devait-elle risquer cette aventure?

Elle avait, il est vrai, fait son deuil de cet argent, qui, ainsi déboursé, était une simple avance de fonds destinée à s'assurer la main de Bérengère et l'héritage du vieux comte de la Roche-Odon.

Cette considération financière la détermina à renoncer à cette affaire. La risquer serait s'écarter de la règle qui avait dirigé sa vie, celle «du gagne-petit».

—Vous pensez peut-être que j'ai été bien sévère avec monsieur votre fils, dit-elle d'un ton bénévole.

Sans répondre, madame de la Roche-Odon fit un signe négatif.

—Mon Dieu, poursuivit madame Prétavoine, il faut juger humainement les choses humaines; il est certain qu'à la faute de ce pauvre jeune homme, on peut trouver des circonstances atténuantes, et même des excuses. Ainsi qu'il l'a dit lui-même, si mon fils avait été chez lui, ce faux n'aurait pas été fabriqué, mon fils aurait prêté ces dix mille francs comme il en avait déjà prêté dix-sept mille cinq cents.

—Ces dix mille francs et ces dix-sept mille francs vous seront rendus par moi, madame.

Certes l'occasion était bien tentante, cependant madame Prétavoine la refusa une fois encore.

—Ce n'est pas de cela qu'il s'agit, au moins pour le moment, dit-elle; en tout cas, si nous parlons de ce remboursement, que ce soit pour bien marquer qu'il arrive comme une excuse. Ainsi d'une part, le prince est certain que si mon fils était à Rome, il lui prêterait ces dix mille francs; et d'autre part il est certain aussi que ces dix mille francs seront payés par vous. Ces deux certitudes changent considérablement, vous en conviendrez, les conditions dans lesquelles s'est accompli le... je veux dire l'accident. Ce n'est plus du tout le crime dont me parlait le directeur de la banque de Rome et que par ses yeux j'avais vu tout d'abord: le prince s'introduisant chez mon fils, dérobant un chèque, le couvrant d'une écriture et d'une signature fausses, et le présentant à la banque pour voler une somme de dix mille francs. Où est le vol, puisqu'il n'y avait plus intention de s'approprier ces dix mille francs? où est le faux, puisque mon fils, s'il avait été chez lui, aurait rempli ce chèque et l'aurait signé exactement comme le prince l'a fait lui-même? Non véritablement, non, je ne puis voir dans tout cela ni un vol, ni un faux.

Madame de la Roche-Odon buvait ces paroles qui répondaient trop bien à son propre sentiment, pour qu'elle eût la force de les arrêter au passage et de les examiner.

S'il était habile de s'engager dans cette voie, il ne fallait cependant pas aller trop loin, sous peine de dépasser le but; madame Prétavoine s'arrêta.

—Mes sentiments se sont si bien modifiés en serrant de près cette question, dit-elle, que j'en reviens à l'idée à laquelle je m'étais arrêtée ce matin après avoir reçu la lettre de mon fils, et dont je vous faisais part tout à l'heure.

—Quelle idée?

—Celle qui s'applique aux projets de mon fils.

—C'est de ce malheureux chèque qu'il s'agit.

—Sans doute, et c'est de lui aussi que je veux parler. Ainsi ce chèque aurait été un faux nettement caractérisé, comme je le croyais en venant ici, avec la circonstance aggravante d'escroquerie, que bien certainement j'aurais renoncé à cette idée. Je vous l'ai dit et vous le savez d'ailleurs, je suis une femme chrétienne, comme mon fils est un jeune homme sincèrement chrétien, nous ne pourrions donc ni lui ni moi nous allier à une famille dont un membre aurait commis un crime. Vous me direz que la charité ordonne de pardonner: assurément; mais c'est aux autres qu'il faut être indulgent, non aux siens, c'est-à-dire à soi-même. Le crime auquel je croyais n'existant plus, je puis donc revenir à mon idée.

—Mais, madame...

—Vous ne comprenez pas que je veuille aujourd'hui ce que j'ai naguère combattu de toutes mes forces. Cependant le changement qui s'est fait en moi est, il me semble, bien explicable. Tant que j'ai cru que je pourrais détourner mon fils de son projet, je n'ai rien épargné pour lui opposer une vive résistance. Mais je vois aujourd'hui que je suis vaincue. Aujourd'hui mon fils m'annonce que je ne le reverrai plus et qu'il s'expatriera en Chine où il recherchera le martyre, s'il ne devient pas le mari de celle qu'il aime jusqu'à en mourir. Dans ces conditions désespérées, la mère l'emporte en moi sur la femme d'argent, et j'ai l'honneur de vous demander la main de mademoiselle votre fille pour mon fils.

—Ma fille! s'écria madame de la Roche-Odon.

Et cette seule exclamation en apprit plus à madame Prétavoine qu'un long discours: la vicomtesse ne voulait pas marier sa fille et surtout elle ne voulait pas la donner à M. Aurélien Prétavoine.

Cependant, la situation était telle que madame de la Roche-Odon devait se contenir et ménager celle qui avait entre les mains ce terrible chèque.

—Ma fille, dit-elle, mais, madame, je ne sais si elle veut se marier; je ne sais si elle accepterait monsieur votre fils pour mari; je ne sais...

—Ce n'est pas que vous me donniez mademoiselle Bérengère que je demande, c'est que vous me donniez votre consentement à son mariage avec mon fils. Gagner mademoiselle Bérengère, toucher son coeur, se faire aimer d'elle, cela regarde mon fils; ce qui me regarde, moi, c'est d'obtenir votre consentement, et c'est ce seul consentement que je vous demande.

—Mais, madame, encore une fois, c'est de mon fils qu'il s'agit en ce moment, non de ma fille; pour elle nous verrons plus tard; je ne puis vous répondre ainsi.

—Nous nous comprenons mal ou plutôt nous ne nous comprenons pas du tout; si je vous parle de mademoiselle votre fille, cela n'empêche pas qu'il s'agisse de monsieur votre fils: ils sont en ce moment solidaires l'un de l'autre. Vous avez trop d'expérience pour ne pas voir que je veux en ce moment profiter des avantages que le hasard, disons mieux, que la Providence divine a mis entre mes mains. Je n'ai qu'un mot à dire, que cent pas à faire pour que le prince Michel, votre fils, soit arrêté comme faussaire et passe aux assises. Ce mot, assurément, je ne le dirai pas, je ne pourrais pas le dire, s'il s'applique au futur beau-frère de mon fils. Mais ne sentez-vous pas que si ma demande était accueillie par un refus dédaigneux, mes sentiments pourraient être changés? De quoi n'est pas capable une mère qui veut assurer le bonheur de son enfant, et c'est le bonheur, c'est la vie de mon fils qui sont en jeu en ce moment. Réfléchissez à cela, madame, je vous en prie, dans votre intérêt, dans celui de votre fils, réfléchissez avant de répondre à ma demande.

Pour la première fois, madame de la Roche-Odon comprenait ce que pouvait être cette femme de manières douces à laquelle elle n'avait jamais daigné prêter attention; mais plus elle était à craindre, plus il fallait se montrer prudent avec elle.

—Vous avez raison, dit-elle, je réfléchirai, et demain, en vous portant les 27,500 francs qui vous sont dus, je répondrai à votre demande, que j'aurai pu examiner.

—Soit, madame, à demain.

Et madame Prétavoine se leva.

La vicomtesse se crut sauvée, mais madame Prétavoine ne sortit pas.

—Si j'accepte demain, dit-elle, c'est pour la réponse et non pour les 27,500 fr. En effet, je ne prendrai pas cette somme.

—Elle vous est due.

—Elle serait due à une étrangère, mais demain, j'en ai la conviction, vous aurez compris que je ne puis pas être une étrangère pour vous. J'aurai l'honneur de vous attendre jusqu'à trois heures. Pour ces 27,500 francs, je n'accepterai de vous qu'une seule chose: une reconnaissance de cette somme payable à présentation. Pour ma demande, je n'accepterai aussi qu'une seule chose: un consentement à ce mariage passé par vous devant le chancelier de la légation. Avant demain trois heures, vous aurez eu tout le temps de réfléchir, et si ce que je vous demande ne vous paraît pas possible, il sera inutile que vous preniez la peine de vous déranger. A quatre heures, la plainte en faux sera déposée avec ce chèque à l'appui. Elle ne le serait avant que si vous jugiez à propos de quitter Rome ce soir, par exemple, ou demain matin, avec monsieur votre fils, et vous le comprenez, que le prince Michel Sobolewski soit condamné pour faux par contumace ou contradictoirement, c'est exactement la même chose, au moins au point de vue de l'honneur.

—Mais c'est un égorgement! s'écria madame de la Roche-Odon qui se sentait prise dans un étau dont cette femme à la voix onctueuse manoeuvrait la vis avec une main de fer.

—Ce qui en serait un, ce serait de faire le malheur de mon fils, qui adore mademoiselle votre fille, et qui sera pour vous, madame, le gendre le plus tendre, le plus affectueux, le plus soumis; près de lui, près de votre fille, vous pourrez continuer la grande existence qui vous est nécessaire, car sa fortune, je vous l'ai déjà dit, est considérable, et de plus Sa Sainteté daigne lui conférer dans quelques jours le titre de comte. Que si dans vos réflexions vous vous préoccupez, comme cela est naturel, du bonheur de votre fille, vous devez écarter tout souci à ce sujet. Encore une fois, ce n'est pas vous, madame, qui marierez mademoiselle votre fille, ce sera son grand-père, le comte de la Roche-Odon, près duquel elle vit, et qui, vous le pensez bien, ne lui donnera pas un mari indigne d'elle; ce sera elle-même qui choisira librement son mari. Tout ce que je vous demande, c'est votre consentement légal, et après avoir réfléchi, vous verrez, j'en suis certaine, les avantages qu'il y a pour tous à l'accorder, et les dangers, au contraire, qu'il y aurait à le refuser.

Et sur ce mot, ayant salué humblement, elle se dirigea vers la porte.

L

En sortant de chez madame de la Roche-Odon, madame Prétavoine retourna à la banque de Rome, car il fallait prévoir le cas, probable d'ailleurs, où la vicomtesse voudrait faire une tentative auprès des directeurs de cette banque afin d'empêcher le dépôt de la plainte en faux.

La banque était fermée, mais madame Prétavoine obtint l'adresse du directeur à qui elle avait eu affaire dans la journée, et elle alla immédiatement le relancer à son domicile particulier, via Venti Settembre.

—Eh bien, madame, demanda le directeur lorsqu'il vit quelle était la personne qui l'avait dérangé.

—Eh bien, j'ai l'espérance d'être payée demain; seulement je pense que demain matin on viendra vous demander, vous supplier de ne pas déposer de plainte, et moi je viens ce soir vous demander de ne pas recevoir madame de la Roche-Odon.

—Voulez-vous donc que la plainte soit déposée?

Madame Prétavoine comprit que cet homme d'affaires cherchait à deviner quel intérêt elle pouvait avoir à s'occuper si activement de ce faux, et elle voulut lui donner une raison qui expliquât et justifiât son intervention.

—Il faut vous dire, continua-t-elle, que le prince Michel Sobolewski doit à mon fils une somme de 17,500 francs, et je profite de cet incident du chèque faux pour me faire payer, en même temps que les 10,000 francs, montant du chèque, cette somme de 17,500 francs.

—Ah! parfaitement, dit le banquier, comprenant alors l'intervention de madame Prétavoine dans une affaire qui, en apparence, ne la touchait que d'une façon incidente. Vous avez bien raison de saisir cette occasion, car vos 17,500 francs seraient perdus, tandis que les 27,500 francs seront payés.

—Alors?

—Alors, vous pouvez compter sur moi; vous m'avez rendu service en vous occupant de cette négociation, je vous en rendrai demain un du même genre en ne m'occupant de rien. Vous avez commencé cette affaire, vous la terminerez; je n'interviendrais que pour déposer la plainte s'il y avait lieu. Il faut bien s'entr'aider, que diable! Soyez donc rassurée pour demain; si madame de la Roche-Odon me cherche, elle ne me trouvera pas, je serai à chasser dans la forêt de Laurentum, et je ne rentrerai à Rome que tard dans la soirée; il faudra donc qu'elle s'adresse à vous.

Et madame Prétavoine, pleinement rassurée, rentra dîner de bon appétit: elle avait bien employé sa journée quoiqu'elle fût restée au lit une grande partie de la matinée.

Tandis que madame Prétavoine dînait tranquillement, madame de la Roche-Odon restait livrée à de terribles angoisses, se demandant si elle devait abandonner son fils pour sauver sa fille ou sacrifier sa fille pour sauver son fils.

Car il n'y avait pas à se bercer dans l'illusion, cette femme noire serait implacable; elle voulait ce mariage, et s'il lui échappait alors qu'elle croyait le tenir, elle se vengerait en déposant cette plainte en faux.

Les sentiments que madame de la Roche-Odon éprouvait pour sa fille n'étaient point ceux d'une mère passionnée; elle avait peu vu cette enfant, et entraînée dans le tourbillon de sa vie de plaisir, elle l'avait bien souvent oubliée. Mais cette vie de plaisir venait d'être brusquement interrompue, et le désespoir qu'elle éprouvait avait amolli son coeur; elle était seule maintenant, car elle ne pouvait pas compter sur Michel, et l'excès de son propre malheur la rendait plus tendre au malheur d'autrui qu'elle ne l'eût été quelques semaines auparavant.

Il ne fallait pas, elle ne devait pas consentir à ce mariage.

Il n'y avait qu'un moyen pour ne pas donner ce consentement, c'était de payer la banque de Rome, afin d'empêcher le dépôt de la plainte.

Elle sonna sa femme de chambre; et lui dit qu'il fallait tout de suite prendre sur ses diamants ce qui était nécessaire pour se procurer une somme de vingt huit mille francs.

Mais Emma, qui avait son franc-parler avec sa maîtresse, déclara nettement qu'elle ne se chargerait pas d'une pareille négociation.

—Je ne peux pas empêcher madame de se réduire à la misère pour son fils, mais j'aimerais mieux me couper la main que de vendre ses diamants; d'ailleurs les vendre en ce moment c'est avouer que les bruits qui ont couru Rome sont vrais; madame n'a pas pensé à cela.

Certes, oui, la vicomtesse avait pensé à cela, mais elle n'avait pas d'autres moyens pour se procurer cette somme que de vendre ou tout au moins que d'engager ses diamants, seule épave qui lui restât de son naufrage et des millions qu'elle avait dissipés.

Il lui en coûtait de dire la vérité à Emma qui détestait déjà Michel si profondément; cependant comme elle avait besoin de son concours, elle s'y décida; seulement elle arrangea le faux comme madame Prétavoine l'avait arrangé lorsqu'elle avait voulu l'excuser.

Emma fut épouvantée, car si dans cette terrible affaire elle ne vit pas la main de madame Prétavoine, elle la devina, comme elle l'avait devinée dans l'arrivée de lord Harley.

Elle ouvrit la bouche pour dire ses soupçons, mais la réflexion la retint; elle ne pouvait pas accuser madame Prétavoine sans s'accuser elle-même, et son repentir n'allait pas jusqu'à se confesser. Comment la vicomtesse prendrait-elle cette confession dans l'état de crise où elle était? D'ailleurs elle avait mieux à faire; c'était de sauver sa maîtresse.

—Madame pense bien que je ne suis pas sans avoir fait quelques économies; j'ai quarante mille francs à moi en diverses valeurs; je les déposerai demain chez un banquier, j'emprunterai dessus les vingt-huit mille francs, de sorte que madame pourra payer ainsi et les dix mille francs du chèque et dix-sept mille cinq cents francs réclamés par madame Prétavoine.

Pendant que ceci se passait entre madame de la Roche-Odon et sa femme de chambre, le prince Michel se faisait servir à dîner «parce qu'il était diablement pressé, ayant sa revanche à prendre avec les mille francs qui lui restaient.»

Cependant il ne put pas sortir aussitôt qu'il en avait l'intention, sa mère le retint pour lui expliquer les menaces de madame Prétavoine.

—Pourquoi ne pas lui donner ce consentement? dit-il, le Prétavoine est riche et il est assez bête pour faire un précieux mari; maintenant qu'il va être comte, rien ne s'oppose à ce qu'on l'accepte; en tous cas, cela vaudrait mieux que de prendre l'argent de cette gueuse d'Emma, qui est sûrement de l'argent volé, car enfin on ne me fera jamais accroire qu'une femme de chambre peut économiser quarante mille francs; pourquoi payer ces 27,500 francs quand on peut ne pas les payer? donne donc ton consentement; si Bérengère ne veut pas du Prétavoine elle le refusera.

Et il s'en alla fort satisfait de la tournure que prenait son affaire, car en aucun cas il n'avait rien à craindre, et que sa mère donnât les 27,500 francs ou qu'elle donnât son consentement, le chèque serait toujours rendu,—ce qui pour lui était le seul point à considérer.

Le lendemain matin, à dix heures, Emma apportait 28,000 francs à sa maîtresse, et celle-ci courait à la banque de Rome; mais, à ses questions, on répondait que le directeur était absent de Rome, pour toute la journée, sans qu'on sût où il était. A qui s'adresser? Elle ne pouvait pas parler de ce chèque aux caissiers et aux employés. D'ailleurs à quoi bon, ils n'auraient pas pu prendre une résolution.

La situation était cruelle.

Si pénible que fût la démarche, il fallait aller demander à madame Prétavoine d'attendre jusqu'au lendemain.

Elle y alla.

Mais madame Prétavoine ne voulut rien entendre.

—C'est un délai que vous me demandez; je n'en ai jamais accordé un quand j'étais dans les affaires; pour moi, ce qui est dit une fois l'est pour toujours.

—Mais, madame...

—Vous voulez voir le directeur de la banque pour obtenir de lui que la plainte ne soit pas déposée; il n'est pas à Rome, parce que je n'ai pas voulu qu'il y fût. Si à quatre heures je n'ai pas votre consentement, c'est moi qui ferai déposer cette plainte; cela me regarde seule.

Madame de la Roche-Odon s'abaissa jusqu'à prier, jusqu'à supplier; poliment madame Prétavoine lui répondit qu'elle était obligée de sortir et qu'elle aurait l'honneur de l'attendre à trois heures.

Quand Michel apprit ce résultat, il entra dans une colère terrible.

—Voulez-vous que cette vieille sorcière dépose la plainte? s'écria-t-il. Elle a raison, la vieille dévote, de tenir à ce qu'elle a dit: en quoi ce mariage est-il effrayant? ne nous tire-t-il pas d'embarras, au contraire, non-seulement dans le présent, mais encore dans l'avenir, puisqu'il paraît que ce vieux gredin de comte ne veut pas mourir; toi plus que moi encore; les enfants ne doivent-ils pas des aliments à leurs parents?

Si brutales que fussent ces paroles, elles avaient cependant un fond de vérité, et madame de la Roche-Odon en était arrivée à le reconnaître.

Oui, cela était vrai, ce mariage les tirait d'embarras, puisque, suivant le mot de son fils, le comte ne voulait pas mourir.

Cependant elle ne se rendit pas, et jusqu'à deux heures elle resta hésitante, voulant et ne voulant pas.

Mais à deux heures, ce fut Michel lui-même qui vint l'arracher à ses angoisses.

—Vas-tu donc laisser déposer la plainte?

Elle fut presque heureuse de céder à cette violence.

Les formalités à remplir à la légation furent plus longues qu'elle n'avait pensé, et ce fut à trois heures quarante-cinq minutes seulement qu'elle arriva chez madame Prétavoine.

—J'allais partir pour déposer la plainte, dit celle-ci, qui, ayant vu madame de la Roche-Odon arriver, s'était dépêchée de mettre son chapeau et de revêtir son manteau.

Sans rien dire, madame de la Roche-Odon tendit le consentement et les 27,500 francs en billets de banque.

Madame Prétavoine prit le consentement, mais elle repoussa les billets:

—Non, dit-elle, telles ne sont pas nos conventions, j'ai parlé d'une reconnaissance, et c'est une reconnaissance que je vous prie de m'écrire, car si ce mariage se fait, comme je l'espère, elle sera déchirée.

Madame de la Roche-Odon se mit au bureau que lui montra madame Prétavoine et écrivit cette reconnaissance sous la dictée de celle-ci.

Cela fait, elle se leva et tendit la main à madame Prétavoine pour recevoir en échange le terrible chèque.

Mais celle-ci ne donna pas le chèque qui lui était ainsi demandé.

—Ce chèque est ma garantie que vous ne reviendrez pas sur ce consentement.

—Et moi, madame, où est ma garantie que vous ne déposerez pas cette plainte?

—Dans mon intérêt. Comment voulez-vous que j'accuse de faux le beau-frère de mon fils, le frère de ma bru; le jour du mariage, ce chèque vous sera remis; il n'irait aux mains de la justice que si, par votre fait, ce mariage venait à manquer. Mais cela ne sera pas, j'en suis certaine; votre présence ici est la preuve que vous avez compris qu'il doit avoir lieu. Dans quelques jours j'irai vous rendre votre visite avec mon fils, qui, bien entendu, ignorera toujours comment votre consentement a été obtenu; et aura pour vous les sentiments de gratitude, de tendresse et de respect qu'un fils doit à une mère qui a assuré son bonheur.

LI

Si occupée qu'eût été madame Prétavoine du côté de madame de la Roche-Odon, elle n'avait pas pour cela négligé l'aide de chambre du Vatican, et plusieurs fois par semaine Lorenzo Picconi venait lui rendre compte de la marche des négociations qui devaient faire de M. Aurélien Prétavoine un comte du pape.

Malheureusement ces négociations qui tout d'abord avaient paru devoir réussir assez facilement, rencontraient des obstacles qui les entravaient et les arrêtaient.

Quand tant d'autres Français, diplomates, militaires, avocats, négociants avaient obtenu du Saint-Père des titres de comte ou de baron en n'ayant pour ainsi dire qu'à faire demander ces titres par quelque personnage de la cour papale, on opposait aux efforts de ceux qui s'occupaient d'Aurélien une résistance inexplicable.

Évidemment madame Prétavoine avait des ennemis ou tout au moins des adversaires au Vatican; quels étaient-ils? Lorenzo n'avait pu les découvrir, mais on lui avait affirmé leur existence.

Bien que madame Prétavoine n'eût plus confiance en Mgr de la Hotoie, elle crut que dans ces circonstances il fallait encore s'adresser à lui, et par son entremise rechercher quels étaient ces adversaires.

Elle le pressa donc de réaliser ses promesses en lui rappelant ses paroles: «Si nous réussissons pour Guillemittes, votre succès est assuré; l'un entraînera l'autre.» On avait réussi pour l'abbé Guillemittes; et maintenant qu'il était évêque, c'était au tour d'Aurélien d'être fait comte, puisque le succès de l'un devait entraîner le succès de l'autre. Le temps s'écoulait, des affaires impérieuses la rappelaient à Condé, elle le priait, elle le suppliait d'user de toute son influence pour obtenir enfin ce titre.

Bien entendu, elle n'avait pas parlé de Lorenzo Picconi; c'était de Mgr de Nyda qu'elle attendait cette insigne faveur, de lui seul, de sa seule influence, de sa seule gracieuseté; c'était à lui, à lui seul qu'elle voulait devoir une reconnaissance qui ne s'éteindrait en ce monde qu'avec sa vie.

A cette demande, Mgr de la Hotoie avait répondu avec une parfaite affabilité que les choses n'avaient pas marché comme il l'avait espéré. Au lieu de se tenir pour battus les adversaires de l'abbé Guillemittes, c'est-à-dire les amis et les protecteurs de l'abbé Fichon, s'étaient tournés contre celle à laquelle ils attribuaient leur échec, et en voyant qu'elle-même demandait une grâce, ils avaient, par un esprit de basse vengeance, entrepris de la combattre. L'abbé Fichon avait transmis sur elle (au moins, on supposait que c'était l'abbé Fichon), des renseignements d'après lesquels il résulterait que la *Banque des campagnes*, en attribuant 2 000 aux membres du clergé qui lui procuraient des affaires, avait nui à la considération de ce clergé dans le diocèse de Condé, ainsi que dans les diocèses environnants, et même qu'elle avait gravement compromis la cause sacrée de notre sainte religion. Dans ces conditions, le Saint-Père pouvait-il conférer un titre de comte au fils de celle qui avait organisé et dirigé cette banque?

Madame Prétavoine indignée, avait voulu prouver que cette *Banque des campagnes* était au contraire une institution qui avait rendu et qui rendait les plus importants services à la cause religieuse, mais l'évêque de Nyda ne l'avait pas laissée entreprendre ce panégyrique.

—Ce que vous me dites, chère madame, c'est ce que j'ai moi-même répondu; vous n'avez donc pas à me convaincre; mais ces accusations, quoique fausses et absurdes, n'ont pas moins produit un effet désastreux; de là l'opposition que nous rencontrons.

—Alors que faut-il faire pour repousser ces accusations?

—Directement rien, car vous savez aussi bien que moi que contre des bruits calomnieux tout est inutile; indirectement, au contraire il y aurait beaucoup à faire.

—Mais quoi?

—Je ne saurais trop préciser, mais il me semble que maintenant il ne faudrait que quelque action d'éclat qui confessât votre foi et affirmât votre dévouement au Saint-Siége d'une manière si triomphante que vos adversaires fussent réduits au silence.

—Quelle action d'éclat?

—C'est à chercher... j'étudierai la question, et j'aurai l'honneur de vous revoir.

En disant que c'était à chercher, Mgr de la Hotoie pensait à madame Prétavoine et non à lui.

Il commençait à croire qu'il avait assez fait pour elle, tandis qu'elle-même n'avait fait que fort peu de chose. Sans doute elle avait habilement mis en pratique les indications qu'il lui avait données. Mais, au point de vue de curiosité artistique où il s'était placé, il trouvait que cela manquait d'originalité, il aurait voulu quelque chose de neuf, d'imprévu, et comme il ignorait par quelles combinaisons madame Prétavoine avait obtenu le consentement de madame de la Roche-Odon, comme il ignorait aussi la mise en action de Lorenzo Picconi, il se disait que cette mère et son fils n'étaient décidément pas ce qu'il avait pensé tout d'abord: intelligents, oui assurément, déliés, retors, insidieux même: tout cela dans une moyenne mesure et non avec des qualités supérieures qui forcent l'intérêt.

Se tireraient-ils à leur avantage des difficultés que l'abbé Fichon venait de soulever devant eux?

C'était à voir.

Si madame Prétavoine avait encore été au temps de son arrivée à Rome, elle se serait contentée de la promesse de Mgr de la Hotoie, «d'étudier la question», et elle aurait tranquillement attendu qu'il lui fît connaître le résultat de cette étude.

Mais son aventure, à la remise du modèle de l'église d'Hannebault, lui avait donné de l'expérience, et maintenant elle comprenait qu'il valait mieux qu'elle étudiât elle-même cette question, plutôt que la laisser à la sollicitude de l'évêque de Nyda.

Une action d'éclat qui confessât sa foi et affirmât son dévouement au Saint-Siège!

Que pouvait-elle faire de plus que ce qu'elle avait déjà fait?

N'avait-elle point déjà payé assez de sa personne et de sa bourse?

Et le total de ses dépenses se dressait devant elle comme un remords.

Mais précisément parce qu'elle avait beaucoup dépensé, elle était entraînée à dépenser encore: sa situation était celle du créancier qui se ruine pour ne pas perdre ce qu'il a avancé.

Encore un effort, et puis après celui-là un autre encore, et toujours.

Elle chercha, et bientôt elle trouva.

Tous ceux qui ont visité Rome il y a quelques années ont remarqué une croix qui se dressait dans le Colisée.

Cette croix avait été élevée au milieu du dix-huitième siècle, par Benoît XIV, dans le but d'arracher le Colisée aux dévastations. Voulant empêcher les grands seigneurs de continuer à prendre là, comme dans une carrière, les pierres nécessaires à la construction où à la réparation de leurs palais (les palais de Venise, Farnèse, Barberini, etc., sont construits avec des matériaux enlevés au Colisée), ce pape n'avait trouvé d'autre moyen que de placer le cirque de Vespasien et de Titus sous la protection de la religion et il avait fait ériger cette croix. Tous les vendredis les confrères des amants et des amantes de Jésus venaient faire devant ces oratoires les stations du Calvaire et les terminaient au pied de cette croix qu'on baisait dévotement, à baisers redoublés; car par chaque baiser donné au pied de la croix on gagnait deux cents jours d'indulgence.

Depuis son installation à Rome, madame Prétavoine qui ne manquait aucune occasion de manifester publiquement sa piété, s'était fait recevoir dans cette confrérie des *amantes de Jésus*, et elle venait tous les vendredis faire ces stations de la croix dans le Colisée.

Quelle sût au juste pourquoi ce lieu était sacré, cela n'était pas bien prouvé, pas plus qu'il n'était prouvé qu'elle comprenait un mot aux sermons du capucin qu'elle écoutait prêcher avec de béates extases, les yeux perdus dans le ciel bleu, ou attachés sur un arbuste poussé tout en haut de ces ruines, entre deux pierres; mais peu importait, elle était là, on la remarquait, cela suffisait: elle n'était ni secouée ni écrasée par le grandiose de cette image vivante de la puissance romaine; et ce qu'elle voyait, ce n'était point les pouces relevés de cent mille spectateurs demandant la mort du gladiateur abattu et appuyé sur sa main; ce n'était point Titus, ce n'était point Domitien, ce n'était point les martyrs chrétiens livrés aux bêtes, c'était une seule femme, une jeune fille, Bérengère de la Roche-Odon, qui bientôt allait être comtesse Prétavoine; c'était pour elle, pour elle seule, qu'elle venait là.

Mais en ces derniers temps ces processions et ces stations avaient été interdites.

Un savant archéologue avait obtenu du gouvernement italien qu'on ferait des fouilles dans l'arène du Colisée, afin de rechercher quels étaient les dessous de ce théâtre et comment il était machiné.

Pour faire ces fouilles il avait fallu naturellement enlever la croix qui se trouvait au milieu du cirque.

De là une certaine émotion dans le monde dévot, ou plus justement dans les confréries des *amants* et des *amantes de Jésus*.

Ces fouilles étaient un sacrilége; devait-on, dans l'intérêt de la science ou d'un savant, profaner le sol arrosé du sang des martyrs; c'était l'abomination de la désolation, et l'on se répandait en plaintes contre les oppresseurs, contre les spoliateurs qui autorisaient ces fouilles.

Mais les oreilles des gouvernements ne sont pas, dans tous les pays, sensibles de la même manière aux plaintes des dévots; il y a des pays dans lesquels un dévot n'a qu'à pousser un léger cri pour qu'aussitôt les ministres croient leur portefeuille perdu; il y en a d'autres, au contraire, où les ministres ont l'oreille plus dure.

Tel était le cas du ministère qui, à ce moment, dirigeait les affaires italiennes; il n'avait point entendu les lamentations des *amants* et des *amantes de Jésus*, ou si elles étaient parvenues jusqu'à lui il n'en avait pas pris souci: les fouilles avaient continué et l'arène bouleversée avait été interdite aux pieuses processions.

C'était sur cette interdiction que madame Prétavoine comptait pour accomplir l'action d'éclat conseillée par Mgr de la Hotoie, confesser publiquement sa foi, affirmer son dévouement au Saint-Siége, et gagner enfin ce titre de comte qu'on lui marchandait si misérablement.

LII

Les *amants* et les *amantes de Jésus* ne s'étaient pas contentés de plaintes.

Ils avaient voulu faire des manifestations, et pour cela ils avaient organisé des processions; le vendredi, en costume, avec croix et bannières, ils venaient faire le tour du Colisée en chantant.

Mais ils ne pénétraient point dans l'arène, attendu qu'un poste de police en défendait l'entrée; on stationnait devant ces entrées, on se groupait, on s'échauffait en paroles plus ou moins violentes, en lamentations plus ou moins éloquentes; puis, après s'être ainsi bien excités les uns les autres, on rentrait tranquillement chez soi avec la conscience satisfaite du devoir accompli. Ce n'est pas d'aujourd'hui que les Romains ont pris l'habitude de céder à la force, et, pour les entraîner à quelque acte de violence, il aurait fallu que quelqu'un de résolu se mît à leur tête, et, jusqu'à ce jour, ce quelqu'un ne s'était point trouvé parler, oui, agir, non.

Madame Prétavoine décida qu'elle serait ce quelqu'un: où trouver une plus belle occasion pour confesser sa foi!

Pendant plusieurs jours, elle visita les membres de la confrérie chez lesquels elle pouvait se présenter, et dans la conversation il ne fut bien entendu question que du sacrilége qui s'accomplissait en ce moment dans le Colisée.

—Le laisserait-on s'accomplir ainsi jusqu'au bout!

—Que faire? ils ont la force pour eux.

—A la force opposer la force.

—Ils sont capables de tout.

—Eh bien! nous aussi nous devons être capables de tout, même du martyre, pour confesser notre foi.

Quelques-uns approuvaient; d'autres blâmaient. «Il fallait être prudent.» C'était le plus grand nombre; mais qu'on fût pour l'action ou pour l'attente peu importait. On parlait, et c'était ce que madame Prétavoine avait voulu.

Cela préparé, elle écrivit à l'abbé Guillemittes ou plus justement, à Mgr Hubert, le nouvel évêque de Condé, pour le presser d'intervenir: on se moquait d'elle, notamment l'évêque de Nyda; il fallait qu'il la soutînt énergiquement; elle avait travaillé pour lui, sans s'épargner; à lui maintenant de travailler pour elle, de même. Ce qu'il avait à faire, elle n'avait pas à le lui dire; mais ce qu'elle allait faire, elle le lui expliqua. Ne voudrait-il pas battre L'abbé Fichon?

Quand elle écrivait aux étrangers, elle employait une écriture illisible, impossible, qui escamotait les difficultés orthographiques; mais avec lui, son confesseur, elle n'avait point de ces hontes pudiques, et ce qu'elle voulait dire, elle le disait en toutes lettres, du moins celles qui lui paraissaient nécessaires.

Si après cet appel le nouvel évêque n'agissait pas, c'est qu'alors, lui aussi, était un traître; mais cela, elle ne voulait pas le croire; il aurait encore besoin d'elle; et voulût-il être traître, il ne l'oserait pas.

Les visites de madame Prétavoine et les commérages qui les avaient suivies avaient ravivé l'émotion autour de la Croix du Colisée.

Qu'allait-il se passer?

Le vendredi qui suivit ces visites, la réunion des *amants* et des *amantes de Jésus* fut nombreuse; on voulait voir ce qui allait arriver et ce que ferait cette Française.

On partit en procession croix en tête, chacun ayant revêtu le costume: longue robe et capuche. Suivie de la soeur Sainte-Julienne, madame Prétavoine se faufilait de groupe en groupe, excitant le zèle des fidèles par l'entremise de la soeur qui traduisait ses paroles enflammées, mais, il faut le dire, en les affaiblissant; car, étant de caractère doux et d'humeur placide, elle n'était nullement faite pour prendre le clairon qui sonne la bataille.

On arriva devant le Colisée.

Le mot d'ordre donné par madame Prétavoine était qu'il fallait entrer.

On se présenta à la porte orientale, celle qui s'ouvre vis-à-vis la rue conduisant à Saint-Jean de Latran; mais devant les gardiens on s'arrêta, et un mouvement d'hésitation s'étant produit, on continua la procession en longeant les murs du Colisée comme on l'avait déjà fait les vendredis précédents.

Contrairement à ce qu'on attendait, madame Prétavoine, ou plus justement comme on disait «la Française», n'avait fait aucune tentative sérieuse pour forcer l'entrée de l'arène: bien qu'elle fût aux premiers rangs du cortége, elle avait suivi l'impulsion donnée sans faire de résistance.

—Elle n'avait donc de l'audace qu'en parole.

Mais elle avait parfaitement prévu ce mouvement, et avant d'intervenir elle avait voulu qu'il fût bien constaté que personne n'avait osé se mettre en avant.

Cette constatation faite et bien faite, elle intervint et passant en tête du cortége, elle prit la croix de bois noir de la confrérie qui portait d'un côté l'éponge et de l'autre la lance et la couronne d'épines.

Une fois qu'elle la tint entre ses mains nerveuses, elle releva la tête et se retournant vers les membres de la confrérie qui la suivaient, elle leur fit comprendre d'un seul regard que celle qui maintenant les conduisait ne reculerait pas.

Un frémissement courut dans le cortége, et plus d'une des *amantes de Jésus* regrettant déjà d'être venue se demanda quelle bonne raison on pourrait invoquer pour s'en aller discrètement.

Bientôt on arriva à la porte qui regarde le mont Palatin et madame Prétavoine tenant la croix droite, se présenta pour passer.

Ce qui s'était produit déjà à la porte orientale se répéta, on barra le passage au cortége.

Mais cette fois celle qui tenait la tête de ce cortége n'était pas d'humeur à se retirer docilement. Inclinant la croix en avant comme elle eût fait d'une lance, elle la présenta à ceux qui lui faisaient obstacle et ils reculèrent de quelques pas; peut-être eussent-ils foncé sur une lance, mais pour un Italien mettre la main sur une croix est une grande affaire.

Profitant de ce moment d'hésitation, madame Prétavoine avança vivement et celles qui étaient derrière elle enhardies, la suivirent.

Il y eut un mouvement de bagarre et de confusion; malheureusement dans ce pêle-mêle madame Prétavoine avait redressé la croix; alors l'homme de police ne voyant plus devant son visage ce signe saint, reprit courage et en même temps le sentiment de la consigne; s'avançant à son tour il mit la main sur l'épaule de madame Prétavoine.

D'autres gens de police étaient accourus et l'entrée se trouvait barrée.

—Osez-vous porter la main sur une chrétienne, s'écria madame Prétavoine en se servant de sa langue maternelle, sur une Française!

—Il est défendu d'entrer, vous n'entrerez pas, répondit en italien l'homme de la police.

—Que dit-il? demanda madame Prétavoine à la soeur Sainte-Julienne.

Celle-ci traduisit les quelques mots qui venaient d'être prononcés.

—J'entrerai, s'écria madame Prétavoine, de bonne volonté ou de force.

Et se tournant vers son armée:

—Suivez-moi, s'écria-t-elle en brandissant sa croix d'une main.

Mais elle était solidement tenue par le bras, et elle ne put se dégager; d'autre part l'impulsion qu'elle attendait de sa troupe ne se produisit pas.

On parlait fort, on gesticulait avec véhémence, mais on ne se précipitait pas en avant comme elle l'avait espéré.

Un autre homme de police était survenu, et celui-là paraissait avoir un grade; il entendait et parlait le français.

—Allons, madame, dit-il à madame Prétavoine, retirez-vous, il est défendu d'entrer, vous ne pouvez pas passer.

—Vous n'avez pas le droit d'arrêter une chrétienne.

—Je ne vous arrête pas, madame, je vous prie de vous retirer.

—C'est un sacrilége, c'est une persécution

—Allons, madame, retirez-vous.

Et de la main il fit signe à son subalterne de lâcher madame Prétavoine.

Celle-ci ne fut pas plus tôt libre qu'elle se précipita en avant, mais elle ne put pas écarter le barrage vivant qui s'était formé devant elle.

Des bras s'étendirent pour la repousser, alors tombant à genoux:

—Tuez-moi, s'écria-t-elle, sur la terre arrosée du sang des martyrs, je mourrai pour ma foi.

—Il n'est pas question de mort ni de martyre, retirez-vous, voilà ce qu'on vous demande; allons, allons, obéissez.

—Je ne me retirerai pas.

—Ne m'obligez pas à la rigueur.

—Oseriez-vous porter la main sur une Française?

—J'ai une consigne, je la ferai respecter.

Tout cela n'était pas bien tragique, cependant l'exaspération commençait à gagner madame Prétavoine, d'ailleurs il était dans son plan de pousser les choses à l'extrême.

—La France va bientôt vous mettre à la raison et vous chasser de Rome.

Le patriote italien se fâcha cette fois, et il fit un signe à ses hommes, qui, prenant madame Prétavoine chacun par le bras, l'entraînèrent au dehors.

—Vous tous soyez témoins! s'écriait la prisonnière vers son armée.

Mais le moment de la débandade était venu: que faire contre la force?

La soeur Sainte-Julienne, bien qu'épouvantée, n'avait cependant pas abandonné madame Prétavoine, et elle marchait près d'elle en l'engageant doucement à se calmer.

Se calmer! il était vraiment bien question de cela. Au contraire elle résistait.

—Allez prévenir mon fils, dit madame Prétavoine, afin qu'il prévienne lui-même notre ambassadeur.

Puis, s'adressant aux gens de police:

—Vous savez que c'est à une Française que vous avez affaire?

Assurément les martyrs chrétiens qui dix-huit cents ans plus tôt avaient passé à cette même place, entraînés vers le cirque où ils allaient être livrés aux bêtes pour la plus grande joie du peuple romain, n'avaient pas une attitude plus triomphante que celle de madame Prétavoine marchant entre ses deux agents de police, la tête haute, les yeux perdus dans le ciel qui s'entr'ouvrait pour elle; et si la Providence avait permis que les élèves de l'Académie de France fussent là, ils auraient certainement vu au-dessus de sa tête ce limbe brillant qu'on appelle l'auréole des martyrs. Malheureusement ils n'avaient pas été prévenus, et ils ne jouirent point de ce spectacle curieux qui bien probablement ne se reproduira pas dans notre siècle d'impiété; il n'y avait que des Anglais qui, leur Guide à la main, cherchaient les vestiges de la *maison Dorée* de Néron, de vulgaires curieux ou des Romains indifférents qui regardaient passer cette dame que conduisaient des agents de police.

Ils ne la conduisirent pas bien loin; sur un geste de leur chef, ils s'arrêtèrent et lâchèrent leur prisonnière:

—Vous êtes libre, madame, dit le chef; je vous engage à rentrer chez vous.

—Mais...

Mais ils lui avaient déjà tourné le dos, et en riant ils retournaient vers le Colisée.

Madame Prétavoine pensa à courir après eux, mais elle ne pouvait pas cependant les arrêter pour qu'à leur tour ils l'arrêtassent.

Au surplus, l'effet qu'elle avait cherché était produit.

LIII

Il fut considérable, cet effet, grâce au bruit que firent les journaux dévoués au Vatican, autour de cette arrestation.

L'*Osservatore romano*, la *Voce della verita*, la *rusta*, le *Vessilloicattolsco*, partirent en guerre avec un ensemble parfait: c'était la persécution religieuse qui commençait; à Paris, l'*Univers*, le *Monde*, l'*Union*, la *Gazette de France*, demandèrent si le gouvernement n'allait pas enfin se concerter avec les puissances étrangères afin de rétablir le Souverain Pontife dans les conditions nécessaires du libre gouvernement de l'Église catholique, qui seul pouvait protéger la religion menacée. A Rome, à Paris, les journaux libéraux intervinrent, et dans le *Siècle* notamment parut un article du correspondant romain de ce journal, qui racontait tout au long l'incident avec une ironie douce et une politesse légèrement dédaigneuse.

Madame Prétavoine avait réussi: elle avait l'auréole et elle n'avait pas le martyre.

Cependant elle continuait sa vie simple, ne se montrant que dans les églises et s'enfuyant humblement aussitôt que quelqu'un essayait de lui parler de sa gloire.

—Dieu ne m'a pas jugée digne de souffrir pour lui, disait-elle modestement.

Quelques jours après que les journaux eurent commencé leur tapage, elle reçut la visite de Lorenzo Picconi qui venait lui apprendre que les choses avaient changé d'aspect et qu'on espérait maintenant obtenir ce qu'elle avait demandé.

A peine Lorenzo était-il sorti qu'on lui monta une dépêche télégraphique.

Elle était de l'abbé Guillemittes et ne contenait que six mots; mais quels mots!

«Tout va bien; voyez notre ami.»

Bien que cette dépêche fût encourageante, madame Prétavoine ne voulut pourtant pas voir l'évêque de Nyda, comme le lui conseillait le nouvel évêque de Condé.

Il lui paraissait plus sage d'attendre.

Elle n'attendit pas longtemps.

Le lendemain Baldassare lui apporta une lettre de Mgr de la Hotoie.

«Je suis invité à vous conduire demain au Vatican, j'aurai l'honneur de vous attendre à midi; veuillez revêtir la toilette d'étiquette pour les audiences.»

Elle voulut que Baldassare emportât un souvenir pour «cette chère petite Cécilia»; cependant dans son trouble, de joie, elle eut la force de se renfermer dans une générosité tempérée par la réflexion: elle allait bientôt quitter Rome; il n'y avait plus nécessité à gaspiller l'argent; elle n'en avait que trop dépensé.

Bien entendu elle avait fait revenir Aurélien de Naples, et quoiqu'il ne pût l'aider à rien, elle voulait qu'il fût là pour jouir du triomphe qu'elle lui avait ménagé.

Quand elle partit pour se rendre chez l'évêque de Nyda, elle l'envoya au Vatican.

—Informez-vous dans quelle salle je serai reçue et tenez-vous à la sortie de cette salle afin que je puisse vous dire tout de suite ce qui se sera passé.

Quand Mgr de la Hotoie la vit entrer à midi moins cinq minutes, il l'accabla de compliments.

—Mes félicitations, chère madame; ce n'est pas une action d'éclat, c'est un coup de maître. Toutes les difficultés sont aplanies. Vous n'avez plus que des amis; on ne parle que de vous; Mgr le cardinal-vicaire est vivement touché de vos charités et monseigneur (il nomma le personnage que Lorenzo Picconi avait mis en action) fait votre éloge et celui de votre fils avec un feu d'autant plus flatteur pour vous qu'il ne vous connaît pas personnellement; il me disait encore hier: «C'est un plaisir rare et délicat de pouvoir servir une personne méritante qu'on ne connaît pas et qu'on n'a jamais vue»; et je sais de source certaine que Son Éminence n'a rien négligé pour que vous obteniez la grâce que vous sollicitez; il faudra l'en remercier.

—Je ne veux devoir qu'à vous, monseigneur, qu'à vous seul.

L'évêque de Nyda avait de la finesse, il comprit ce mot normand, qui voulait dire: Je m'acquitterai envers ceux qui m'ont servi, mais à vous, le peu que je dois, je le devrai toujours.

—Vous voyez, dit-il, que le vrai mérite est toujours récompensé.

C'était là une parole bien mondaine pour un évêque; madame Prétavoine le corrigea:

—Je vois que les prières de ceux qui mettent leur espoir en Dieu sont toujours exaucées, dit-elle, lorsqu'elles ont pour elles l'intercession d'un saint.

Mgr de la Hotoie ne répondit que par un discret sourire, mais tout bas il se dit que cette brave dame était vraiment supérieure à ce qu'il avait cru en ces derniers temps: elle avait du sens et de l'esprit; tant il vrai qu'il n'y a pas de gens fins devant une flatterie, si bête qu'elle soit.

Il se montra plein de déférence pour elle en montant le doux escalier de marbre qui conduit à la salle Mathilde, et les gardes devant lesquels ils passèrent purent croire que c'était une grande dame, peut-être même une princesse, que ce monsignore accompagnait.

Arrivés dans la salle d'audience, il ne la quitta point, restant près d'elle jusqu'au moment où Sa Sainteté parut.

Quand au bout de vingt-cinq minutes madame Prétavoine sortit de cette audience, elle était réellement transfigurée; elle n'avait jamais été belle, même à vingt ans; elle l'était en ce moment.

Aurélien l'attendait comme elle lui avait recommandé, elle se jeta dans ses bras, tremblante, éperdue.

—Eh bien? murmura-t-il, ne pouvant contenir son impatience.

Elle l'embrassa de nouveau, et pendant qu'elle le tenait ainsi, elle lui dit vivement, à voix basse, dans l'oreille:

—Comte, camérier de cape et d'épée, chevalier de l'ordre de Saint-Sylvestre.

Quelle joie! Quel triomphe! quand ils purent s'entretenir librement.

Mais madame Prétavoine ne s'endormit pas dans son ivresse.

—A quelle heure part ce soir le train pour la France? demanda-t-elle.

—A dix heures trente-cinq minutes.

—Alors cela me donne neuf heures.

—Eh quoi! voulez vous donc partir?

—Assurément, ce soir même: nous n'avons pas de temps à perdre, nous n'en avons déjà que trop perdu; il faut que je rentre à Condé pour voir ce qui s'y passe, surtout ce qui se passe à la Rouvraye. Maintenant il s'agit de réussir auprès du vieux comte de la Roche-Odon, comme nous venons de réussir auprès du Saint-père; heureusement l'abbé Guillemittes est évêque de Condé, et il nous servira. Pour vous, bien entendu vous restez à Rome. Le pèlerinage de notre diocèse arrivera dans dix jours; il faut que vous soyez ici pour qu'on vous voie dans votre gloire; c'est la place que vous occuperez dans la maison du Saint-Père qui vous imposera comme candidat politique dans les élections prochaines. Maintenant, mon cher enfant, votre fortune est faite, vous n'avez plus qu'à marcher seul.

—Et vous ne voulez pas rester près de moi?

—J'ai été à la peine, il n'est pas nécessaire que je sois à l'honneur; et puis pour vous, dans votre intérêt, il vaut mieux que vous paraissiez seul; je n'ai que trop agi jusqu'à ce jour; désormais il sera bon que vous agissiez vous-même, il faut qu'on prenne confiance en vous, et pour cela je dois m'effacer.

Neuf heures pour tout ce que madame Prétavoine avait à faire, c'était peu: prendre congé des personnes chez lesquelles elle avait été reçue; faire ses adieux à Mgr de la Hotoie; porter un dernier cadeau à Baldassare et à Cécilia; régler avec Lorenzo Picconi les honoraires du service rendu par lui et ses protecteurs; enfin se présenter chez madame de la Roche-Odon, pour toute autre que pour elle, il y avait de quoi employer plusieurs journées. Mais madame Prétavoine connaissait l'art d'économiser les mouvements et les paroles inutiles; à cinq heures du soir il ne lui restait plus à faire que la visite à la vicomtesse de la Roche-Odon: il est vrai que ce n'était pas la partie la plus agréable et la plus facile de sa tâche.

Elle n'avait revu la vicomtesse qu'une fois depuis la remise du consentement au mariage, et cette entrevue dans laquelle madame la Roche-Odon avait accueilli Aurélien comme un futur gendre, avait été plus que froide.

Devant cette grande dame, madame Prétavoine n'avait jamais été à son aise, et une seule fois, ayant aux mains le faux de Michel, elle l'avait dominée; mais chose bizarre, puisqu'elle possédait toujours cette arme, c'était la vicomtesse maintenant qui la dominait: elle avait notamment une manière de la regarder de haut en relevant la tête qui la troublait et soulevait en elle comme un sentiment de malaise, et cependant, si une de ces deux femmes devait rougir devant l'autre, madame Prétavoine croyait bien sincèrement que c'était madame de la Roche-Odon et non elle-même.

Cette seconde entrevue ne fut pas plus expansive que ne l'avait été la première; au récit que fit madame Prétavoine des insignes faveurs que daignait leur accorder le Saint-Père, madame de la Roche-Odon répondit seulement par quelques signes de tête et, quand ce récit fut terminé, par un mot de félicitation adressé à Aurélien; encore ce mot fût-il une blessure:

—Cette récompense était bien due aux vertus de madame votre mère, dit-elle; ce sont elles que Sa Sainteté a voulu anoblir.

Heureusement Michel, qui était là, intervint pour sauver la situation: il n'avait pas gardé rancune à madame Prétavoine, lui, et même il trouvait que c'était bien joué. Au point où en étaient les choses maintenant, le prompt mariage de sa soeur lui paraissait une bonne affaire, et puisque «l'imbécile de Prétavoine» se présentait, autant lui qu'un autre; il y avait de la ressource en lui, et quand il serait un beau-frère pour de bon, on pourrait en tirer quelque chose.

—Ne m'invitez-vous pas à aller en déplacement de sport chez vous, ma chère madame Prétavoine? dit-il gaîment. Je serai bien aise de voir vos courses. On dit que le saut de votre rivière est curieux pour les chevaux qui courent mieux qu'ils ne sautent.

—Ne serez-vous pas chez votre soeur, chez vous, mon prince?

—C'est entendu. D'ailleurs, je commence à en avoir assez de Rome, ça pue la ruine.

A neuf heures et demie, madame Prétavoine se sépara des soeurs Bonnefoy en les embrassant, et, à la porte, sous la madone, elle embrassa aussi la soeur Sainte-Julienne, qui pleurait, la pauvre fille, désolée de ne pas pouvoir la conduire jusqu'au chemin de fer, mais madame Prétavoine avait voulu être seule avec son fils.

Lorsqu'ils furent ensemble dans la voiture qui les conduisait à la gare, elle ne dit rien cependant, et elle resta à le regarder, perdue dans une muette admiration. Tout à coup elle lui prit la main, et, comme si elle suivait sa pensée intérieure:

—Comte! monsieur le comte! s'écria-t-elle.

L'épisode qui suit *Comte du Pape* et termine les *Batailles du Mariage* a pour titre: *Marié par les Prêtres.*

Milton Keynes UK
Ingram Content Group UK Ltd.
UKHW012243180624
444315UK00005B/572